深圳学派建设丛书
(第三辑)

汉画像的叙述

——汉画像的图像叙事学研究

李立◎著

中国社会科学出版社

图书在版编目（CIP）数据

汉画像的叙述：汉画像的图像叙事学研究/李立著.—北京：中国社会科学
出版社，2016.7（2019.1重印）

（深圳学派建设丛书）

ISBN 978-7-5161-8147-8

Ⅰ.①汉…　Ⅱ.①李…　Ⅲ.①画像石—研究—中国—汉代　Ⅳ.①K879.424

中国版本图书馆 CIP 数据核字（2016）第 099842 号

出 版 人	赵剑英	
责任编辑	王　茵	
责任校对	胡新芳	
责任印制	王　超	

出　　版	中国社会科学出版社	
社　　址	北京鼓楼西大街甲 158 号	
邮　　编	100720	
网　　址	http://www.csspw.cn	
发 行 部	010-84083685	
门 市 部	010-84029450	
经　　销	新华书店及其他书店	

印　　刷	北京君升印刷有限公司	
装　　订	廊坊市广阳区广增装订厂	
版　　次	2016 年 7 月第 1 版	
印　　次	2019 年 1 月第 2 次印刷	

开　　本	710×1000　1/16	
印　　张	22.5	
插　　页	2	
字　　数	324 千字	
定　　价	85.00 元	

总序：学派的魅力

学派的星空

在世界学术思想史上，曾经出现过浩如繁星的学派，它们的光芒都不同程度地照亮人类思想的天空，像米利都学派、弗莱堡学派、法兰克福学派等，其人格精神、道德风范一直为后世所景仰，其学识与思想一直成为后人引以为据的经典。就中国学术史而言，不断崛起的学派连绵而成群山之势，并标志着不同时代的思想所能达到的高度。自晚明至晚清，是中国学术尤为昌盛的时代，而正是在这个时代，学派性的存在也尤为活跃，像陆王学派、吴学、皖学、扬州学派等。但是，学派辈出的时期还应该首推古希腊和春秋战国时期，古希腊出现的主要学派就有米利都学派、毕达哥拉斯学派、埃利亚学派、犬儒学派；而儒家学派、黄老学派、法家学派、墨家学派、稷下学派等，则是春秋战国时期学派鼎盛的表现，百家之中几乎每家就是一个学派。

纵观世界学术思想史，学派一般都具有如下特征。

其一，有核心的代表人物，以及围绕着这些核心人物所形成的特定时空的学术思想群体。德国19世纪著名的历史学家兰克既是影响深远的兰克学派的创立者，也是该学派的精神领袖，他在柏林大学长期任教期间培养了大量的杰出学者，形成了声势浩大的学术势力，兰克本人也一度被尊为欧洲史学界的泰斗。

其二，拥有近似的学术精神与信仰，在此基础上形成某种特定的学术风气。清代的吴学、皖学、扬学等乾嘉诸派学术，以考据为治学方法，继承古文经学的训诂方法而加以条理发明，用于古籍整理和语言文字研究，以客观求证、科学求真为旨归，这一学术风气也因此成为清代朴学最为基本的精神特征。

其三，由学术精神衍生出相应的学术方法，给人们提供了观照世界的新的视野和新的认知可能。产生于 20 世纪 60 年代、代表着一种新型文化研究范式的英国伯明翰学派，对当代文化、边缘文化、青年亚文化的关注，尤其是对影视、广告、报刊等大众文化的有力分析，对意识形态、阶级、种族、性别等关键词的深入阐释，无不为我们认识瞬息万变的世界提供了丰富的分析手段与观照角度。

其四，由上述三点所产生的经典理论文献，体现其核心主张的著作是一个学派所必需的构成因素。作为精神分析学派的创始人，弗洛伊德所写的《梦的解析》等，不仅成为精神分析理论的经典著作，而且影响广泛并波及人文社科研究的众多领域。

其五，学派一般都有一定的依托空间，或是某个地域，或是像大学这样的研究机构，甚至是有着自身学术传统的家族。

学派的历史呈现出交替嬗变的特征，形成了自身发展规律。

其一，学派出现往往暗合了一定时代的历史语境及其"要求"，其学术思想主张因而也具有非常明显的时代性特征。一旦历史条件发生变化，学派的内部分化甚至衰落将不可避免，尽管其思想遗产的影响还会存在相当长的时间。

其二，学派出现与不同学术群体的争论、抗衡及其所形成的思想张力紧密相关，它们之间的"势力"此消彼长，共同勾勒出人类思想史波澜壮阔的画面。某一学派在某一历史时段"得势"，完全可能在另一历史时段"失势"。各领风骚若干年，既是学派本身的宿命，也是人类思想史发展的"大幸"；只有新的学派不断涌现，人类思想才会不断获得更为丰富、多元的发展。

其三，某一学派的形成，其思想主张都不是空穴来风，而有其内在理路。例如，宋明时期陆王心学的出现是对程朱理学的反动，但其思想来源却正是前者；清代乾嘉学派主张朴学，是为了反对陆王心学的空疏无物，但二者之间也建立了内在关联。古希腊思想作为欧洲思想发展的源头，使后来西方思想史的演进，几乎都可看作对它的解释与演绎，"西方哲学史都是对柏拉图思想的演绎"的极端说法，却也说出了部分的真实。

其四，强调内在理路，并不意味着对学派出现的外部条件重要性的否定；恰恰相反，外部条件有时对于学派的出现是至关重要的。政治的开明、社会经济的发展、科学技术的进步、交通的发达、移民的汇聚等，都是促成学派产生的重要因素。名震一时的扬州学派，就直接得益于富甲一方的扬州经济与悠久而发达的文化传统。综观中国学派出现最多的明清时期，无论是程朱理学、陆王心学，还是清代的吴学、皖学、扬州学派、浙东学派，无一例外都是地处江南（尤其是江浙地区）经济、文化、交通异常发达之地，这构成了学术流派得以出现的外部环境。

学派有大小之分，一些大学派又分为许多派别。学派影响越大分支也就越多，使得派中有派，形成一个学派内部、学派之间相互切磋与抗衡的学术群落，这可以说是纷纭繁复的学派现象的一个基本特点。尽管学派有大小之分，但在人类文明进程中发挥的作用却各不相同，有积极作用，也有消极作用。例如，法国百科全书派破除中世纪以来的宗教迷信和教会黑暗势力的统治，成为启蒙主义的前沿阵地与坚强堡垒；罗马俱乐部提出的"增长的极限"、"零增长"等理论，对后来的可持续发展、协调发展、绿色发展等理论与实践，以及联合国通过的一些决议，都产生了积极影响；而德国人文地理学家弗里德里希·拉采尔所创立的人类地理学理论，宣称国家为了生存必须不断扩充地域、争夺生存空间，后来为法西斯主义所利用，起了相当大的消极作用。

学派的出现与繁荣，预示着一个国家进入思想活跃的文化大发展时期。被司马迁盛赞为"盛处士之游，壮学者之居"的稷下学宫，之所以能成为著名的稷下学派之诞生地、战国时期百家争鸣的主要场所与最负盛名的文化中心，重要原因就是众多学术流派都活跃在稷门之下，各自的理论背景和学术主张尽管各有不同，却相映成趣，从而造就了稷下学派思想多元化的格局。这种"百氏争鸣、九流并列、各尊所闻、各行所知"的包容、宽松、自由的学术气氛，不仅推动了社会文化的进步，而且也引发了后世学者争论不休的话题，中国古代思想在这里得到了极大发展，迎来了中国思想文化史上的黄金时代。而从秦朝的"焚书坑儒"到汉代的"独尊儒术"，百家争鸣局面便不复存在，思想禁锢必然导致学派衰落，国家文化发展也必将受到极大的制约与影响。

深圳的追求

在中国打破思想的禁锢和改革开放30多年这样的历史背景下，随着中国经济的高速发展以及在国际上的和平崛起，中华民族伟大复兴的中国梦正在进行。文化是立国之根本，伟大的复兴需要伟大的文化。树立高度的文化自觉，促进文化大发展大繁荣，加快建设文化强国，中华文化的伟大复兴梦想正在逐步实现。可以预期的是，中国的学术文化走向进一步繁荣的过程中，具有中国特色的学派也将出现在世界学术文化的舞台上。

从20世纪70年代末真理标准问题的大讨论，到人生观、文化观的大讨论，再到90年代以来的人文精神大讨论，以及近年来各种思潮的争论，凡此种种新思想、新文化，已然展现出这个时代在百家争鸣中的思想解放历程。在与日俱新的文化转型中，探索与矫正的交替进行和反复推进，使学风日盛、文化昌明，在很多学科领域都出现了彼此论争和公开对话，促成着各有特色的学术阵营的形成与发展。

一个文化强国的崛起离不开学术文化建设，一座高品位文化城市的打造同样也离不开学术文化发展。学术文化是一座城市最内在的精神生活，是城市智慧的积淀，是城市理性发展的向导，是文化创造力的基础和源泉。学术是不是昌明和发达，决定了城市的定位、影响力和辐射力，甚至决定了城市的发展走向和后劲。城市因文化而有内涵，文化因学术而有品位，学术文化已成为现代城市智慧、思想和精神高度的标志和"灯塔"。

凡工商发达之处，必文化兴盛之地。深圳作为我国改革开放的"窗口"和"排头兵"，是一个商业极为发达、市场化程度很高的城市，移民社会特征突出、创新包容氛围浓厚、民主平等思想活跃、信息交流的"桥头堡"地位明显，是具有形成学派可能性的地区之一。在创造工业化、城市化、现代化发展奇迹的同时，深圳也创造了文化跨越式发展的奇迹。文化的发展既引领着深圳的改革开放和现代化进程，激励着特区建设者艰苦创业，也丰富了广大市民的生活，提升了城市品位。

如果说之前的城市文化还处于自发性的积累期，那么进入21世纪以来，深圳文化发展则日益进入文化自觉的新阶段：创新文化发展理念，实施"文化立市"战略，推动"文化强市"建设，提升文化软实力，争当全国文化改革发展"领头羊"。自2003年以来，深圳文化发展亮点纷呈、硕果累累：荣获联合国教科文组织"设计之都"、"全球全民阅读典范城市"称号，原创大型合唱交响乐《人文颂》在联合国教科文组织巴黎总部成功演出，被国际知识界评为"杰出的发展中的知识城市"，三次荣获"全国文明城市"称号，四次被评为"全国文化体制改革先进地区"，"深圳十大观念"影响全国，《走向复兴》、《我们的信念》、《中国之梦》、《迎风飘扬的旗》、《命运》等精品走向全国，深圳读书月、市民文化大讲堂、关爱行动、创意十二月等品牌引导市民追求真善美，图书馆之城、钢琴之城、设计之都的"两城一都"高品位文化城市正成为现实。

城市的最终意义在于文化。在特区发展中，"文化"的地位正发生着巨大而悄然的变化。这种变化首先还不在于大批文化设施的兴建、各类文化活动的开展与文化消费市场的繁荣，而在于整个城市文化地理和文化态度的改变，城市发展思路由"经济深圳"向"文化深圳"转变。这一切都源于文化自觉意识的逐渐苏醒与复活。文化自觉意味着文化上的成熟，未来深圳的发展，将因文化自觉意识的强化而获得新的发展路径与可能。

与国内外一些城市比起来，历史文化底蕴不够深厚、文化生态不够完善等仍是深圳文化发展中的弱点，特别是学术文化的滞后。近年来，深圳在学术文化上的反思与追求，从另一个层面构成了文化自觉的逻辑起点与外在表征。显然，文化自觉是学术反思的扩展与深化，从学术反思到文化自觉，再到文化自信、自强，无疑是文化主体意识不断深化乃至确立的过程。大到一个国家和小到一座城市的文化发展皆是如此。

从世界范围看，伦敦、巴黎、纽约等先进城市不仅云集大师级的学术人才，而且有活跃的学术机构、富有影响的学术成果和浓烈的学术氛围，正是学术文化的繁盛才使它们成为世界性文化中心。可以说，学术文化发达与否，是国际化城市不可或缺的指标，并将最终决定一个城市在全球化浪潮中的文化地位。城市发展必须在学术文化层面有所积累和突破，否则就会缺少根基，缺少理念层面的影响，缺少自我反省的能力，就不会有强大的辐射力，即使有一定的辐射力，其影响也只是停留于表面。强大的学术文化，将最终确立一种文化类型的主导地位和城市的文化声誉。

近年来，深圳在实施"文化立市"战略、建设"文化强市"过程中鲜明地提出：大力倡导和建设创新型、智慧型、力量型城市主流文化，并将其作为城市精神的主轴以及未来文化发展的明确导向和基本定位。其中，智慧型城市文化就是以追求知识和理性为旨归，人文气息浓郁，学术文化繁荣，智慧产出能力较强，学习型、知识型城市建设成效卓著。深圳要建成有国际影响力的智慧之城，提高文化软实力，学术文化建设是其最坚硬的内核。

经过30多年的积累，深圳学术文化建设粗具气象，一批重要学科确立，大批学术成果问世，众多学科带头人涌现。在中国特色社会主义理论、经济特区研究、港澳台经济、文化发展、城市化等研究领域产生了一定影响；学术文化氛围已然形成，在国内较早创办以城市命名的"深圳学术年会"，举办了"世界知识城市峰会"等一系列理论研讨会。尤其是《深圳十大观念》等著作的出版，更是对城市人文精神的高度总结和提升，彰显和深化了深圳学术文化和理论创新的价值意义。

而"深圳学派"的鲜明提出，更是寄托了深圳学人的学术理想和学术追求。1996年最早提出"深圳学派"的构想；2010年《深圳市委市政府关于全面提升深圳文化软实力的实施意见》将"推动'深圳学派'建设"载入官方文件；2012年《关于深入实施文化立市战略 建设文化强市的决定》明确提出"积极打造'深圳学派'"；2013年出台实施《"深圳学派"建设推进方案》。一个开风气之先、引领思想潮流的"深圳学派"正在酝酿、构建之中，学术文化的春天正向这座城市走来。

"深圳学派"概念的提出，是中华文化伟大复兴和深圳高质量发展的重要组成部分。树起这面旗帜，目的是激励深圳学人为自己的学术梦想而努力，昭示这座城市尊重学人、尊重学术创作的成果、尊重所有的文化创意。这是深圳 30 多年发展文化自觉和文化自信的表现，更是深圳文化流动的结果。因为只有各种文化充分流动碰撞，形成争鸣局面，才能形成丰富的思想土壤，为"深圳学派"形成创造条件。

深圳学派的宗旨

构建"深圳学派"，表明深圳不甘于成为一般性城市，也不甘于仅在世俗文化层面上产生点影响，而是要面向未来中华文明复兴的伟大理想，提升对中国文化转型的理论阐释能力。"深圳学派"从名称上看，是地域性的，体现城市个性和地缘特征；从内涵上看，是问题性的，反映深圳在前沿探索中遇到的主要问题；从来源上看，"深圳学派"没有明确的师承关系，易形成兼容并蓄、开放择优的学术风格。因而，"深圳学派"建设的宗旨是"全球视野，民族立场，时代精神，深圳表达"。它浓缩了深圳学术文化建设的时空定位，反映了对学界自身经纬坐标的全面审视和深入理解，体现了城市学术文化建设的总体要求和基本特色。

一是"全球视野"：反映了文化流动、文化选择的内在要求，体现了深圳学术文化的开放、流动、包容特色。它强调要树立世界眼光，尊重学术文化发展内在规律，贯彻学术文化转型、流动与选择辩证统一的内在要求，坚持"走出去"与"请进来"相结合，推动深圳与国内外先进学术文化不断交流、碰撞、融合，保持旺盛活力，构建开放、包容、创新的深圳学术文化。

文化的生命力在于流动，任何兴旺发达的城市和地区一定是流动文化最活跃、最激烈碰撞的地区，而没有流动文化或流动文化很少光顾的地区，一定是落后的地区。文化的流动不断催生着文化的分解和融合，推动着文化新旧形式的转换。在文化探索过程中，唯一需要坚持的就是敞开眼界、兼容并蓄、海纳百川，尊重不同文化的存在和发展，推动多元文化的融合发展。中国近现代史的经验反复证明，闭关锁国的文化是窒息的文化，对外开放的文化才是充满生机活力的文化。学术文化也是如此，只有体现"全球视野"，才能融入全球思想和话语体系。因此，"深圳学派"的研究对象不是局限于一国、一城、一地，而是在全球化背景下，密切关注国际学术前沿问题，并把中国尤其是深圳的改革发展置于人类社会变革和文化变迁的大背景下加以研究，具有宽广的国际视野和鲜明的民族特色，体现开放性甚至是国际化特色，也融合跨学科的交叉和开放。

二是"民族立场"：反映了深圳学术文化的代表性，体现了深圳在国家战略中的重要地位。它强调要从国家和民族未来发展的战略出发，树立深圳维护国家和民族文化主权的高度责任感、使命感、紧迫感。加快发展和繁荣学术文化，尽快使深圳在学术文化领域跻身全球先进城市行列，早日占领学术文化制高点，推动国家民族文化昌盛，助力中华民族早日实现伟大复兴。

任何一个大国的崛起，不仅伴随经济的强盛，而且伴随文化的昌盛。文化昌盛的一个核心就是学术思想的精彩绽放。学术的制高点，是民族尊严的标杆，是国家文化主权的脊梁；只有占领学术制高点，才能有效抵抗文化霸权。当前，中国的和平崛起已成为世界的最热门话题之一，中国已经成为世界第二大经济体，发展速度让世界刮目相看。但我们必须清醒地看到，在学术上，我们还远未进入世界前列，特别是还没有实现与第二大经济体相称的世界文化强国的地位。这样的学术境地不禁使我们扪心自问，如果思想学术得不到世界仰慕，中华民族何以实现伟大复兴？在这个意义上，深圳和全国其他地方一样，学术都是短板，与经济社会发展不相匹配。而深圳作为排头兵，肩负了为国家、为民族文化发展探路的光荣使命，尤感责任重大。深圳的学术立场不能仅限于一隅，而应站在全国、全民族的高度。

三是"时代精神"：反映了深圳学术文化的基本品格，体现了深圳学术发展的主要优势。它强调要发扬深圳一贯的"敢为天下先"的精神，突出创新性，强化学术攻关意识，按照解放思想、实事求是、求真务实、开拓创新的总要求，着眼人类发展重大前沿问题，特别是重大战略问题、复杂问题、疑难问题，着力创造学术文化新成果，以新思想、新观点、新理论、新方法、新体系引领时代学术文化思潮。

党的十八大提出了完整的社会主义核心价值观，这是当今中国时代精神的最权威、最凝练表达，是中华民族走向复兴的兴国之魂，是中国梦的核心和鲜明底色，也应该成为"深圳学派"进行研究和探索的价值准则和奋斗方向。其所熔铸的中华民族生生不息的家国情怀，无数仁人志士为之奋斗的伟大目标和每个中国人对幸福生活的向往，是"深圳学派"的思想之源和动力之源。

创新，是时代精神的集中表现，也是深圳这座先锋城市的第一标志。深圳的文化创新包含了观念创新，利用移民城市的优势，激发思想的力量，产生了一批引领时代发展的深圳观念；手段创新，通过技术手段创新文化发展模式，形成了"文化+科技"、"文化+金融"、"文化+旅游"、"文化+创意"等新型文化业态；内容创新，以"内容为王"提升文化产品和服务的价值，诞生了华强文化科技、腾讯、华侨城等一大批具有强大生命力的文化企业，形成了读书月等一大批文化品牌；制度创新，充分发挥市场的作用，不断创新体制机制，激发全社会的文化创造活力，从根本上提升城市文化的竞争力。"深圳学派"建设也应体现出强烈的时代精神，在学术课题、学术群体、学术资源、学术机制、学术环境方面迸发出崇尚创新、提倡包容、敢于担当的活力。"深圳学派"需要阐述和回答的是中国改革发展的现实问题，要为改革开放的伟大实践立论、立言，对时代发展做出富有特色的理论阐述。它以弘扬和表达时代精神为己任，以理论创新为基本追求，有着明确的文化理念和价值追求，不局限于某一学科领域的考据和论证，而要充分发挥深圳创新文化的客观优势，多视角、多维度、全方位地研究改革发展中的现实问题。

四是"深圳表达"：反映了深圳学术文化的个性和原创性，体现了深圳使命的文化担当。它强调关注现实需要和问题，立足深圳实际，着眼思想解放、提倡学术争鸣，注重学术个性、鼓励学术原创，不追求完美、不避讳瑕疵，敢于并善于用深圳视角研究重大前沿问题，用深圳话语表达原创性学术思想，用深圳体系发表个性化学术理论，构建具有深圳风格和气派的学术文化。

称为"学派"就必然有自己的个性、原创性，成一家之言，勇于创新、大胆超越，切忌人云亦云、没有反响。一般来说，学派的诞生都伴随着论争，在论争中学派的观点才能凸显出来，才能划出自己的阵营和边际，形成独此一家、与众不同的影响。"深圳学派"依托的是改革开放前沿，有着得天独厚的文化环境和文化氛围，因此不是一般地标新立异，也不会跟在别人后面，重复别人的研究课题和学术话语，而是要以改革创新实践中的现实问题研究作为理论创新的立足点，做出特色鲜明的理论表述，发出与众不同的声音，充分展现特区学者的理论勇气和思想活力。当然，"深圳学派"要把深圳的物质文明、精神文明和制度文明作为重要的研究对象，但不等于言必深圳，只囿于深圳的格局。思想无禁区、学术无边界，"深圳学派"应以开放心态面对所有学人，严谨执着，放胆争鸣，穷通真理。

狭义的"深圳学派"属于学术派别，当然要以学术研究为重要内容；而广义的"深圳学派"可看成"文化派别"，体现深圳作为改革开放前沿阵地的地域文化特色，因此除了学术研究，还包含文学、美术、音乐、设计创意等各种流派。从这个意义上说，"深圳学派"尊重所有的学术创作成果，尊重所有的文化创意，不仅是哲学社会科学，还包括自然科学、文学艺术等。

"寄言燕雀莫相啅，自有云霄万里高。"学术文化是文化的核心，决定着文化的质量、厚度和发言权。我们坚信，在建设文化强国、实现文化复兴的进程中，植根于中华文明深厚沃土、立足于特区改革开放伟大实践、融汇于时代潮流的"深圳学派"，一定能早日结出硕果，绽放出盎然生机！

（现任国务院参事）

目　录

绪 论

汉画像的叙述

这里，我们以"汉画像"称呼汉代墓葬之墓室（石椁）或墓地建筑上的图像作品。

对于汉代墓葬来说，我们试图将其视为一部完整的叙事作品。汉代墓葬中的画像无疑就是这部叙事作品的一部分。汉代典型的墓葬形式（"室墓"）已经形成为逝者构拟"彼岸世界"的主题叙述形式。其墓室（或椁室）的设计以及随葬品的置放形式，已经从叙事意义上构成了"彼岸世界"的"实体叙述"，而画像恰恰借助"虚拟叙述"的形式从物质和精神两个方面对这种"实体叙述"给予补充、拓展和完善。上述两种叙述相互结合，最终完成了墓葬的主题叙述。

基于此，我们认为汉画像的性质与墓葬随葬品无异。当汉代的墓葬建造者努力为逝者营造一个生命的"彼岸世界"的时候，人们在现实世界中的生活经验、感受和理想，也便成为这种"彼岸世界"的营造样板。因此，当"实物"或"明器"都不足以表现和表达这种生活方式的时候，"画像"便承担了这个重任。从这个意义上看，"画像"是人们无法以"实物"或"明器"而带到另一个世界的生活方式的图像再现。也是从这个意义上看，汉画像成为汉代墓葬这部具有"主题叙述"特点的叙事作品最为重要的组成部分，它以其独特的图像语言和图像展示方式，为人们叙述了逝者和生者所共同钟情的也是最为理想的生活形态和生活方式。

当学术界还无法对汉画像给出一个周延且更为科学的定性和定义的时候，我们从叙事角度的如上认识，是否能够从一个侧面窥视汉画像的本性和本质呢？

汉代墓葬的叙事原则和叙述方式，自然决定了汉画像的叙事特点。汉画像的目的是依托并囿于墓葬整体叙述而实现和完成墓葬"主题叙述"，而其叙述形式往往是观念的表现而非事件的展现，因此，其图像的编排与连接，依靠的是观念的展示设计而非事件的因果关系和发展链条。那种试图从汉画像中寻找带有叙事性质的叙述链条的企图，恐将徒劳无获。然而，上述认识并非否定汉画像图像构成中带有叙事性质的叙述链条，以及依托于叙述链条的叙述架构和叙述层次的存在，只是这种叙述链条以及叙述架构和叙述层次往往以构图要素的形式散落地隐藏在图像整体构图之中。在汉画像一个完整的图像构成中，其诸多构图要素所构成的艺术组合，或许具有叙事意义上的不同的时间或地域背景。这或许是一种将不同的叙事单元"捏合"或"叠压"在一起的图像艺术表现形式。因此，这种图像艺术表现形式具备发展成依靠图像的有效衔接而完成完整叙述的图像叙事艺术的条件和因素。

基于上述认识，我们认为汉画像的图像叙述，是战国秦汉以来叙事艺术于艺术表现上最高级的艺术形式，与其可媲美者，唯有战国晚期以屈原为代表的荆楚文学。二者在围绕"主题叙述"而展开的叙述链条的铺排、叙述架构的搭建、叙述层次的设计、叙述语言的丰富和叙述风格的展现等方面，或许在叙事意义上呈现出异曲同工之妙，从而也揭示了二者于叙事意义上存在关系和联系的可能，进而促使我们将探求汉画像叙事艺术渊源的目光引向荆楚传统图像叙事艺术。

荆楚传统器物图案在构图和艺术表现形式上呈现出极为丰富和复杂的特点，但是，这种情况并不意味着上述图案是由杂乱无章的构图和紊乱无序的线条所组成。事实上，这种丰富而复杂的构图和艺术表现形式，往往借助"有序的线条表达形式"而呈现出某种规律性的特征。我们认为这种"有序的线条表达形式"既是一种富于地域色彩和群体风格的图案表现形式，也是一种带有民族色彩和地域特点的艺术观照方式。我们试图将这种艺术观照方式称为"器物图案的线条叙述"。

注重图案整体架构的搭建，由"主体线条"以整一性的存在和规律性的出现为特征的"主题叙述"的确立和构成，同时又注重图案架构内部细节的处理，如图案局部空白处的形象补充、线条末端独具特色的艺术走向、线条行走时非理性和规律性的变异等，并通过这种成功的细节处理而进一步丰富图案整体的独具风格的艺术表现力和艺术感染力，是战国时期荆楚传统图像叙事艺术在构图上所呈现出的重要特点。以此为基础，战国时期楚国器物图案在"主题叙述"上又呈现出两个方面的表现，其一为"主体线条"遭到遮蔽和干扰的"主题叙述"，其二为"主体线条"被强调和突出的"主题叙述"，而后者再呈现出由多个"主体线条"相互衔接的连续的"主题叙述"。上述"主题叙述"形式至迟在战国早、中期的楚国器物图案构图中就已经出现，并在战国中、晚期获得成熟和发展，进而成为体现着某种"叙事风格"的图案构图艺术表现形式。

一 主体线条与主体线条的主题叙述

河南正阳苏庄楚墓的年代略早于战国晚期。[①] 这里将采自该墓 M1：11 和 M1：36 有盖陶豆器身的卷云纹图案展示如图 0—1，并分别命名为"正阳 1"、"正阳 2"和"正阳 3"。

（正阳 1）　　　　　（正阳 2）　　　　　（正阳 3）

图 0—1 河南正阳苏庄楚墓陶器图案

图 0—1 中三个卷云纹图案在构图上颇为相近，"正阳 1"与"正阳 2"均以"同心圆单卷云纹"作为最小的艺术元素，而"正阳 3"则以"同心圆对卷云纹"作为最小的艺术元素。前者在构图上以贯穿图案的多层连续而不规则的波浪纹构成图案整体"框架"，图案中每个"同心圆单卷云纹"都有一个"右向延伸"的"尾巴"，并进而"融入"图案整体框架之中。构成"正阳 3"整体

---

① 驻马店地区文化局、正阳县文化局：《河南正阳苏庄楚墓发掘报告》，《华夏考古》1988 年第 2 期。

"框架"的则是贯穿图案的规则的波浪纹，而作为最小艺术元素的"同心圆对卷云纹"则以"一正一反"的形式间隔出现在作为整体"框架"的波浪纹的"谷峰"或"谷底"。同理，虽然每个"同心圆对卷云纹"在图案中是"单体"的存在，但缘于贯穿图案的规则的波浪纹的勾连，而导致各"同心圆对卷云纹"在连续波折起伏的"框架"内构成整体上的联系，形成一种以规则的波浪曲线为图案整体"框架"的连续的卷云纹构图形式。

　　这里，我们试图将图 0—1 图案局部构图艺术元素的线条走向和图案整体"框架"的艺术构成，视为一种具有某种意识和情感因素的"叙述"，那么，上述图案在叙事意义上的特点，则是可以归纳出来的：上述图案整体叙述包含两个方面，即寓于图案整体"框架"之内的"独立性单元叙述"和构成图案"框架"的"连续性整体叙述"。前者是作为一个叙述单元而存在的，图案整体叙述便是由上述相同的叙述单元而组成，并构成这种叙述形式的规律性和整一性特征。然而，上述具有规律性和整一性特征的叙述单元，又分别与作为图案"框架"即"连续性整体叙述"发生叙事意义上的联系，即通过这种联系而将上述"独立性单元叙述"融入"连续性整体叙述"之中，从而形成以"连续性整体叙述"为"架构"和以"独立性单元叙述"为"内容"的完整的叙述体。

　　上述由"同心圆单卷云纹"与"同心圆对卷云纹"所构成的"独立性单元叙述"形式，在属于战国中期的湖北枝江姚家港楚墓出土铜器的图案纹饰中既已存在。如图 0—2 所展示的 1984 年湖北枝江姚家港楚墓出土金银错铜器图案纹饰。①

　　图 0—2 中图案的卷云纹形式同样是"同心圆单卷云纹"与"同心圆对卷云纹"，但在图案整体构图上则依靠"单卷云纹"与"对卷云纹"丰富的变化而获得不同的，但同样丰富的艺术表现，如：除水平对卷之外，还有竖式、斜式对卷；除正向对卷之外，还有反向对卷；除单一对卷之外，还有多重对卷；除单纯对卷之外，

---

①　张道一：《中华图案五千年》（第三辑），台湾美工科技有限公司 2001 年版，第 164 页图版 156（1、2、3、7）。

还有单卷云纹与对卷云纹的结合或混杂等形式。缘于此，我们试图将上文所讨论的河南正阳苏庄卷云纹图案称为"河南正阳类型"，而将湖北枝江姚家港卷云纹图案称为"湖北枝江类型"。

图 0—2　湖北枝江姚家港楚墓出土图案

显然，"湖北枝江类型"卷云纹图案在构图上已经摆脱了依靠单一的艺术元素（"同心圆单卷云纹"或"同心圆对卷云纹"）通过有序而整齐的排列而完成构图的这种艺术构成形式，而是以"同心圆单卷云纹"和"同心圆对卷云纹"作为构图的基本艺术元素，并由上述艺术元素通过诸如"水平式与竖式、斜式对卷"、"正反向对卷"、"单一与多重对卷"、"单卷与对卷云纹的结合与混杂"等艺术形式而构成不同的艺术单元，再由上述不同的艺术单元构成不同形式的艺术组合，最后形成在构图形式上更为复杂和丰富的艺术整体。

需要指出的是，我们既注意到了"湖北枝江类型"卷云纹图案在构图上复杂而丰富的艺术表现形式，同时也注意到了上述复杂而丰富的艺术表现形式在艺术表现上的整一性与规律性特征。例如，其复杂而丰富的艺术表现形式（"艺术单元"）是以整一性的存在和规律性的出现为特征的，因此，不论是在图案整体还是图案局部的构图上，这种"以整一性的存在和规律性的出现为特征"的"艺术单元"都能够得到突出和表现。如此，我们试图将呈现出上述特点的"艺术单元"视为具有"主题叙述"作用和意义的艺术单元。

值得注意的是，"湖北枝江类型"卷云纹图案所展现的具有"主题叙述"作用和意义的艺术单元，亦即主题叙述形式，还能够在战国时期楚国器物图案中找到更多的例证，典型者如湖南湘乡出土的陶器云纹图案（见图 0—3）。①

① 张道一：《中华图案五千年》（第三辑），台湾美工科技有限公司 2001 年版，第 233 页图版 225（5）。

图0—3　湖南湘乡云纹豆腹部图案

二　主体线条遭到遮蔽和干扰的主题叙述

湖北随州擂鼓墩2号楚墓出土铜器上面的蟠螭纹图案于构图上的特点值得关注（见图0—4）。① 上述图案在构图上突破了各艺术元素"以整一性的存在和规律性的出现为特征"的构图原则，其"主体线条"于局部构图上所呈现出的"若隐若现、时断时续"和"延展模糊、走向不清"的特点，带有叙事意义上的"模糊性叙述"的性质，而"主体线条"于局部构图上被"修饰线条"所"遮蔽"和"干扰"的情况，又进一步加重了这种"模糊性叙述"的色彩。另外，上述图案"主体线条"于局部构图上的"错位勾连"和"异位衔接"，致使图案各艺术元素于局部"对称排列"的构图形式不能出现，遂导致具有"主题叙述"意义与作用的艺术单元被所谓的"模糊性叙述"所干扰，并"隐藏"于这种"模糊性叙述"之中。

图0—4　湖北随州擂鼓墩2号楚墓蟠螭纹簠器身、勾连云纹升鼎腹部图案

将湖北随州擂鼓墩图案与河南淅川下寺图案（见图0—5）进行比较可发现，双方在纹饰上并没有本质意义上的区别，但在图案整体构图上却呈现出了截然不同的艺术表现。后者"蟠螭纹"图案通

① 张道一：《中华图案五千年》（第三辑），台湾美工科技有限公司2001年版，第161页图版153（1、6）。

过相同艺术元素间接出现的形式而构成整齐有序的排列，即各艺术元素之间并没有形成事实上的联系，而是通过在一个特定的艺术构成内的整齐排列而完成图案整体构图。后者"窃曲纹"图案在构图形式上虽然比前者复杂，各艺术元素之间通过线条的连接构成了艺术上的联系，并通过这种联系而获得了图案各艺术元素的衔接，但从图案整体构图上看，线条在局部的"有序走向"同样构成了图案各艺术元素的"有序衔接"，各艺术元素于局部的"对称排列"同样构成了图案具有"主题叙述"意义和作用的艺术单元的有序构成。①

图0—5　河南淅川下寺1号楚墓蟠螭纹鬲腹部、窃曲纹奠缶腹部图案

　　显然，湖北随州擂鼓墩图案已经突破了"通过相同艺术元素间接出现而构成有序排列"的构图形式，并在"主体线条"于局部构图上呈现如下几个方面的特点：①从图案整体构图上看，由"主体线条"所构成的网络状架构虽然仍然保持着作为图案整体架构之整一和稳定的特点，但"主体线条"于局部构图上的若隐若现、时断时续，则在图案整体构图上"破坏了"这种"整一性"和"稳定性"。②"主体线条"于局部构图上被"修饰线条"所"遮蔽"和"干扰"，而且这种所谓的"遮蔽"和"干扰"在图案局部构图上呈现出一种"无序"的状态。③"主体线条"虽然以"整一"与"稳定"的状态"支撑着"图案整体架构，但其于局部构图上所呈现的"错位勾连"和"异位衔接"，则导致其延展模糊和走向不清，并进一步在图案整体构图上呈现出"无序"的状态。

---

　　①　张道一：《中华图案五千年》（第三辑），台湾美工科技有限公司2001年版，第76页图版68（1、2）。

　　综上所述，湖北随州擂鼓墩图案整体上的"有序"已经淹没在局部的"无序"之中，并由局部的"无序"而导致"整体无序"的视觉感受的生成，又缘于"主体线条"于局部构图上的"错位勾连"和"异位衔接"，而使得各艺术元素于局部"对称排列"的构图形式不能出现，从而导致具有"主题叙述"意义与作用的艺术单元同样"隐藏"于"整体无序"的视觉感受之中，而不能得到清晰的显现。

三　主体线条被强调和突出的主题叙述

　　春秋战国时期楚国青铜器上的勾连云纹图案在整体构图上可以分为上下两个部分。图案上面的部分只是下面部分的1/3，其构图形式主要以线条的"对卷"、"反向对卷"和"对向对卷"等形式展开，显得简洁而明了，但上述线条的三种"对卷"形式在画面中却得到了颇为单纯而又极为艺术化的搭配和排列，并为图案重点表现部分亦即下面部分的构图做了艺术的衔接和铺垫（见图0—6）。[①]

勾连云纹图案　　　　　　颠倒的勾连云纹图案

图0—6　春秋战国时期楚国青铜器上的勾连云纹图案

　　图案下面部分同样以不同形式的"对卷云纹"构成画面，其具有"主题叙述"作用和意义的艺术单元被置于画面中间及下部：以一竖线串联的上下排列的两个"对卷云纹"为中心，下有起到承托作用的"托线"和呈反"八"字的"承线"，上有呈正"八"字的"双对卷云纹"的"围护"。与图案上面的部分相比，其"对卷云

---

　　① 陈振裕：《楚文化与漆器研究》，科学出版社2003年版，第117页"楚国青铜器上的装饰艺术"图6（1）。

纹"的搭配和排列则更为巧妙和复杂。如图案反"八"字"承线"
因向上极度"伸张"而给画面带来的紧张感，因正"八"字"双
对卷云纹"的结实和稳重的造型所化解，而上述"对卷云纹"又与
图案上面部分"反向对卷云纹"呈同向伸展，且顶部均为"反向对
卷"的卷云纹形式，从而使上下两部分的衔接变得自然和顺利，并
使图案整体构图获得了架构稳定、层次清楚、主题突出、细节鲜
明、视觉愉悦的特点和感受。值得注意的是，如果将上述图案整体
构图形式"颠倒"过来，则上述构图特点和视觉感受将不会存在。

　　春秋战国时期楚国青铜器上的几何形纹图案，显然是卷云纹的
变体形式（见图0—7）。图案采用具有"主题叙述"作用和意义的
艺术单元进行构图的方式，故在图案整体构图上可以从中间分为左
右两个部分，每个部分分别以反向的卷云线条相互交叉，形成两个
"X"形几何纹，同时，左右两个部分的"X"形几何纹再在图案
"中线"对接，从而又构成两个以相向的卷云曲线为装饰的正反
"A"形几何纹。正"A"形几何纹在图案
结构中的主架作用，能够使图案整体架构形
成稳定的视觉感受，其与反"A"形几何纹
的交叉组合，又使得图案整体架构开合相
间，收放自然。再者，正"A"形几何纹顶
部卷云曲线对向卷曲，形成流苏状下垂的卷
云，反"A"形几何纹底部卷云曲线同样对

图0—7　春秋战国时期楚国
青铜器上的几何形纹图案

向卷曲，构成对中间近似双圆形几何纹的护
卫与承托，如此更加强调和突出了图案中间的艺术元素，从而使得
由正反"A"形几何纹所构成的具有"主题叙述"作用和意义的艺
术单元更为突出和鲜明。①

　　上述图案于构图上在空白处以对称的三角纹、卷云纹等艺术元
素填涂，使得图案整体在架构稳定、主题突出、主辅分明、叙述清
晰的同时，更在构图上彰显出繁缛而华丽的特点。

---

　　①　陈振裕：《楚文化与漆器研究》，科学出版社2003年版，第116页"楚国青铜器
上的装饰艺术"图5（1）。

图0—8　湖北枝江姚家港卷云纹错银矛镈器身展开图案

需要指出的是，上述图案于构图上所呈现的利用数个卷云线条相互交叉而构成正反"A"形几何框架作为"主体线条"，再以上述"主体线条"与其他艺术元素有机结合而构成具有"主题叙述"作用和意义的艺术单元的构图方式，已经在战国时期楚地多种类型图案构图（云纹、卷云纹、勾连云纹）中被采用。如上文所引湖北枝江姚家港战国中期楚墓青铜器卷云纹图案、陈振裕《楚国青铜器上的装饰艺术》所引春秋战国时期楚国青铜器几何形纹图案、湖南湘乡陶器云纹图案、湖北枝江姚家港卷云纹错银矛镈器身展开图案（见图0—8）。再如下文将要讨论的湖南湘北慈利城关石板村36号战国楚墓出土楚式戈B、C段彩绘图案（见图0—9）。① 体现上述特点的构图形式，还能在战国时期其他青铜器图案中找到同例，如战国早期镶嵌三角云纹敦盖顶和口至腹部图案、战国中期镶嵌三角云纹壶腹部和肩部图案等（见图0—10）。②

图0—9　湖南湘北慈利城关石板村36号战国楚墓出土楚式戈B、C段彩绘

---

① 张道一：《中华图案五千年》（第三辑），台湾美工科技有限公司2001年版，第164、263页图版156（7）、225（1、2）。

② 同上书，第161、117、157页图版109（1、2）、149（2、3）。

（战国早期镶嵌三角云纹敦盖顶和口至腹部图案）

（战国中期镶嵌三角云纹壶腹部和肩部图案）

图0—10　战国早、中期镶嵌三角纹图案

　　上述情况似乎能够说明，在上述多种类型图案中已经形成了一个较为稳定和成熟的艺术表现形式，这不仅意味着构成上述多种类型图案的艺术表现手法和技巧的稳定和成熟，而且意味着构成上述多种类型图案的艺术表现理念与艺术表现精神的稳定和成熟，意味着某种艺术追求已经于上述多种类型图案的构图中形成了近于惯常的艺术表现。对此，我们认为体现着某种"叙述方式"和"叙事风格"的艺术表现形式；至迟在战国早、中期的楚国器物图案构图中就已经出现了。

四　主体线条进行重复和组合的主题叙述

　　战国时期楚墓出土金属器、漆器图案，在构图上同样利用数个卷云纹线条相互交叉而构成正反 "A" 形几何框架，而完成 "主体线条" 被强调和突出的 "主题叙述"。然而，值得注意的是，上述图案在构图上却突破了 "单一" 的 "主体线条" 被强调和突出而形成的 "主题叙述" 形式，而是将 "主体线条" 进行更为复杂的重复与组合，从而形成了多个相同或不同的 "主体线条" 相互衔接的连续的 "主题叙述" 形式（见图 0—11）。①

（左图：湖南湘北慈利城关石板村 36 号战国楚墓出土木柄钺卷云纹图案）

（中图：湖北枝江战国楚墓出土错银矛镈卷云纹图案）

（右图：四川涪陵战国墓出土错银壶变云纹图案）

（中图局部）　　　　　　　　　　　　（右图局部）

图 0—11　连续的 "主体叙述" 形式

---

① 张道一：《中华图案五千年》（第三辑），台湾美工科技有限公司 2001 年版，第263、223、258 页图版 255（4）、215（6）、250（1）。

　　不可否认，从"器物图案的线条叙述"的角度看，这种在一个固定的艺术构成中多个相同或不同的"主体线条"相互衔接的连续的"主题叙述"形式，是"单一"的"主体线条"被强调和突出而形成的"主题叙述"形式的演变与发展。

　　对湖南湘北慈利城关石板村 36 号战国楚墓出土楚式戈 A 段彩绘上的纹饰（见图 0—12）进行分析，其构图上的最大特点是首先确立图案整体架构，然后巧妙设计图案局部细节，使得图案整体架构疏朗大气，图案局部细节规整流畅。①

　　具体说来，A 段彩绘图案整体架构由五组呈正反向的"A"形"对卷云纹"构成，并形成上、中、下三个部分，即第一组反向"A"形"对卷云纹"及以上部分形成的上部画面，第二、三、四组正反向"A"形"对卷云纹"形成的中间部分画面，第五组反向"A"形"对卷云纹"及以下部分形成的下部画面（如图 0—13 所示）。

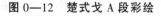
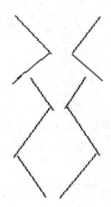

图 0—12　楚式戈 A 段彩绘　　　　图 0—13　A 段彩绘的构成模式

　　在上述上、中、下三部分画面中，都有可以构成"主题叙述"作

---

　　①　此戈秘的部分为积竹，秘中心为一菱形木条，外包竹片 20 余根，缠以细线，再髹黑漆，然后分段（A、B、C）彩绘菱形纹和由云纹、几何纹组成的变形鸟兽纹。参见张道一《中华图案五千年》（第三辑），台湾美工科技有限公司 2001 年版，第 263 页图版 255（3）；湖南省文物考古研究所《湖南慈利城关石板村 36 号战国楚墓发掘简报》，《文物》1990 年第 10 期。

用和意义的艺术单元存在，从而形成多个"主题叙述"艺术单元以纵向的形式排列组合的构图特点。显然，这种由多个具有"主题叙述"作用与意义的艺术单元纵向排列组合的艺术表现形式，比上文所讨论的"单一"的"主体线条"被强调和突出而形成的"主题叙述"形式更为复杂，意味着上述图案"多层次叙述"艺术功能的出现。

如果将湖南慈利楚式戈 A 段彩绘图案与马王堆一号墓铭旌帛画（见图 0—14）进行比较，马王堆帛画上部画面呈反向"A"形的构图形式，中部与下部画面利用龙体穿璧而形成的正反向"A"形的构图形式以及局部细节的处理等方面，都体现着与楚式戈 A 段彩绘图案构图颇为一致之处（如图 0—15 所示）。

 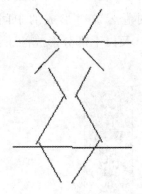

图 0—14　马王堆一号墓　　　图 0—15　马王堆一号墓
铭旌帛画　　　　　　　铭旌帛画的构成模式

湖南慈利楚式戈 A 段彩绘图案与马王堆帛画上、中、下三个部分具有"主题叙述"作用和意义的形象构成的存在，以及这种多个"叙述点"相互衔接的连续的"主题叙述"艺术表现形式，显然是某种相同的艺术思维和艺术设计理念的产物。上述情况说明，战国时期楚人图像表现艺术已经具备了以画面构图的方式进行"多层次叙事"的艺术表现能力。

综上而言，战国时期楚国器物图案在构图上"主题叙述"形式的出现、发展和成熟，说明处于楚文化繁荣时期的荆楚传统图像表现艺术已经具备了以画面构图的方式进行多层次复杂叙事的艺术表现能力。上述情况意味着处于楚文化繁荣时期的楚人的图像叙事艺术，有能力借助由多个"主体线条"相互衔接而形成的连续的"主题叙述"形式，表现和反映更为复杂的社会生活和思想情感。事实亦是如此，在上述历史时期所出现的楚国图像艺术表现形式中出现的反映社会生活场面和表现神话传说内容的画面构图，就是最好的证明，而更为重要的是，这样的画面构图"目前还未在楚地以外的其他地区见到"①。上述情况说明，就战国时期各文化共同体而言，楚人以画面构图的方式进行多层次复杂叙事的艺术表现能力处于领先地位，并且已经形成了以图像艺术表现为载体的独特的叙述形式和叙事风格。

楚文化繁荣时期楚人以画面构图的方式进行多层次复杂叙事的艺术表现能力，既是一种图案构图意义上的图像叙事艺术表现能力，在某种意义上说，也体现为一种叙事意义上的艺术表现能力。缘于此，当我们得出"就战国时期各文化共同体而言，楚人以画面构图的方式进行多层次复杂叙事的艺术表现能力处于领先地位"这样的认识的时候，也就意味着下面的结论也是成立的：战国时期楚人叙事意义上的艺术表现能力同样处于领先地位，并同样形成了以不同的艺术构成为载体的独特的叙述形式和叙事风格。

"器物"是人类创造和使用的工具，其出现的历史伴随着人类自身成长的历史。作为装饰艺术的器物图案，反映了古代先民的美学思想和审美情趣，还在一定程度上表现了古代先民对自身及自然世界的情感和认识。从这个意义上说，由器物图案构图所反映的图像叙事艺术，不仅是人类所创造的叙事艺术的早期形态，而且也构成了人类叙事意义上的艺术表现能力的基础。如此说来，图像叙事艺术表现能力是与人类叙事意义上的艺术表现能力联系在一起的，并成为人类艺术表现能力的基础而带来广义的叙事艺术的繁荣和发展；从而上述认识也就能为包括荆楚文学和汉画像在内的战国秦汉叙事艺术异乎寻常的艺术表现追溯到叙事意义上的根源。

---

① 陈振裕：《楚文化与漆器研究》，科学出版社2003年版，第321页"中国古代漆器造型纹饰·序论"。

第一章

祠堂画像"楼阁拜谒图"大树构图"模块化叙述"与"累加式叙事"研究

——以山东嘉祥武氏祠前石室、左石室后壁、宋山小祠堂后壁大树画像为例

一　前言

从某种意义上说，大树的形象在汉画像中是出现最为频繁的一种艺术形象。汉画像中大树的形象或为单独构图，但更多的情况则是大树与其他的艺术形象通过艺术上的联系而构成不同的构图形式。这里，我们试图将这种以大树为"主体"或"核心"，通过与其他艺术形象构成某种艺术联结和意义关系的构图形式，称为"汉画像大树组合艺术构图形式"，并从图像叙事意义的角度，将上述大树组合艺术构图形式视为一种具有图像叙述功能的叙述体。

大树组合艺术构图形式是汉代祠堂画像"楼阁拜谒图"重要的艺术组成部分。蒋英炬在《汉代画像"楼阁拜谒图"中的大树方位与诸图像意义》一文中，参照邢义田《汉代画像中的"射爵射侯图"》所引和林格尔汉壁画墓"桂树双阙"图中"立官桂树"的榜题及对画像中"射鸟"、"射猴"画面内容的论述，推断汉画像"楼阁拜谒图"中的大树同样是"桂树"。① 需要指出的是，对于汉画像"楼阁拜谒图"大树组合艺术构图形式中大树形象及构图意义的理解，学术界早有不同看法。和林格尔汉壁画墓"桂树双阙"构图，因为有"立官桂树"的榜题，而将画面中的"大树"断定为

---

① 蒋英炬：《汉代画像"楼阁拜谒图"中的大树方位与诸图像意义》，《艺术史研究》2004 年第 6 辑。

"桂树"是合适的，但上述认识还只能看作是由个案而得出的结论，依此类推而将汉画像"楼阁拜谒图"大树组合艺术构图形式中的大树形象一概视为"桂树"的认识，则是值得商榷的。

汉画像"楼阁拜谒图"大树组合艺术构图形式中的大树形象，大都与"车马"、"飞鸟"、"神猴"、"射鸟人"等艺术要素构成独特的艺术组合，其诸艺术要素通过构图艺术上的联系获得了构图意义上的联结与联通。值得注意的是，汉画像"楼阁拜谒图"大树组合艺术构图形式诸艺术要素的选择与使用，并非画像作者的偶然为之，也并非出于单纯意义上的叙述目的和艺术行为。上述艺术组合诸艺术要素是以其在构图艺术上的意义层面的联系为基础和前提的，而且上述艺术组合诸艺术要素于艺术层面的关系和意义层面的联系，又大都能够在汉以前的艺术实践与文化传统中找到根据。如此，抛开或忽视上述艺术组合诸艺术要素在汉以前艺术实践与文化传统的艺术表现和文化存在，而对汉画像"楼阁拜谒图"大树组合艺术构图形式的研究，显然是不完善和有缺陷的，而"误释"的可能也就存在了。

汉画像"楼阁拜谒图"大树组合艺术构图形式，是一个从宗族血缘出发而缘于生命信仰与生命崇拜的象征性的图像叙述体。在这一象征性的图像叙述体中，大树是"中心"，不同的艺术要素围绕大树构成了不同的艺术联结和意义关系。如此，这一象征性的图像叙述体便成为一个既集中又发散、既统一又开放的艺术构成形式。一方面，大树形象在这一艺术构成中的主要的与中心的艺术地位，使其在这一象征性的图像叙述体中始终具有稳定与核心的地位和意义；而不同的艺术要素与大树所构成的不同的艺术联结和意义关系，则又形成了以大树为核心的不同的艺术象征结构。显然，其不同艺术要素围绕中心而组合、联结的艺术构成形式，决定了其内涵与意义在艺术表现与意义表达上的模块化的叙述特点与累加式的叙事特征。

二 汉代祠堂画像"楼阁拜谒图"大树组合艺术构图形式的考察与分析

汉画像"楼阁拜谒图"（或名"祠主受祭图"）具有典型意义

的构图形式，大致有山东嘉祥武氏祠前石室后壁、左石室后壁，宋山 1 号、2 号、4 号小祠堂后壁诸画像；另，《中国画像石全集·山东汉画像石》所收录的山东嘉祥县城南南武山东汉晚期"大树楼阙画像"也属于同类画像较典型者（见图 1—1）。①

（山东嘉祥武氏祠前石室
后壁小龛后壁画像）

（山东嘉祥武氏祠左石室
后壁小龛后壁画像）

（山东嘉祥宋山 1 号
小祠堂后壁画像）

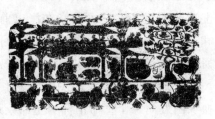

（山东嘉祥宋山 2 号
小祠堂后壁画像）

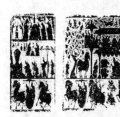

（山东嘉祥宋山 4 号
小祠堂后壁画像）

（嘉祥县城南南武山东汉晚期
"大树楼阙画像"）

图 1—1　汉画像"楼阁拜谒图"

---

① 中国画像石全集编辑委员会：《中国画像石全集·山东汉画像石（2）》，山东美术出版社、河南美术出版社 2000 年版，第 132 图。

　　对上述画像中大树艺术形象在构图上进行比较，会发现上述大树形象在艺术造型及具体的刻画上，存在着诸多一致的地方：①大树树干弯曲、粗大，在刻画上突出和强调粗壮的树干和根部；②在大树树干之上首先分出两条壮枝，并弯曲呈圆形交叉，接着又在两条壮枝之上再衍生出数条枝条，同样弯曲呈圆形交叉；③枝条之上生满树叶，树叶肥大、厚实，大都呈三角形（桃形）自然挺立、旁伸或下垂，外围树叶或呈倒三角形（桃形）挺立，顶部边缘或呈弧线而构成圆形树冠。

　　上述大树艺术形象在艺术造型及具体刻画上所呈现出的特征，缘于一定意义的规律性，从而具有了艺术上的模式化倾向，而画像在艺术上模式化倾向的形成，一方面反映了相关艺术造型在创作上的成熟，另一方面也意味着这一形象在艺术构成上可能具有较为明确的艺术背景或艺术渊源。笔者认为，在已经发现的战国青铜壶颈部组合纹饰中的大树艺术形象或可揭示这种艺术背景或艺术渊源的存在。四川成都百花潭出土战国青铜壶的颈部，有一组"大树与妇女"的组合纹饰，纹饰中共刻画了两株大树形象。与成都百花潭战国青铜壶大树形象相似的构图形式，在战国青铜器相关纹饰中还有多例，如山西襄汾县南贾镇大张村战国早期青铜壶颈部纹饰的大树形象和故宫博物院藏河南辉县出土战国青铜壶颈部纹饰的大树形象（见图1—2）。

　　上述大树形象在构图上体现出诸多共性特点：均有意识地突出和强调大树粗壮的树干、呈圆形的树冠和厚实而肥大的树叶；大树根部粗壮，树干挺直，略侧倾；树干之上呈左右方向分出两条主干树枝，并呈圆形"回拢"，构成圆形树冠；在其中一条主干树枝之上再生出次干树枝，主次干树枝上长满树叶；树叶大而肥厚，均呈长圆形造型而自然挺立、旁伸；对树干的描绘及圆形树冠的设计，已经于简洁的构图中构成了"大树"的艺术效果，而长圆形树叶的刻画，则于稀疏中透出浓密、茂盛的实感。

　　将战国时期青铜壶颈部组合纹饰中的大树形象与汉画像"楼阁拜谒图"中大树形象进行比较，可以看到二者在艺术造型与艺术刻画上所存在的联系：汉画像"楼阁拜谒图"中的大树形象亦呈圆形的树冠和粗壮的树干，同样在构图中构成了"大树"的艺术效果，

"桃形"的树叶呈有规律的排列，在突出和强调树叶厚实而肥大的构图意义的同时，同样再现了大树浓密、茂盛的实感（见图1—3）。

（四川成都百花潭战国青铜壶颈部"大树与妇女"组合纹饰）

（故宫博物院藏河南辉县出土战国青铜壶颈部"大树与妇女"组合纹饰展开图）

图1—2　战国青铜壶大树艺术形象

（青铜壶纹饰大树艺术造型：　　　　（汉画像"楼阁拜谒图"中大树
　　树冠及树叶）　　　　　　　　　　艺术造型：树冠及树叶）

图1—3　战国青铜壶颈部纹饰与汉画像"楼阁拜谒图"的比较

战国时期青铜壶颈部组合纹饰中的大树形象与汉画像"楼阁拜谒图"中的大树形象在艺术造型与艺术刻画上所存在的联系，应该是一种较为一致的艺术表现形式和艺术审美追求的体现。值得注意的是，上文所引战国时期青铜壶，分别属于四川成都、山西襄汾和河南辉县，其所在地域相距遥远，地域文化差异较大。上述情况说明，战国时期青铜壶颈部组合纹饰中的大树艺术形象在艺术表现上已经模式化，而作为一种艺术创作形式，其艺术表现的模式化，则意味着其所表现的对象在艺术表现方式和方法上的成熟。从这个意义上说，战国时期青铜壶颈部组合纹饰中的大树艺术形象与汉画像"楼阁拜谒图"中的大树艺术形象在艺术造型与艺术刻画上超越地域与时间上的联系，是二者艺术承传的表现和反映。

战国时期青铜壶颈部组合纹饰中的大树形象与汉画像"楼阁拜谒图"中的大树形象都不是一种写实意义上的艺术创作，从艺术构思和艺术表现的角度看，后者在前者所构成的艺术表现原则基础上，更具艺术想象与艺术夸张：大树的树根与树干更加粗大和粗壮；两条主干树枝呈椭圆形交叉构图，既构成了巨大树冠的视觉效果，又使得画面更为美观；树叶则在战国青铜壶纹饰"长圆形"基础上缩短长度，增加宽度，从而变为三角状的桃形，既强调了树叶厚实而肥大的特点，又与圆形的树冠和呈椭圆形交叉状的树枝构成整体性的和谐效果。不可否认，与战国时期青铜壶颈部组合纹饰中的大树形象相比，汉画像"楼阁拜谒图"中的大树形象更具模式化色彩，自然也就更具装饰性特点。

三 汉代祠堂画像"楼阁拜谒图"大树组合艺术构图形式缘于桑树原型的艺术创造

如前所述，从艺术构思和艺术表现的角度看，战国青铜壶纹饰大树形象与汉画像"楼阁拜谒图"中的大树形象都不是一种写实意义上的艺术创作。上述大树形象在艺术表现上均重在树干的刻画、树冠的造型及树叶的描绘，并且通过这种艺术表现，使画面构成一种粗壮的树干、巨大的树冠和肥厚的树叶这样的艺术效果。

上述大树形象在艺术表现上尤其注重对"树叶"的描绘，从而构成了两个方面的视觉效果：一是扩大其在整体构图中所占比例，从而构成其"厚"而"大"的视觉效果；二是通过其带有规律性的排列构成浓密而茂盛的视觉效果。

　　从艺术源于生活的角度看，上述大树形象在艺术构思和艺术表现等方面所体现出来的这种艺术追求，应当源于建立在生活真实基础之上的功利目的和需要。基于此，我们也就能够在上述大树形象艺术创造之外，探寻其现实生活中的本真形态。

　　上文所引战国青铜壶纹饰大树形象在构图上还有一个重要特点，就是在圆形树干之上有人物形象：这一形象蹲坐或骑跨在树干之上；上身挺直而稍微前倾；双臂前伸，一手攀折树枝，一手采摘树叶；头部面对所攀折的树枝，头顶有一发辫向后伸出。从形象宽大的臀部、细小的腰身和飘逸的发式上看，当是女性形象；而从形象于树上的动作造型看，应该是生活中妇女采桑的情景（见图1—4）。

图1—4　四川成都百花潭战国青铜壶颈部"大树"局部图

　　在上述大树构图的下面，还刻绘有其他人物形象：这些人物形象或立或坐；立者身着落地长裙，腰身婀娜，显然是女性形象；画面中有的人物形象身前似有筐状物，与现实生活中采桑女子的劳动构成了意义上的联系。显然，上述人物形象与树上采桑的人物形象在构图上当属一个画面整体，画面艺术地表现了妇女采桑的生产活动（见图1—5）。

　　战国青铜壶纹饰大树形象在整体构图上的上述情况说明，画面中的"大树"是"桑树"的艺术造型。如此，上述大树形象在构图上重在树干的刻画、树冠的造型及树叶的描绘的艺术追求，也就可以从现实的生产活动中找到生活上的根据。

　　上述认识还可以在古代表现桑树的写实绘画中找到根据。这里引用宋代《蚕织图》中桑树形象的描绘，并在二者具体构图形式的比较中，考察"桑树"在古代构图艺术的写实表现和艺术再现中的艺术差异与艺术联系（见图1—6）。

图1—5　战国青铜壶颈部"大树与妇女"组合纹饰女子舞蹈图

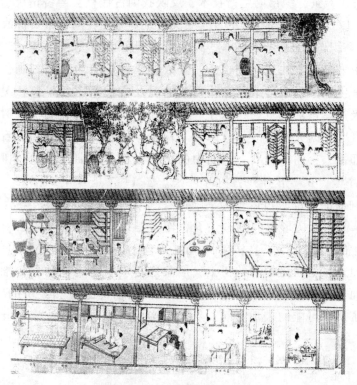

图1—6　宋《蚕织图》摹本

据林桂英、刘锋彤《宋〈蚕织图〉卷初探》一文介绍，今所见《蚕织图》是南宋高宗时期翰林院图画院根据楼璹所进《耕织图》摹画的。① 此图所绘内容包括养蚕、织帛等生产全过程，由 24 个场面组成，包括腊月浴蚕；清明暖种，摘叶、体喂，谷雨前第一眠，暖蚕，大眠，忙采叶，眠起喂大叶，拾巧上山，箔簇装山，燃茧，下茧、灼茧，剥茧，称茧、盐茧、瓮藏，生缫，蚕蛾出种，谢神供丝，络垛、纺绩，经靷、籰子，挽花，做纬、织作，下机、入箱等场面。又据《宋〈蚕织图〉卷初探》引《鄞县志》"楼璹传"载："楼璹除于潜县，笃意民事，为耕织二图。耕自浸种至入仓，凡二十一事；织自浴蚕至剪帛，凡二十四事。事为之图，系以五言诗各一章，章八句。"②

显然，《蚕织图》是对宋人养蚕、织帛的各生产环节的真实描绘和再现。故《宋〈蚕织图〉卷初探》亦云："此卷虽为摹本，但在表现我国古代养蚕、织帛的生产技术，反映我国古代社会经济情况、风俗习尚，以及体现我国绘画的现实主义传统等方面，均有重要价值。"③

《蚕织图》中"忙采叶"画面形象地再现了采桑的生产活动，画面中采桑情景的生动描绘，尤其数棵桑树形象的真实刻画，为了解桑蚕生产中采桑环节的一些细节情况及古代桑树的生长状况，提供了极为珍贵的视觉材料。在"忙采叶"画面中绘有五棵桑树。树下放有盛叶的大筐，故部分遮住了树干，但从显露出的画面看，桑树根部粗大，树干粗壮；画面中的树干大都呈弯曲盘桓状；树干之上大都呈"丫"形分枝，树叶浓密。图 1—7 是《蚕织图》"忙采叶"画面的局部，可以更为清晰地看到桑树生长情况和采桑活动。

从画面桑树形象的刻画上看，作者是以写实的艺术手法对现实生活中的桑树进行了真实的同时也是艺术的描绘。其粗大的根部、粗壮而且呈弯曲盘桓状的树干，形象地再现了桑树苍劲而古拙的神态；而"丫"形树枝的构图，则以最为简洁的笔触和经济的线条，获得了最大可能的表现空间，从而为构成巨大树冠和浓密树叶这样

---

① 林桂英、刘锋彤：《宋〈蚕织图〉卷初探》，《文物》1984 年第 10 期。
② 同上。
③ 同上。

的艺术效果创造了条件。

上述桑树形象在刻画上所表现出来的这些特点，与战国青铜壶纹饰大树形象和汉画像"楼阁拜谒图"大树形象在构图上所表现出的艺术追求，在本质上是一致的。前者在写实艺术的基础上所表现的艺术的想象与夸张，都能够在后者的艺术表现中找到生活的同时也是艺术的根据。

图1—7　《蚕织图》摹本"忙采叶"画面局部

需要指出的是，《蚕织图》中"忙采叶"画面不仅仅刻画了五棵桑树形象，而且还同时描绘了桑农采桑的情景。据《宋〈蚕织图〉卷初探》所述：画面中的采桑者共五人，有二人在树下挑叶、二人在树上摘叶、一老者手执蕉扇坐于树下。上述二人树下挑叶、二人树上摘叶的画面，恰与战国青铜壶纹饰大树构图一人树上摘叶、数人树下活动的采桑场面相吻合。上述情况一方面证明战国青铜壶纹饰大树形象确为桑树，整个构图是表现采桑活动的推断是正确的；另一方面还说明了古代采桑活动的悠久历史和源于生产、生活的传统特点。

基于此，再看战国青铜壶纹饰大树形象，其树干之上首先分出两条壮枝并呈圆形"回拢"的构图特点，恰恰为艺术地再现采桑者蹲跨于桑树之上的画面创造了条件。从这个意义上说，战国青铜壶纹饰大树形象在艺术构思与艺术创作上虽然体现出了非写实的艺术追求，但在大树—桑树形象的具体构图上，仍然能够从现实生活出发，是现实生活中桑树形象进一步艺术化的表现。

在此基础上，考察汉画像"楼阁拜谒图"大树形象的构图，便会发现其树干之上首先分出两条壮枝，并弯曲呈圆形交叉，又在两条壮枝之上衍生出数条枝条，同样弯曲呈圆形交叉的构图特点，与战国青铜壶纹饰大树形象、宋《蚕织图》桑树形象，存在着艺术上的传承关系，只是汉画像"楼阁拜谒图"大树形象在艺术表现上更具有图案化特征罢了。

据此，可以得出如下认识：汉画像"楼阁拜谒图"大树形象，是以"桑树"作为生活原型而进一步艺术加工和艺术表现的产物。与战国青铜壶纹饰大树形象相比，其成熟的艺术表现形式说明，汉画像"楼阁拜谒图"大树形象，在艺术表现上已经具有了模式化倾向和图案化特征。

四 汉代祠堂画像"楼阁拜谒图"大树组合艺术构图形式的情感内涵与人文意义

在汉画像"楼阁拜谒图"中，大树形象并非单独构图，而是与"鸟"、"猴"、"车"、"马"等艺术要素构成一个独特的艺术组合。根据上文六幅"楼阁拜谒图"画像，汉画像"楼阁拜谒图"大树艺术组合一般呈现如下构图特征：①树上有鸟或猴；②树下或阙顶有面向大树的持弓射箭者；③树下有停车和系马。

汉画像"楼阁拜谒图"大树艺术组合上述构图特征说明，这是一个内涵丰富、意义开放的艺术构成形式。其艺术构成的每一个艺术要素，都在这一艺术构成中占有一定的地位，承担表现一定构图意义的责任。这为我们对这一艺术构成形式进行"解构式"的分析提供了构图艺术与构图意义上的根据。

（一）大树与立鸟

蒋英炬在《汉代画像"楼阁拜谒图"中的大树方位与诸图像意义》一文中谈到大树的方位时说："实际上，这种树木图像的位置应该是较确定的，即从'楼阁拜谒图'具体所在的祠堂后壁位置上观看，这棵大树都位于楼阁的东边。……这些不同方向的祠堂可以互为证明，祠堂后壁'楼阁拜谒图'中楼阁旁的那棵大树有确定的方位，都是在楼阁的东边。"① 上述结论是令人信服的，但文章接下

———————

① 参见蒋英炬《汉代画像"楼阁拜谒图"中的大树方位与诸图像意义》，《艺术史研究》2004 年第 6 辑。

来将这棵大树理解为"桂树"，并举汉乐府古辞《相逢行》"中庭生桂树"句为证，则有失偏颇。

汉画像"楼阁拜谒图"中的大树，往往位于楼阁的东方方位的事实，说明这棵大树并非如生活中生长于"中庭"的"桂树"般普通；而大树所属画像处于"祠堂后壁"及"祠主拜谒图"的性质，又意味着这棵大树与"祠堂"的性质及画像"拜谒"的主题存在着联系。

从这样的角度思考问题，则这棵大树在画像中所内含的象征意义，也应当与"祠堂"的性质及画像"拜谒"的主题相关联：大树有着"宗"的内涵与象征意义；大树的粗壮、茂盛，是宗族稳固与繁荣的象征，表现着生命旺盛与旺生的意义，而能够具备和承担这种内涵与象征意义的，正应该是"桑树"。

在阴阳五行思想的规范下，木的方位在东方；在古代神话传说中，东方的神树是桑树。汉画像"楼阁拜谒图"中大树形象的东方方位，使其能够在阴阳五行的规范下，与古代神话传说中生长于东方的神树——"桑树"联系起来，从而在生命意义上构成了内涵与意义上的互融与联通。东方主生，于时为春。《尚书·尧典》云："日中，星鸟，以殷仲春。厥民析，鸟兽孳尾。"《礼记·月令》亦云："仲春之月，……雷乃发声，始电，蛰虫咸动，启户始出。"以五行配五方，木在东方。《淮南子·天文训》曰："东方木也，其帝太皞，其左句芒，执规而治春。"而神话传说中的桑树即生长于东方。《楚辞·九歌·东君》曰："暾将出兮东方，照吾槛兮扶桑。"桑树生长于东方，于五行为木，于四时为春，其作为生命之树的生命力量，又具有阴阳五行上的根据。《太平经》（卷一百十二）"有过死谪作河梁诫一百八十八"中将桑树称为"命树"，其视桑树为生命之树，树的生长和繁荣与个体生命的存在和延续直接联系在一起。托名东方朔的《十洲记》载有食桑葚成仙的文字，其云："有椹树，长者数千丈，大二千余围。树两两同根偶生，更相依倚，是以名为扶桑。仙人食其椹，而一体皆作金光色，飞翔空玄。"桑树是生命之树，桑葚自然也就会具有相同的生命力量。

桑树作为生命之树，在汉画像石的相关画像中也被充分地表现出来。学术界有将西王母、东王公的"坐树"称为扶桑的成说，上述画像在汉画像中是较为常见的。在上述画像中往往还绘有羽人、玉兔、九尾狐、三足乌等形象，抑或于树干间填刻仙鹤、朱鹭、羊、鹿等形象。在汉人的观念中，西王母与东王公是生命永生的象征，前者还是"不死药"的掌握者。汉代铜镜铭文中即有相关记载："尚方作镜真大巧，上有东王父、西王母，□天□□不知老。"①"鹿（？）氏作竟（镜）自有纪，除不羊（祥），宜市，上有东［王］父西［王］母。"② 显然，东王公、西王母端坐于扶桑树上的画面，就已经显示了其与桑树在生命意义上的内在联系。同时，画面中填刻的羽人、玉兔、九尾狐、三足乌、仙鹤、朱鹭、羊、鹿等形象，或是生命永恒、吉祥长寿的象征，或与神仙、不死药有关，画面整体所构成的正是一个生命吉祥与长在的象征体系。

"桑树"在《诗经》中多有描绘，其中《曹风·鸤鸠》中"桑树"与"鸤鸟"的描写所内含的情感与意义，对我们理解汉画像"楼阁拜谒图"大树艺术组合由"大树与鸟"的艺术联结而构成的构图意义，是有帮助的。《鸤鸠》所描述的君子的美德和威仪，实际上是对君子"内修"与"外美"两个方面的肯定和赞扬。其外在"威仪"的显现，是以其内在"美德"为基础的，是内在充实和充沛的"美德"的反映和显露。只有"内修"与"外美"的和谐与相融，才构成一个真正而完整的"淑人君子"。从《鸤鸠》所描述的"淑人君子"的整体情况上看，诗歌反复述说"淑人君子"内心坚定、威仪严谨、仪容端庄；反复强调"淑人君子"是国人的好榜样。诗歌上述叙述方式，恰恰突出了诗歌每章前面关于"鸤鸠在桑"的诗句在诗歌内容的表达和艺术的烘托上的意义和作用了。从这样的角度看，诗歌每章前面关于"鸤鸠在桑"的诗句，在艺术手法上便不是起兴，而应该是一种比喻和象征了。

《鸤鸠》每章前面关于"鸤鸠在桑"的诗句主要有两层意思，其一是"鸤鸠在桑，其子七兮"；其二是"鸤鸠在桑"其子"在

---

① 詹汉清：《固始县发现东汉画像镜》，《文物》1986 年第 5 期。
② 姚高悟：《湖北沔阳出土的汉代铜镜》，《文物》1989 年第 5 期。

梅"、"在棘"、"在榛"。在上述两层意思中,"桑"是"主"而"梅"、"棘"、"榛"则是"次",因此,上述两层意思都以"鸤鸠在桑"为基础和条件:"鸤鸠"只有"在桑","其子"才能"七兮";"鸤鸠"只有"在桑","其子"才能"在梅"、"在棘"、"在榛"。"鸤鸠在桑,其子七兮",是说鸤鸠之子的"众多";而"鸤鸠在桑"其子"在梅"、"在棘"、"在榛",则是说鸤鸠之子的"有序"。前者象征"君子"的"人丁兴旺",后者则象征"君子"的"治家有礼"。而所有这些,都在一个"桑"字的身上。因此,"桑"的象征意义便具有了"生命"和"血缘"这样两重内涵:"桑"是生命的象征,是生命根源的象征。从这样的角度看,诗中的"桑"又具有了"宗"的象征意义。"鸤鸠在桑"必然带来生命的兴旺,带来宗盛而族茂的结果。

综上所述,在《诗经·曹风·鸤鸠》中,桑树是宗族的象征,宗族的兴旺是诗中桑树形象的内涵,"鸤鸠在桑"必然带来生命的兴旺,带来宗盛而族茂的结果。而值得注意的是,诗歌在以桑树表现宗族的繁荣与生命的兴旺的象征意义的时候,鸟(鸠鸟)的形象是不可或缺的。也就是说,诗中"鸟"(鸠鸟)的形象与桑树所表现的宗族繁荣与生命兴旺的象征意义是联系在一起的。

在汉天子以"鸠杖"赐予老者以褒其长寿的敬老传统中,鸠杖"鸟立杖顶"的样式,正与《诗经·曹风·鸤鸠》中鸠鸟立于桑树之上的描写相同。汉代鸠杖"鸟立杖顶"样式的确定,与《曹风·鸤鸠》"鸟立桑树"的描写是否有联系,在这里虽然不能做出肯定的判断,但不可否认的是,汉代以"鸟立杖顶"的"鸠杖"赐予老者以褒其长寿的敬老传统,与《曹风·鸤鸠》"鸟立桑树"的描写,都与生命的旺盛与旺生相联系。

以汉画像为例。成都曾家包汉墓后室壁上,有一幅"农作养老图"(见图1—8)。画面分为三个部分,上部是双羊仙草图;中部是养老图;下部是农作图。中部养老图左为仓房,右为一双层楼房，中间立一树（棕树？），树旁席地坐一手扶鸠杖的老者。①

图1—8　成都曾家包汉墓后室壁
"农作养老图"

画面上部双羊仙草的形象，已经为画像的构图意义定下了吉祥与长寿的基调，而手扶鸠杖的老者坐于树下的画面恰恰表现了长寿与吉祥的内容。上述情况能够说明，"鸟"与"桑树"在生命意义上已经构成了一种"同构"的关系。这样一种生命意义上的"同构"关系，是古代传统文化中生命信仰与生命崇拜的体现。《曹风·鸤鸠》"鸟立桑树"的描写和汉代鸠杖"鸟立杖顶"的造型，正是这种传统生命信仰与生命崇拜在现实生活与艺术创作上的反映。而汉画像"楼阁拜谒图"中"树上立鸟"或"树间飞鸟"的构图形式所表现的"大树"与"鸟"的艺术联系，也应当是这种生命"同构"关系的艺术再现。

（二）弓箭与鸟猴

对于汉画像"楼阁拜谒图"大树艺术组合中"持弓射箭"构图形式的认识，学术界有不同看法。邢义田在《汉代画像中的"射爵射侯图"》中认为树下之人射鸟或猴，象征着射爵射侯，表达的是追求富贵的意义。②需要指出的是，汉画像"楼阁拜谒图"中树下或阙上之人面向大树持弓而射画面所具有的象征性质的构图意义，是毋庸置疑的，因此，邢义田认为"鸟""猴"是"爵""侯"的

① 中国画像石全集编辑委员会：《中国画像石全集·四川汉画像石（7）》，山东美术出版社、河南美术出版社2000年版，第46—48图。
② 邢义田：《汉代画像中的"射爵射侯图"》，载《中央研究院历史语言研究所集刊》第七十一本第一部分，2000年3月；蒋英炬：《汉代画像"楼阁拜谒图"中的大树方位与诸图像意义》，《艺术史研究》2004年第6辑。

象征的认识，于道理上也是讲得通的。但值得注意的是，"猴"本身的谐音即是"侯"，树上有"猴"在攀爬，本身即有富贵如"侯王"的象征，似乎不必再用"弓箭"去射。事实上，在汉画像大树艺术组合中，"猴"往往以在树干或树枝上攀爬的形象出现，而射者所指，一般是"鸟"而不是"猴"。

图1—9 山东莒县沈刘庄出土画像

例如，山东莒县沈刘庄墓前室西面中间立柱正面画像（见图1—9）。画面为一棵大树形象，树干粗壮，树叶肥大；树枝间有大小鸟雀十余只；大树右侧一人坐地，面向大树，仰面张弓射箭；大树左侧树根部，有一猴在向上攀爬。[①] 画像在构图上，将大树右侧的射鸟人与大树左侧攀爬的猴放在平行的画面位置上，因此，画面构图所表示的，是张弓射鸟，而绝不是射猴。

再如，山东莒县东莞镇东莞村出土的"西王母、人物、车骑"画像（见图1—10）。画像上下共七层画面，大树形象位于最下面的第七层画面。画面左面为一重檐楼阁，楼阁的右面为一枝繁叶茂的大树，树上有鸟，树干（根部）有猴在攀爬；在楼阁与大树的中间，有一人背向大树而面向楼阁，仰身弯弓而射。其所射者，既不是树干（根部）的猴，更不是树上的鸟，而倒像是立于楼阁重檐之上的鸟。[②]

因此，上文邢义田先生认为"树下之人射鸟或猴是射爵射侯的象征"的认识，是偏颇的，而画像构图所内含和表达的意义，以一个单纯的"追求富贵"的意义去涵盖，似乎也是不全面的。《礼记·月令》说："仲春之月……是月也，玄鸟至。至之日，以大牢祠于高禖，天子亲往，后妃率九嫔御。乃礼天子所御，带以弓韣，授以弓矢，于高禖之前。"祠于高禖，何以带弓韣、授弓

---

① 中国画像石全集编辑委员会：《中国画像石全集·山东汉画像石（3）》，山东美术出版社、河南美术出版社 2000 年版，第 130 图。

② 同上书，第 137 图。

矢？孙希旦《礼记集解》云："带以弓韣，授以弓矢，求男之祥也。《王居明堂礼》曰：'带以弓韣，礼之禖下，其子必得天材。'"又说："《周礼》不言高禖，然以《生民》、《玄鸟》之诗及《王居明堂礼》证之，则祠禖祈嗣之礼由来旧矣。意者天子继嗣不蕃。"

（左：整体）　　　　　　　（右：局部）

图1—10　山东莒县东莞镇东莞村出土画像

于此可知，《礼记·月令》所说天子祠于高禖而带以弓韣，授以弓矢，表层的意义是祈求得男之祥，而深层的意义还是与"继嗣不蕃"有关。所谓"继嗣不蕃"正是"宗盛而族茂"的表现，与《诗经·曹风·鸤鸠》"鸤鸠在桑"而其子"在梅"、"在棘"、"在榛"的象征意义相同。

古代传统祭祀高禖的祭礼，因为在春天举行，所以又与浴蚕躬桑的生产活动联系起来；甚或祭祀高禖的祭礼就是在"桑林"中举行。《礼记·月令》："季春之月，……后妃斋戒，亲东向躬桑。……以劝蚕事。"《周礼·天官冢宰·内宰》曰："仲春，诏后帅外内命妇始蚕于北郊，以为祭服。"又引"孔氏"曰："《内宰》云'仲春'者，以仲春既率命妇躬桑浴种，至季春又更躬桑浴蚕也。"祭祀高禖神是为了祈求生命的繁衍，浴蚕躬桑则是为了桑蚕的生长和繁育，在生命繁衍这一点上，二者是相同的。因此，祭祀高禖神的宗教活动与浴蚕躬桑的生产活动，也就能够在"春季"的背景下整合在一起。

这样的"风俗"在后代的文献中仍有记载。《云笈七签·道教灵验记部》（卷一二二）载："金堂县昌利化玄元观南院玄元殿前，有九井焉。……每岁三月三日，蚕市之辰，远近之人，祈乞嗣息。"《太平御览》（卷九五五）引《石虎邺中记》载："桑梓苑中尽种桑，三月三及蚕时，虎皇后宫人数十出游，戏桑树下。"这里的"后宫人数十出游戏桑树下"，既是"躬桑浴蚕"的举动，也带有祭祀高禖的色彩，而"戏桑树下"正是"节俗"所特有的欢快气氛的反映。《周礼·地官·媒氏》"中春之月，令会男女，于是时也，奔者不禁"的记载，很有可能就是这一"节俗"真实而生动的反映。

如果将战国青铜壶纹饰中"大树与妇女"组合纹饰，与古代祭祀高禖"戏桑树下"的"节俗"联系起来会发现，在一些重要情节上，青铜壶"大树与妇女"组合纹饰所描绘的内容与上述"节俗"相近：首先，画面所表现的既是妇女采桑的活动，也是一组歌舞的场面；其次，与妇女采桑活动和歌舞场面构成同一个画面的，还有单独或组合的妇女执弓而舞蹈的造型。由此而论，战国青铜壶"大树与妇女"组合纹饰所描绘的内容，恰恰"暗合"《礼记·月令》所述于"仲春之月"祭祀高禖的习俗。《礼记·月令》曰："季春之月……鸣鸠拂其羽，戴胜降于桑。"孙希旦《礼记集解》（卷十五）引高诱的话说："戴胜，《尔雅》云'鹥鸠'。"鸠等鸟类也在这个时候回到桑林中。在这一习俗中，"弓矢"是重要的"道具"，当人们手执弓矢"起舞"于桑林的时候，"弓矢"与"鸟"自然构成了联系。"射鸟"也就寓含了生命信仰和生命崇拜的含义，而"天命玄鸟，降而生商"的神话所讲述的，同样是玄鸟降临人间而诞生部族祖先的故事。"鸟降人间"的另一个意思是人获玄鸟，因此，在这里"射鸟"与"获鸟"的象征意义是一样的，其深层内涵，仍然没有离开对宗族生命繁荣的祈祷。

　　需要指出的是，前文关于邢义田"射爵射侯"还存在着不完善和片面的地方的认识，即由上而论。于"射鸟"构图来说，表达"富贵"的意义，仅仅是"射鸟"与"获鸟"之象征意义的一个层次，甚至可能是两汉时期衍生出来的意义。于此，仍然可以在《诗经》中找到根据。《诗经·小雅·鸳鸯》是一首祝福之歌，诗云："鸳鸯于飞，毕之罗之。君子万年，福禄宜之。鸳鸯在梁，戢其左翼。君子万年，宜其遐福。乘马在厩，摧之秣之。君子万年，福禄艾之。乘马在厩，秣之摧之。君子万年，福禄绥之。"诗歌首章"鸳鸯于飞，毕之罗之。君子万年，福禄宜之。"以捕获鸳鸯为喻，象征君子获得"万年之寿"和"天降福禄"。这里的"万年之寿"是基础、条件和前提，基于此，"福禄"才能"宜之"。

　　从这样的角度看，汉画像"楼阁拜谒图"大树艺术组合中"射鸟"艺术要素的构图意义，并非汉人首创，其于传统文化中生命信仰和生命崇拜之诸种生活和艺术表现形式的继承，是毋庸置疑的。从某种意义上说，汉画像中的"射鸟"也就是"获鸟"。"射鸟"是过程，而"获鸟"则是结果，二者所寓含和表达的意义是相同的。因此，在汉画像"射鸟图"中，亦有"射鸟者"身后立有"提鸟人"的画面，例如江苏睢宁墓山一号墓前室南壁画像（见图1—11）。

（左：整体）　　　　　　　　（右：局部）

图1—11　江苏睢宁墓山一号墓前室南壁画像

　　画面中间为一房屋，屋内二人端坐；房屋的左侧为一大树，树间有鸟，树上有群鸟飞翔；树右有一马，一人坐于树下；树左一人仰身张弓射箭，其身后站立一人，手提一鸟。① 这一构图所寓含和表达的意义恰恰是将"射鸟"的过程与结果放在同一个画面中表现出来。

（三）停车与系马

对于汉画像"楼阁拜谒图"大树艺术组合中大树下停车和系马的构图形式，蒋英炬这样解释："邢文中已说到，例如'车、马，在汉代本是官员身份的重要象征。取得官爵即可乘马坐车。因此系在树下的车、马，可能是为射爵射侯者所准备'。这起码是一个基本合理的解释。至于说车、马是否为射鸟人（射爵射侯者）所准备，作者只是作了个'可能'的合理引申。假若车、马不是专为射爵射侯的子孙所准备的，而是祠主的车马，同样也象征着祠主与其子孙们家族的富贵繁荣。《汉书·薛广德传》说：'广德为御史大夫，凡十月免。东归沛，太守迎之界上。沛以为荣，悬其安车传子孙。'从'致仕悬车'这种典故意义上来理解，为官者告老辞官归里后，所乘官车不用了，就悬置其车以表示当年做官的荣耀，并传给了后代子孙。那树下的车、马，不正是彰显了这种意义吗。"② 接着，作者又以山东嘉祥五老洼出土小祠堂后壁石画像为例（见图1—12），说明了"致仕悬车"的寓意。

蒋英炬关于汉画像"楼阁拜谒图"树下停车和系马构图意义的上述解释值得商榷。

首先，山东嘉祥五老洼出土小祠堂后壁石画像下层画面车、马形象，只是简单地以车马为主的构图形式，画面中没有大树的形象。严格而论，这是两种由不同艺术要素组成的构图形式，自然，也就不能以之为据而说明汉画像"楼阁拜谒图"树下停车和系马的构图意义。同时，以"致仕悬车"的典故来解释"楼阁拜谒图"树下停车和系马的构图形式，似乎缺少根据。

---

① 中国画像石全集编辑委员会：《中国画像石全集·江苏、安徽、浙江汉画像石（4）》，山东美术出版社、河南美术出版社 2000 年版，第 120 图。

② 蒋英炬：《汉代画像"楼阁拜谒图"中的大树方位与诸图像意义》，《艺术史研究》2004 年第 6 辑。

图1—12　山东嘉祥五老洼出土小祠堂后壁石画像下层画面

"楼阁拜谒图"是树下停车和系马,而"致仕悬车"只是将
"车"留下作为纪念,即使将"车"悬挂起来,二者似乎也是风马
牛不相及。如前所述,汉画像"楼阁拜谒图"往往位于祠堂后壁,
画像的构图意义又是与祖先崇拜联系在一起的,这样一种"严肃"
而"庄重"的题材,加入子孙所乘车马的形象在里面,似乎不合
情理。

其次,汉画像"楼阁拜谒图"树下停车和系马的画面,由数个
艺术要素的相互联结、组合而成一种艺术构成形式,象征性地表达
了某种愿望。其与生活上的联系,是通过情感的沟通而获得的象征
性的联想和想象来实现的,如果将上述车马等形象在现实生活中一
一"落实",则是一种违背画面构图艺术本质的做法。

再次,汉画像大树艺术组合往往由数个艺术要素的相互联结、
组合而成,在本章所列举的嘉祥武氏祠前石室、左石室后壁,宋山
1号、2号、4号小祠堂后壁及嘉祥县城南南武山东汉晚期"大树楼
阙"诸画像中,大树之下都配以车和马,构成一幅"大树与车马"
的"完整"的画面。然而在另外一些画像中,大树与车马的"搭
配"却呈现出不同的联结、组合形式:或大树与车马,或大树与单
车,或大树与单马,其艺术要素的联结与组合形式是多方式的。因
此,不论是将大树下的车、马看作是为"射爵射侯者所准备",还

是专为"射爵射侯的子孙所准备",还是所谓的"致仕悬车",都无法对汉画像大树与车马多种联结与组合形式给出一个合理的解释。

最后,在汉画像大树艺术组合中,大树的下面一般停车和马,但是也有例外者。例如安徽淮北北山乡出土的"大树射鸟"画像(见图1—13)。画面中左右有两棵树,左边树的形状呈三角形,树上有立鸟,树旁有鸟飞翔,树下拴有一犬;右边树枝干粗壮,树叶稀疏,右侧一人仰面弯弓射箭,左侧拴有一牛。①

图1—13 安徽淮北北山乡出土"大树射鸟"画像

---

① 中国画像石全集编辑委员会:《中国画像石全集·江苏、安徽、浙江汉画像石(4)》,山东美术出版社、河南美术出版社2000年版,第196图。

　　再如山东微山县两城镇出土的"大树射鸟"画像（见图1—14）。画面下层为一巨大的连理树，树上有群猴和飞鸟，树下左右各有一人张弓而射，另有一马一羊。

图1—14　山东微山县两城镇出土"大树射鸟"画像

　　在上述画像中，树下所停者不是"车马"而是"犬牛"或"羊"，这里比照古代"致仕悬车"的典故，却又该如何解释呢？

　　综上所述，上面认识的一个最大问题，就是忽视了"楼阁拜谒图"树下停车和系马这一构图形式诸艺术要素间相互联结、组合的艺术特征。

　　在这一构图形式中，大树形象始终处于"中心"或"主导"的地位；车和马往往位于大树的左右或两边；更为重要的是，有的画面在构图上通过马的缰绳与大树树干之间的联系，突出和强调马与大树树干之间的或"维系"或"拴结"或"附属"的关系。车的形象也是如此，画面中的车往往正面面对大树或车辕前部与大树树干相连接，同样造成车与树干之间或"维系"或"拴结"或"附属"的视觉效果。显然，画像车马与大树之间通过或"维系"或"拴结"或"附属"的视觉效果，而要表达或达到的意义和目的，才是这一构图形式的真正的意义所在。

不可否认的是，上文所引蒋英炬及所引邢义田的解释，都没有涉及画像的上述构图特征，因此，由这样的构图特征所内含的构图意义与目的，也就不能被明确地揭示出来。如前所述，《诗经·曹风·鸤鸠》"鸤鸠在桑"其子"在梅"、"在棘"、"在榛"的描写，寓含着"宗盛族茂"的象征意义，诗中的"桑"有着"宗"的象征性，"鸤鸠在桑"会带来宗盛而族茂的结果，如此，对于"鸤鸠"来说，"桑"也就成为一种稳定、安全、依靠和庇护的对象和象征。也就是说，"桑"的稳定、安全、依靠和庇护的作用和意义的生成，是由"桑"之"宗"的象征性所决定和派生的。《易经·否》卦"九五"爻辞云："休否，大人吉。其亡其亡，系于苞桑。"这里的"苞桑"乃是根深、枝繁、叶茂之桑。其于树木来说，本固则安而不亡，故孔疏云："凡物系于桑之苞本，则牢固也。"《周易集解》引《九家易》云："桑者上玄下黄，以象乾坤也。乾者在上，坤体在下，虽欲消干，系其本体，不能亡也。"显然，这里的"苞桑"作为一个象征体，有着"本"之坚固的象征意义。也就是说，不论在多么危险甚至危亡的情况下，只要"系于苞桑"，就会转危为安。在这里，"桑"以其根深、枝繁、叶茂而具有着稳定、安全、依靠和庇护的象征意义。即如《周易集解》引陆绩云："包，本也。言其坚固不亡。"

不能否认，"苞桑"的上述象征意义与《鸤鸠》中"鸤鸠在桑"而"宗盛族茂"的内涵和"桑"的稳定、安全、依靠和庇护的象征意义是一致的。"系于苞桑"而"本固不亡"；"鸤鸠在桑"而"宗盛族茂"。显然，这里"桑"的象征意义是由两个层次组成的：其缘于树木的根之深，枝之繁，叶之茂，使其具有了坚固而安稳的象征意义，这是"桑"的象征意义的基础。在此基础上，"桑"的象征意义又延伸到个体生命和社会伦理的层次，于是，"桑"缘于树木的根深、枝繁、叶茂的自然属性，又具有了个体生命的情感欲求和社会伦理的德性内涵，其象征性自然表现在"宗盛而族茂"的宗法意义上的价值祈盼和个体生命稳定、安全、依靠和庇护的情感欲求之上。

值得注意的是，这样的情感意识和思维方式，不仅仅在《诗经·曹风·鸤鸠》中体现出来，也在《易经》的"爻辞"中体现出来，说明了这种情感意识和思维方式已经成为一种具有普遍意义的情感认同和思维定式。如此，在后代的传说故事中，"桑树"能够挽救人的生命的情节出现，也就不足为奇了。

《太平御览》（卷九五五）引《甄异传》载有这样一则传说："沛国张伯远，年十岁时病亡，见泰山下有十余小儿共推一大车。车高数丈。伯远亦推之。时天风暴起扬尘，伯远絓桑枝而住，闻呼声便归，遂苏，后发中皆有沙尘。后年大至泰山，识桑如死时所见。"泰山是人们想象中"司命神"的居住地，因此，在人们的观念中，泰山所属的地域是生人死后灵魂的归宿地。《后汉书·乌桓传》在引述乌桓族丧葬习俗时说："俗贵兵死，敛尸以棺，有哭泣之哀，至葬则歌舞相送。肥养一犬，以彩绳缨牵，并取死者所乘马衣物，皆烧而送之，言以属累犬，使护死者神灵归赤山。赤山在辽东西北数千里，如中国人死者魂神归岱山也。"《孝经援神契》（《重修纬书集成》卷五）载："泰山一曰天孙，言为天帝孙也。主招人魂魄。东方万物始成，知人生命之长短。"

上引《甄异传》所载张伯远在泰山下助十余小儿推车的情节，正是张伯远死后魂魄至泰山的曲折反映。然而，就在张伯远一步步走在死亡之路上的时候，一条"桑枝"绊住了他，使他停止了前行。显而易见，传说中"伯远絓桑枝而住"的情节，暗示了阻止张伯远迈向死亡之路的正是"桑枝"，是"桑枝"使张伯远的生命得以延长。从上述角度进行观察和思考，汉画像"楼阁拜谒图"大树艺术组合，突出和强调车马与大树之间或"维系"或"拴结"或"附属"的构图特点，才能得到合乎情理的艺术诠释；而上述视觉效果所内含或表达的意义和目的，也才能得到恰如其分的揭示。

如此而言，汉画像"楼阁拜谒图"大树艺术组合，车马与大树之间或"维系"或"拴结"或"附属"的视觉效果要表达或达到的意义和目的，仍然没有"背离"画像所在的"祠堂"的性质和画像"拜谒祖先"的意义：在大树艺术组合中，"大树"是"根本"和"中心"，其根深、枝繁、叶茂的自然形象，象征着宗族的稳固与繁荣；车马与大树之间或"维系"或"拴结"或"附属"的构图形式，则象征着个体之于宗族的联结、依靠、庇护、安全与归宿。

五　结论

汉画像"楼阁拜谒图"大树形象，是以"桑树"为生活原型而进一步艺术加工和艺术表现的产物。汉画像"楼阁拜谒图"中的大树形象，大都与"车马"、"飞鸟"、"神猴"、"射鸟人"等艺术要素构成独特的艺术组合。这是一个内涵丰富、意义开放的艺术构成形式，其艺术构成的每一个艺术要素，都在这一艺术构成中占有一定的地位，承担表现一定构图意义的责任，诸艺术要素通过构图艺术上的联系获得了构图意义上的联结与联通。

上述艺术组合诸艺术要素于艺术层面的关系和意义层面的联系，又大都能够在汉以前的艺术实践与文化传统中找到根据。其中"树上立鸟"或"树间飞鸟"的构图形式所表现的"大树"与"鸟"的艺术联系，是"鸟"与"桑树"在生命意义上"同构"关系的艺术再现。"射鸟"，也就是"获鸟"，"射鸟"是过程，而"获鸟"则是结果。二者所寓含和表达的意义是相同的，其深层内涵仍然没有离开对宗族生命繁荣的祈祷。车马与大树之间或"维系"或"拴结"或"附属"的视觉效果要表达或达到的意义和目的，同样没有"背离"画像所在的"祠堂"的性质和画像"拜谒祖先"的意义：在大树艺术组合中，"大树"是"根本"和"中心"，其根深、枝繁、叶茂的自然形象，象征着宗族的稳固与繁荣；车马与大树之间或"维系"或"拴结"或"附属"的构图形式，则象征着个体之于宗族的联结、依靠、庇护、安全与归宿。

汉画像"楼阁拜谒图"大树艺术组合，是一个从宗族血缘出发而缘于生命信仰与生命崇拜的，具有吉祥祈盼意义的象征结构体。在这一象征结构体中，大树是"中心"，不同的艺术要素围绕大树构成了不同的艺术联结和意义关系。如此，这一象征结构体，便成为一个既集中又发散、既统一又开放的艺术构成形式。一方面，大树形象在这一艺术构成中主要的与中心的艺术地位，使其在这一象征结构体中始终具有稳定与核心的地位和意义；而不同的艺术要素与大树所构成的不同的艺术联结和意义关系，则又形成了以大树为核心的不同的艺术象征结构。显然，其不同艺术要素围绕中心而组合、联结的艺术构成形式，决定了其内涵与意义在艺术表现与意义表达上的模块化叙述特点与累加式叙事特征。

值得注意的是，上述大树艺术组合在汉画像中出现的"频率"是较高的，既可以在祠堂"后壁"的"楼阁拜谒图"中出现，也可以在其他画面形式中出现；既可以诸种艺术要素较为完整地组合，也可以某一个或几个艺术要素单独与大树构成不同的组合。上述大树艺术组合在汉画像中所呈现的这种多姿多彩的艺术表现形式，正是其在艺术表现与意义表达上的模块化叙述特点与累加式叙事特征。

第二章

汉画像大树组合艺术构图"叙述结构"与"叙述层次"研究

一　前言

汉画像中大树形象有些为单独构图，但更多的情况是大树与其他的艺术形象通过艺术上的联系构成不同的构图形式。这里，将这样一种以大树为"主体"或"核心"，通过与其他艺术形象构成某种艺术联结和意义关系的构图形式，称为汉画像"大树组合艺术构图形式"。对于上述构图形式的研究，学者们早有关注。蒋英炬在《汉代画像"楼阁拜谒图"中的大树方位与诸图像意义》一文中，曾对这一构图形式有所论述，并提出了一些中肯的意见。① 笔者对蒋英炬的意见有不同的看法，并就具体问题进行了论述。② 但这一构图形式在构图艺术与构图意义上仍有一系列的问题需要研究和探索。

对于上述构图形式，既应该将其视为独立的构图形式，又应该将其"还原"到其所在的艺术构成体系和意义表述模式中去研究。山东邹城市卧虎山汉画像石墓 M2 石椁墓南椁东西挡板内外侧面、南北侧板内外侧面、南北侧板东西端面，皆有横向排列或单独构图的画像，并在构图艺术与构图意义等方面存在着内在的关联和联系。上述画像的北侧板外侧左格画面、北侧板外侧右格画面和西挡板内侧

---

① 蒋英炬：《汉代画像"楼阁拜谒图"中的大树方位与诸图像意义》，《艺术史研究》2004 年第 6 辑。

② 中国汉画学会、南阳师范学院汉文化研究中心：《汉画像"楼阁拜谒图"大树艺术组合构图意义再探》，载《中国汉画学会第十届年会论文集》，湖北人民出版社 2006 年版，第 288 页。

画面，或为单独的"大树射鸟"画像，或大树与其他艺术形象组合而构成一个完整的构图形式。显然，卧虎山 M2 石椁墓南椁整体画像为大树组合艺术构图形式的研究提供了基本完整的"艺术构成体系和意义表述模式"。虽然对卧虎山 M2 石椁墓南椁大树组合艺术构图形式的艺术价值与构图意义的探讨还只是基于"个案"研究的总结，但上述艺术价值于汉画像大树组合艺术构图形式来说，具有某种典型意义。也就是说，基于"个案"研究的卧虎山 M2 石椁墓南椁大树组合艺术构图形式的艺术价值，具有类型学上的意义。同时，本章对 75 幅汉画像大树组合艺术构图形式的分析与研究，可以证明这一点。

如此，对于汉画像大树组合艺术构图形式来说，本章提出了构图艺术与构图意义上的"叙述结构"与"叙述层次"的观点。"大树"是这一构图形式的"主体"与"核心"，而不同艺术要素的"加入"，导致其艺术表现形式的"变化"，其多种艺术表现形式的出现，说明这一构图形式"本体"与"变体"的存在。在大树组合艺术构图形式诸多艺术要素中，"鸟"、"猴"、"车"、"马"等艺术要素与"大树"构成了构图艺术上的"联结"与构图意义上的"依附"关系，而这种"联结"与"依附"关系的存在，证明这一构图形式各种"变体"的内部结构中"层次"因素的存在和联系。需要指出的是，对汉画像大树组合艺术构图形式的解读，正可以通过这种"层次"上的联系，来探寻其构图艺术上艺术联结的"前后"之分和艺术表现的"主次"之别，从而进一步领会其在构图意义上的意义构成及意义表达上的"轻重"之异。

二　汉画像大树组合艺术构图 形式的类型化分析

在汉画像大树组合艺术构图形式中，"树"的形象在刻画上大致呈现出两种规律性特点：①"树"的形象大致由笔直的树干和呈正三角形的树身所构成，构图简单，且在构图特点和形式上很少发生变化。②"树"的形象富于变化，线条较为复杂，构图形式多样，颇具写实特点。这里从利于研究的角度出发，根据汉画像大树组合艺术构图形式中 "树" 的形象在刻画上所呈现的上述两种规律性特点并以此为依托，尝试将汉画像大树组合艺术构图形式划分为两类构图形式，即具象构图形式和抽象构图形式。

提供给本章供研究的上述两类构图形式共 75 幅画像，其中第一类构图形式有 61 幅画像，第二类构图形式有 14 幅画像。考察上述两类 75 幅大树艺术组合，构成其构图形式的艺术要素是颇为丰富的，包括 "树" 的形象在内，大致有如下 11 类：

（1）树上立鸟（树间飞鸟）；

（2）马；

（3）射鸟人；

（4）楼（阙、厅堂、房屋等）；

（5）猴；

（6）车；

（8）动物（犀兕、独角兽、鹿、龙、羊、狐等）；

（9）人（老人、提鸟人等）；

（10）仙人（西王母、东王公、羽人等）；

（11）其他（兔捣药、仙草等）。

这 11 类艺术要素在上述两类 75 幅大树组合艺术构图形式中出现的 "频率"（次数）是有差异的。这里选择出现 "频率"（次数）较多的前 7 类艺术要素（形象）做一统计（以多少为序）（见表 2—1、表 2—2）

表 2—1   **第一类构图形式的出现频率**

类型	频率（%）
（1）树	100
（2）树上立鸟	62
（3）马	52
（4）射鸟人	32
（5）楼（阙、厅堂、房屋等）	26
（6）猴	16
（7）车	13

表 2—2   第二类构图形式的出现频率

类型	频率（%）
（1）树	100
（2）楼（阙、厅堂、房屋等）	85
（3）树上立鸟	78
（4）马	14
（5）射鸟人	略
（6）猴	略
（7）车	略

对上述统计数据进行分析，下面的情况是值得关注的。

（1）在汉画像上述两类大树组合艺术构图形式中，第一类构图形式与第二类构图形式之最大区别，是在第二类构图形式的 14 幅画像中，"射鸟人"、"猴"、"车"三类艺术要素没有出现，而"马"的形象也仅仅出现 2 次。上述情况既与第一类构图形式有不同之处，又与同一类构图形式中"树"、"楼（阙、厅堂、房屋等）"、"树上立鸟（树间飞鸟）"等形象的频繁出现形成了较大的反差。

（2）在汉画像上述两类大树组合艺术构图形式中，排在前三位的艺术要素（形象）分别是：第一类中为树上立鸟（树间飞鸟）、马、射鸟人；第二类中为楼（阙、厅堂、房屋等）、树上立鸟（树间飞鸟）、马。在上述排在前三位的艺术要素中，共同出现的艺术要素是"树上立鸟（树间飞鸟）"和"马"。这说明在汉画像上述两类 75 幅大树组合艺术构图形式中，排在前三位的艺术要素在出现形式上既有差异之处，也有共同之点。

（3）在汉画像上述两类大树组合艺术构图形式中，排在前三位的艺术要素（形象）之重要共同点，是在第一类构图形式和第二类构图形式中共同出现的"树上立鸟（树间飞鸟）"。因为上述两类大树组合艺术构图形式是以"树"的形象为画面构图基础，所以"树上立鸟（树间飞鸟）"作为两类构图形式中共同出现的艺术要素（形象），则显得更为重要。

对上述情况进行分析，可以尝试得出如下认识。

（1）汉画像上述两类大树组合艺术构图形式中排在前三位的艺术要素有两类是相同的，这种"趋同"现象，应该是其在艺术上存在联系的反映，同时，也能够说明汉画像上述两类75幅大树组合艺术构图形式在情感的表现与内涵的贮藏等方面，具备某种基本的共同点和基础。二者在差异中存在着联系，在不同中存在着共性。

（2）上述认识是以"汉画像上述两类大树组合艺术构图形式中排在前三位的艺术要素有两类是相同的"这样的判断为基础而做出的，因此，汉画像上述两类大树组合艺术构图形式中排在前三位的艺术要素在画像构图上的重要的乃至主要的意义和地位，也就凸显出来，同时也说明：汉画像上述两类75幅大树组合艺术构图形式中排在前三位的艺术要素，是构成汉画像上述两类75幅大树组合艺术构图形式的重要的乃至主要的艺术符号。

（3）汉画像上述两类大树组合艺术构图形式中第一类构图形式与第二类构图形式，在上述六类艺术要素构成方面所存在的差异，即第二类构图形式"射鸟人"、"猴"、"车"三类艺术要素的"缺失"以及"马"的形象较少出现，意味着上述两类构图形式在情感的表现与内涵的贮藏等方面是存在差异的，二者相比，后者不如前者丰富和复杂。

通过上面的分析，我们对汉画像上述两类大树组合艺术构图形式有了一个更为清晰而明确的了解和认识。汉画像上述两类大树组合艺术构图形式缘于其主要艺术要素组合构成上存在的"趋同"现象，而证明上述两类构图形式在构图意义与内涵上存在着一致性，同时，又使得上述"主要艺术要素"在上述两类构图形式中的重要的乃至主要的艺术构成地位得以凸显和确立。

上述认识，还可以在对上述两类大树组合艺术构图形式七类艺术要素于构图中所占比例的数据统计中得到印证。汉画像上述两类大树组合艺术构图形式中前七类"艺术要素"出现"频率"（次数）如表2—3、表2—4所示。

表 2—3　　　　　　　第一类构图形式中七类艺术要素出现频率

类型	频率（%）
（1）树	100
（2）树上立鸟（树间飞鸟）	62
（3）马	52
（4）射鸟人	32
（5）楼（阙、厅堂、房屋等）	26
（6）猴	16
（7）车	13

表 2—4　　　　　　　第二类构图形式中七类艺术要素出现频率

类型	频率（%）
（1）树	100
（2）楼（阙、厅堂、房屋等）	85
（3）树上立鸟（树间飞鸟）	78
（4）马	14
（5）射鸟人	略
（6）猴	略
（7）车	略

　　从上述统计情况中可以看到，汉画像上述两类大树组合艺术构图形式中排在前三位的艺术要素在各类构图比例上均在 50% 以上，而在第二类构图形式中更高达 70% 以上。上述统计数据进一步说明，汉画像上述两类大树组合艺术构图形式中排在前三位的艺术要素，在上述构图形式中占有重要的和主要的地位，是构成上述构图形式诸艺术要素中重要的和主要的艺术符号。

　　需要指出的是，在对上述统计数据做如上分析的基础上，我们还应该看到上述统计数据所反映出的上述两类构图形式各自的特点和不同之处。"第二类构图形式"的统计数据主要集中在前三类主要艺术要素上，且前三类主要艺术要素与后四类艺术要素在具体数据上差异巨大；后四类艺术要素在构图上往往是以前三类主要艺术要素为依托和前提的。上述情况说明，"第二类构图形式" 在内涵的贮藏上是较为单纯的，在构图意义的表达上也是较为单一的。

"第一类构图形式" 的统计数据在七类艺术要素中呈阶梯性 "递减" 的态势。如果以 "第一类构图形式" 作为一个固定而统一的艺术整体的话，那么在 "第一类构图形式" 的艺术构成中，在前三类主要艺术要素在构图形式中占有重要和主要地位的基础上，其他艺术要素也在上述艺术构成中占有一定的艺术空间，表达一定的构图意义。上述情况说明，与 "第二类构图形式" 相比较，"第一类构图形式" 在内涵的贮藏与构图意义的表达上，则要丰富和复杂得多——这是一个内涵丰富、意义开放的艺术构成形式，其艺术构成的每一个艺术要素，都在这一艺术构成中占有一定的地位，承担表现一定构图意义的责任。

三　卧虎山 M2 石椁墓南椁大树构图形式的典型意义

供考察的汉画像 "大树组合艺术构图形式" 有如下 5 例：①山东曲阜张家村出土 "树、射鸟画像"（见图 2—1a）。① ②山东肥城市北大留出土 "射鸟、马画像"（见图 2—1b）。② ③河南南阳市区出土 "射鸟画像"（见图 2—1c）。③ ④河南郑州新通桥汉代画像空心砖墓出土 "射鸟图"（见图 2—1d）。④ ⑤山东邹城市西南大故县

---

①　中国画像石全集编辑委员会：《中国画像石全集·山东汉画像石（2）》，山东美术出版社、河南美术出版社 2000 年版，第 23 图及图版说明。

②　中国画像石全集编辑委员会：《中国画像石全集·山东汉画像石（3）》，山东美术出版社、河南美术出版社 2000 年版，第 216 图及图版说明。

③　中国画像石全集编辑委员会：《中国画像石全集·河南汉画像石（6）》，山东美术出版社、河南美术出版社 2000 年版，第 213 图及图版说明。

④　郑州市博物馆：《郑州新通桥汉代画像空心砖墓》引图，《文物》1972 年第 10 期。

村出土"仙树、凤鸟、羽人画像"（见图2—1e）。①

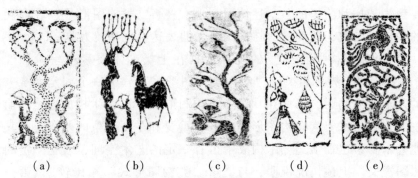

| (a) | (b) | (c) | (d) | (e) |

图2—1　供考察的汉画像"大树组合艺术构图形式"

从构图艺术的角度看，上述图例都有一个共同点，即画面均由大树、鸟和射鸟人诸艺术要素构成，因此，上述画像虽然出土或发现于不同的地方，但源于构图形式及组成画面的艺术要素的一致性特点而具备了比较研究的条件和基础。

图2—1a的画面中央刻绘一棵大树。大树树干粗壮而高大，主干之上分出两条支干，支干之上又各自分出两条挺立的树枝，树枝上有稀疏的树叶；大树上有两只相对而立的大鸟；大树树干两侧有二人面向大树仰身张弓而射。

图2—1b的大树位于画面的左侧。大树树干巨大、粗壮、盘结，而树干之上却生出数条细枝，柔软地弯曲交错而上挺；树枝之上生有稀疏的树叶；画面的右侧立有一马，身躯肥壮；大树与马的中间，有一人单腿跪地、挺身，张弓而射。画面大树上鸟的形象并不明显，树枝上所立是否是鸟，已经不能辨认，唯树干之上有一下落的鸟的形象，可清晰显现。

图2—1c的画面简单而紧凑。大树形象造型优美，树干粗细均匀，树枝斜生、无叶，树枝上似立鸟三只；树下左侧一人，双腿叉形挺立，上身左向斜出，与双腿几乎构成直角，然后转身仰面，左

①　中国画像石全集编辑委员会：《中国画像石全集·山东汉画像石（2）》，山东美术出版社、河南美术出版社2000年版，第73图及图版说明。

手持弓，右手引弦，弓弯而弦满，形象极为优雅美观。

图2—1d的画面线条流畅，构图简单。树的形象位于画面的右面，简单几笔，即将树干、树枝与树叶勾勒出来。树上是否立鸟，已经不能断定，但画面的左侧有一鸟面向树枝飞来；树下左侧一人，叉腿站立，仰身，张弓而射。

图2—1e在构图上是上述四幅图例中最为独特的：画面中大树形象的刻画所采取的方法，可以用"抽象主义"来形容，颇具"现代派"的味道。树的根部呈双虎相对形，二虎共头，生出树干；树干挺直，上连不规则的弯曲的枝条，而树叶则以半圆形的"树冠"为象；半圆形树冠之上，站立一巨凤，口衔连珠，旁有羽人饲凤，后有羽人伺立；巨凤上下有数只飞鸟，或全身或半身或只露出头部。

需要指出的是，上文所列举的五例"大树组合艺术构图形式"，都是"孤立"的画面形式。因此，在对上述画像的认识上也就存在着这样一种局限：除对上述画像画面本身的构图形式进行分析之外，不能将其与其他画面构图形式进行构图艺术与构图意义上的联系，如此，势必影响对上述画像构图意义的认识。这样，我们就有必要选择更具有典型性的构图形式，作为"个案"进行解剖式的研究，而山东邹城市卧虎山汉画像石墓M2石椁墓南椁"挡板"和"侧板"画像便进入了我们的视线。

显然，卧虎山M2石椁墓南椁整体画像为我们对汉画像大树组合艺术构图形式的研究提供了上文所列举的五例"大树组合艺术构图形式"所不具备的条件。如此，以山东邹城市卧虎山M2石椁墓南椁大树构图形式为例，并将其放在M2石椁墓南椁整体画像中去考察和认识，也就显得很有必要了。①

卧虎山M2石椁墓南椁画像具体情况如下。

（1）东挡板外侧画像：画面中分为二，各刻铺首衔环，铺首上立有二虎，铺首下左右下角各蹲坐一犬，画面中间一半身门吏。

① 山东邹城市文物管理局对该墓进行了清理发掘，形成《山东邹城市卧虎山汉画像石墓》一文，本文所引卧虎山M2石椁墓南椁画像及卧虎山M2石椁墓相关材料，皆源自该文。有关卧虎山M2石椁墓相关材料之具体情况，亦请参考原文。山东邹城市文物管理局：《山东邹城市卧虎山汉画像石墓》，《考古》1999年第6期。

（2）西挡板外侧画像：画面刻绘五只鹤鸟衔鱼，空中另有七只飞鸟。

（3）东挡板内侧画像：画面下为对舞的凤鸟，口中有连珠，其左右各有一羽人，手持仙树；凤鸟上方为一翼龙，上有仙人乘骑。

（4）西挡板内侧画像：画面主要形象是两位老者，左侧似男性老者，手扶鸠杖；右侧似女性老者，手捧两只仙桃。画面上方有一树，树上有鸟。右侧女性老者的身后立有一人，其上有一飞鸟。两老者中间有似猴状动物。

（5）南侧板东端立面画像：双翼飞虎。

（6）北侧板东端立面画像：长尾青龙。

（7）南侧板西端立面画像：飞鸟、石阙、门吏。

（8）北侧板西端立面画像：飞鸟、石阙、门吏。

（9）南侧板外侧画像：画面分为三格，左格为"豫让刺赵襄子"故事；中格为怪兽口衔长蛇、云神、雷神；右格为群兽相斗。

（10）北侧板外侧画像：画面分为三格，左格为殿堂、双阙、攀猿、大树、树下系马、车、门吏；中格分为上下两层，上层为鸡首神人、马首神人、武士，下层刻绘其他人物，似传说故事；右格为大树射鸟画面。

（11）南侧板内侧画像：画面分为三格，左格为杂技画面；中格分上下两层，上层为建鼓、鼓舞、二人吹箫、宴饮，下层为车马出行；右格分为上下两层，上层为西王母，下层为九尾狐、三足乌、玉兔捣药、凤凰。

（12）北侧板内侧画像：画面分为三格，左格为双阙；中格分为上下两层，上层为车马出行，下层似"伯乐相马"故事；右格分为上下两层，上层为双层楼房、楼上有凤凰、楼下为跪拜画面，下层为"泗水取鼎图"。

从上文对卧虎山 M2 石椁墓南椁画像具体情况的展示上可以看到，上述画像在构图艺术与构图意义等方面存在着内在的关联和联系。因此，将位于北侧板外侧左格画面、北侧板外侧右格画面和西挡板内侧画面中的"大树"或"大树射鸟"构图形式"还原"到石椁整体画像之中，在与之构成内在关联和联系的诸多画面的比较分析中，是可以对上述 "大树" 或 "大树射鸟" 构图形式及构图意义做出明晰而恰当认识的。

卧虎山 M2 石椁墓南椁东挡板外侧画像，在构图上是按照 "门" 的形象设计的，而 "青龙"、"飞虎" 形象位于南北侧板东端立面的设计，亦能证实上述认识。如此，整个南椁虽然是一个普通的石椁，但却能够借助东挡板外侧及南北侧板东端立面画像，象征性地构造成了一座 "房屋"（厅堂、楼阁）的象征格局。

上述情况也就意味着这样一个事实的存在：石椁内侧画像与墓葬主人的生活与生命构成了直接的关系和联系，构成了墓葬主人于 "椁内" 生活与生命的内部 "空间"，而石椁外侧画像则通过六格画面的描绘构成一个个 "独立" 的艺术场景，从而组成了墓葬主人于 "椁内" 生活与生命的外部 "空间"。

如此，卧虎山 M2 石椁墓南椁内外不同侧面画像的整体构图特点也便清晰起来：石椁内侧画像的 "行为主体" 是 "逝者"，"叙述内容" 是逝者的灵魂通向永恒世界的 "行为"，而 "叙述主题" 则是永恒生命的获得——西挡板内侧画像的构图意义。石椁外侧画像所表达的虽然不是 "行为主体" 的某种 "趋向" 过程，但却通过一个个独立的画面所构成的不同的艺术场景，表达了与石椁内侧画像相同的 "叙述主题"。但缘于石椁外侧画像所在 "空间" 的不同，导致其在构图目的与象征意义的 "指向" 方面与石椁内侧画像构成差异——前者（内侧画像）是单向的，指逝者，而后者（外侧画像）则是双向的，指逝者和生者。

基于上述分析，卧虎山 M2 石椁墓南椁内外不同侧面画像中 "大树" 和 "大树射鸟" 构图形式在构图及艺术表现上的意义与特点，也便可以做出如下总结：上述构图形式缘于其承载体 "石椁" 挡板和侧板板面的内外之别，也就具有了 "特殊" 的意义——由所在位置的内外（椁内与椁外）之别而呈现出构图意义上的内外之分。位于西挡板内侧的 "大树" 形象处于 "石椁" 所象征的 "厅堂" 或 "楼阁" 之内，而位于北侧板外侧（左格、右格）的 "大树" 或 "大树射鸟" 构图形式，则处于 "石椁" 所象征的 "厅堂" 或 "楼阁" 之外。

　　上述大树形象由于所在"位置"的内外（椁内与椁外）之别而呈现出构图意义上的内外之分，并进一步由这种构图意义上的内外之分而形成"椁内"与"椁外"的不同的描绘对象及"楼内"与"楼外"的不同的象征图景和构图意义。

　　（1）西挡板内侧画像主要艺术要素是老者、鸠杖、猴状动物、仙桃、大树和鸟。上述艺术要素的形象内涵，都与生命的"长生"与"吉祥"有关。上述每一个艺术要素经过艺术组合而表达的构图意义，也都是生命的"长生"与"吉祥"。在此基础上，考察西挡板内侧画像"树与鸟"的组合形象：画面中"大树"形象位于画像的上方，显然起到一种"背景"式的衬托和依靠的作用和意义；画面中"大树"形象在刻画上强调和突出树干与树枝的粗壮、树叶的肥大与饱满以及树中隐约可见的立鸟及枝杈旁边的飞鸟，上述构图形式已经显示出"生命旺盛"的构图意义。需要指出的是，这种"生命旺盛"的构图意义所指，是单向的——逝者，是逝者俗世生命结束后获得永恒生命的象征。

　　（2）南北侧板外侧画像描绘了六个没有行为"趋向"关系的画面，构成六个相对独立的艺术场景。而在上述艺术场景中，大树的形象共出现两次：第一次，大树与楼阙等建筑组合构图，画面突出隐藏在楼阙之后的大树的高大和茂盛；第二次，大树单独构图，画面重点描绘树下射鸟的行为（张弓）与获鸟的结果（提鸟）。上述构图均似有意强调大树所处的"空间位置"：前者依据"楼阙"作为"标示"而构成位于"楼阙"之外（侧）的"空间位置"；后者虽然是单独构图，但其处于北侧板外侧的画面位置，仍然构成位于"楼阙"之外（侧）的"空间位置"。显然，上述构图形式的构图意义已经受到了所谓"空间位置"的限制和制约。如果上述构图形式仍然表达某种源于"生命"的美好象征的话，那么这样的表达则重在渲染一种源于"生命"的情境或氛围，表达一种源于"生命"的期盼或祈祷，而其意义与情感所"指"，既是逝者，也是生者。

　　上文对卧虎山 M2 石椁墓南椁整体画像的分析，使我们看到了大树构图形式于构图意义上的空间位置和要求。而这种位置和要求又决定着上述构图形式在构图意义的艺术表现和意义表达上的差异和不同。这里，如果将上述情况作为汉画像的一种带有"普遍意义"的构图原则与表现规则来看待的话，那么卧虎山 M2 石椁墓南椁大树构图形式的艺术价值也就值得我们重视和总结了：①卧虎山 M2 石椁墓南椁画像中的大树构图形式，具有在不同的"空间"进行艺术表现的艺术功用。而源于其不同的艺术表现"空间"，又会造成其构图目的"指向"的不同，从而导致其画面象征意义的差异。②卧虎山 M2 石椁墓南椁画像中大树构图形式具有多种艺术表现形式，或大树与鸟猴，或大树与楼阙，或大树与射鸟人。在上述艺术表现形式中，大树是"主体"与"核心"，其与不同艺术形象的艺术组合，构成不同的艺术表现形式。③卧虎山 M2 石椁墓南椁画像中的大树构图形式，缘于其多种艺术表现形式而构成灵活的艺术表现能力，从而进一步增加和丰富了其艺术表现形式的内涵和意义。

需要指出的是，卧虎山 M2 石椁墓南椁大树构图形式的艺术价值，虽然还只是基于"个案"研究的总结，但上述艺术价值对于汉画大树组合艺术构图形式来说，是具有典型意义的。也就是说，基于"个案"研究的卧虎山 M2 石椁墓南椁大树构图形式的艺术价值，具有类型学上的意义。以卧虎山 M2 石椁墓南椁大树构图形式为代表，包括前文所引山东曲阜张家村、山东肥城市北大留、河南南阳市区、河南郑州新通桥汉代画像空心砖墓，山东邹城市西南大故县村出土画像石大树构图形式，均是汉画像大树组合艺术构图中较为典型的构图形式。其艺术构成特点、构图意义及构图意义的解读方式，可以在汉画大树组合艺术构图形式的规律性认知中找到解开答案的钥匙。

上述大树组合艺术构图形式，其艺术构成方式是以"大树"为"主体"与"核心"，采取不同艺术要素不断"加入"的构图方法而构成的。在以"大树"为"主体"与"核心"的基础上，按照艺术要素"加入"的先后，可以清楚地看出构成上述构图形式诸艺术要素的"层次"。

第一层次："鸟"或"马"；

第二层次："射鸟"；

第三层次："获鸟"。

上述画像从构图艺术的角度看，呈现出三种形式（变体）。

第一种形式（变体）：大树—射鸟；

第二种形式（变体）：大树—立马—射鸟；

第三种形式（变体）：大树—射鸟—获鸟。

前两种形式（变体）的最后一个层次都是"射鸟"，说明"射鸟"是除"卧虎山'大树射鸟'画像"之外的其他画像在构图意义上所要着重强调和表达的。"射鸟"的"目的"是"获鸟"，所以，"获鸟"作为第三种形式（变体）的最后一个层次，在构图意义上是以"射鸟"行为的"结果"出现的。因此，从构图艺术的角度看，"获鸟人"的出现，是对"射鸟"行为的一种艺术补充。

如此，上述画像的构图意义也便清楚了：画像以"大树"作为"主体"和"核心"，通过由"射鸟"的"行为"而构成的画面，重点表达"获鸟"的愿望和情感。上述表达方式是象征性的。"射鸟"的行为并不是要真正射杀鸟，而是通过这种行为表达"获鸟"的象征意义。其根据是山东邹城市大故县村出土画像石"大树射鸟（获鸟）画像"：大树之上所立之鸟是一巨大的凤鸟，凤鸟嘴衔"连珠"，下有羽人接珠；大树下左右各有一人仰身、张弓、上射。

上述画面在构图意义上是非常明确的，射者弓箭所指，即是树上的凤鸟，但并非是要将凤鸟射死，而是通过上述"行为"表现对"凤鸟"的象征性的"获得"和"占有"，即对"鸟"所具有的使人生命永恒的能力（连珠、仙药）的"获得"和"占有"。卧虎山 M2 石椁墓南椁北侧板外侧右格"大树射鸟（获鸟）"画像"射者"身后"获鸟人"形象的出现，即是上述情感和愿望的一种艺术表现。

四　汉画像大树组合艺术构图形式的个案考察与 75 幅[①]大树组合艺术构图图例

（一）汉画像大树组合艺术构图形式的个案考察

图 2—2 是安丘汉墓后室西间西壁画像大树组合艺术构图。[②]

---

①　以下所引大树图像共 68 幅，其余 7 幅大树图像已在本章行文中出现，这里不再引录。

②　中国画像石全集编辑委员会：《中国画像石全集·山东汉画像石（1）》，山东美术出版社、河南美术出版社 2000 年版，第 160 图及图版说明。

图2—2　安丘汉墓后室西间西壁画像大树组合艺术构图

图2—2的构图意义是非常丰富的，简单地以某一种构图意义来涵盖，似乎是不可能的。但可以肯定的是，画面所描绘的不是现实生活中的某一个或几个场景，而应该是想象中或幻想中的"世界"。这个"世界"是在现实生活基础上的"升华"，因为画面中除了"羽人"之外，几乎都是现实生活中存在的事物。画像的作者在表达其非现实的想象和幻想的时候，只是对现实生活中所存在的事物进行一定意义上的艺术"改造"，如群山间缭绕的云雾，使得画面构图增加了遥远而神秘的色彩和异域的感觉；在虎、象等动物的身上添加上翅膀和羽人飘舞、灵动、诡异的身形，则构成了超越现实生活的神仙世界的图景。因此，群山间缭绕的云雾，有翼的虎、象和身着羽衣的仙人，正是构成画面构图意义的艺术符号和主要的艺术要素。

在此基础上，再看画像右侧的"大树"形象，其形象内涵毫无疑问是从属于画面整体的构图意义的。这是一个充满着生命激情和生命快乐的世界。其中的"大树"形象象征着生命的繁荣与旺盛，而其他艺术要素与大树所构成的艺术联结，又以这样的象征意义为基础而使上述象征意义更为丰富、多样和饱满。

图2—3是山东曲阜城关镇西颜村出土"楼阙、人物拜见、车骑出行画像"大树组合艺术构图。①

---

① 中国画像石全集编辑委员会：《中国画像石全集·山东汉画像石（2）》，山东美术出版社、河南美术出版社2000年版，第22图及图版说明。

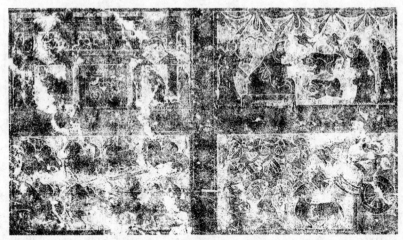

图2—3　曲阜城关镇西颜村出土"楼阙、人物拜见、车骑出行"画像

画像以四格画面组成，"大树"形象位于画像右面下格：大树位于画面的左侧，树干粗壮，树叶肥厚而浓密，树上有鸟栖息；大树右侧树干之上拴有一马，旁有空车一辆；大树左侧一人张弓仰身而射。画像左上格中间是一"楼堂"，两边双阙，楼上端坐三人，阙旁立有迎候者。画像左下格刻绘六骑一车出行。画像右上格为拜谒场面：一人凭几而坐，身后立一侍者；前有二人跪拜、二人躬身肃立。画像右下格即为大树画面：树上有鸟，树下一人张弓仰射，树下拴一马，另有一车。

如前所述，这一画像由四格画面组成，而每格画面都描绘了一个场景，于是构成了由四个场景组成的一个统一而完整的构图形式。基于上面的思考，能够得出这样的认识：上述四格画面所描绘的虽然是四个不同的场景，但是四个场景却应该存在着构图意义上的联系。如此，一个重要的问题摆在我们面前：上述四格画面既然存在着构图意义上的联系，也就意味着上述四个画面同时也有着一个共同的叙述主体、叙述内容和由叙述主体的行为（行动）或情感或愿望所构成的叙述顺序。

根据上述四格画面所描绘的四个场景，四个画面的叙述主体，即画像上层画面右格凭几而坐者（"主人"），叙述内容是画面的"主人"由现实世界向想象中生命彼岸的"回归"。由此，画像的叙述顺序即为从画像下层画面的右下格画面开始，经画像下层画面左下格的 "车骑出行"，而进入由 "双阙"、"楼堂" 所构成的 "生命彼岸"，并在上述 "生命彼岸" 中 "复活"（"生活"）。

如果上面的假设能够成立的话，那么上述画像下层画面右下格的 "大树" 组合构图，在画像的整体构图意义等方面就显得格外重要。这里有必要强调的一点是，论者认为画像下层画面右下格 "大树" 组合构图，并非一种写实意义上的艺术形式，而是通过大树与诸种艺术要素的艺术组合而构成一种基于情感的象征意义。

于是，这一画像四格画面在构图形式上便形成了这样的特点：四格画面的内容可以分为 "写实" 与 "象征" 两种形式；画像整体即由 "写实" 与 "象征" 两种构图形式构成；而更为重要的是，画像叙述主体的行为（行动）或情感或愿望所构成的叙述顺序，不是由 "写实" 的 "场景" 开始，而是以 "象征" 的 "意义" 为基础。

如此说来，画像下层画面左下格 "车马" 形象所构成的出行行为以及上层画面所表现的画面 "主人" 由现实世界向想象中生命彼岸的 "回归" 行为，都是以大树艺术组合所构成的象征意义为基础，并在此基础上表现或完成的。显然，画像在构图形式及构图意义等方面所表现出来的上述特点，都将画像下层画面右下格 "大树" 组合构图在画像整体构图形式与构图意义上的独特性和重要性凸显出来。而上述 "大树" 组合构图也便可以做出如下诠释：大树组合艺术形象所构成的象征意境，是生命回归彼岸的 "始点"，也是俗世生命复活的 "始点"。

显然，这个象征意境具有极为丰富的内涵。其所构成的象征意义与象征作用，与汉画像 "楼阁拜谒图" 中的大树组合艺术形象，有着相同之处。因此，上述大树组合艺术形象所构成的象征意境有着超越生死之境又能够连接生死之域的艺术功能，它的象征意义与象征作用的艺术指向不是单向的，而是双向的既面向着逝者，也作用于生人；既象征逝者生命的复活，又意味着生人家族的平安和生命的旺盛、吉祥。

（二）汉画像 75 幅大树组合艺术构图部分图例①

图 2—4   武氏祠前石室后壁

小龛后壁画像②

图 2—5   武氏祠左石室后壁

小龛后壁画像③

图 2—6   宋山小石祠后壁画像④

图 2—7   大汶口墓门前室

西壁横额画像⑤

图 2—8   微山县两城镇出土

"兽、人物、连理树画像"⑥

---

① 有些图前面的章节已使用过，此处为便于读者集中比对，再次列出。——编者注

② 中国画像石全集编辑委员会：《中国画像石全集·山东汉画像石（1）》，山东美术出版社、河南美术出版社 2000 年版，第 66 图。

③ 同上书，第 84 图。

④ 同上书，第 92 图。

⑤ 同上书，第 230 图。

⑥ 中国画像石全集编辑委员会：《中国画像石全集·山东汉画像石（2）》，山东美术出版社、河南美术出版社 2000 年版，第 42 图。

图 2—9 早年微山县两城镇 图 2—10 早年微山县两城镇出土
出土 "六博游戏、树" 画像① "龙、兽、人物、大树" 画像②

图 2—11 1978 年微山县微山岛沟南村出土
"橦戏、楼房、升鼎" 画像。③

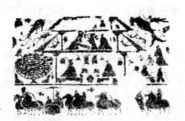

图 2—12 邹城市野店 "楼阁、人物、车骑" 画像④

---

① 中国画像石全集编辑委员会:《中国画像石全集·山东汉画像石 (2)》, 山东
美术出版社、河南美术出版社 2000 年版, 第 43 图。
② 同上书, 第 45 图。
③ 同上书, 第 56 图。
④ 同上书, 第 69 图。

图2—13　邹城市郭里出土"树、凤鸟"画像①

图2—14　1980年嘉祥县满硐乡宋山出土"孔子见老子、骊姬故事"画像②

图2—15　1980年嘉祥县满硐乡宋山出土"楼阙、人物、车骑出行"画像③

①　中国画像石全集编辑委员会：《中国画像石全集·山东汉画像石（2）》，山东美术出版社、河南美术出版社2000年版，第91图。
②　同上书，第101图。
③　同上书，第103、104图。

图 2—16　1983 年嘉祥县纸坊镇敬老院　　图 2—17　1981 年嘉祥县城北五老洼

出土"楼阁、人物、车骑出行"画像①　　出土"楼阁、人物、车卒出行"画像②

图 2—18　1982 年滕州市官桥镇后掌大出土

"厅堂、人物、铺首衔环"画像③

图 2—19　滕州市桑村镇大郭村出土"楼堂、人物、车骑出行"画像④

———————

　　① 中国画像石全集编辑委员会：《中国画像石全集·山东汉画像石（2）》，山东美术出版社、河南美术出版社 2000 年版，第 120 图。

　　② 同上书，第 142 图。

　　③ 同上书，第 182 图。

　　④ 同上书，第 206 图。

图 2—20　1988 年滕州市王开出土"楼阙、　图 2—21　1972 年临沂市白庄出土
人物、斗牛、车骑出行"画像①　　　　　"大树、朱雀衔绶、人物进食"画像②

图 2—22　1988 年临沂工程机械厂　　　图 2—23　1981 年临沂绵织厂出土
出土"树、骑者"画像③　　　　　　　"连理树、仙人饲凤"画像④

图 2—24　1954 年安丘市王封村出土"车骑出行、拜谒、乐舞百戏"画像⑤

① 中国画像石全集编辑委员会：《中国画像石全集·山东汉画像石（2）》，山东美术出版社、河南美术出版社 2000 年版，第 218 图。
② 中国画像石全集编辑委员会：《中国画像石全集·山东汉画像石（3）》，山东美术出版社、河南美术出版社 2000 年版，第 32 图。
③ 同上书，第 50 图。
④ 同上书，第 53 图。
⑤ 同上书，第 147 图。

图 2—25　1977 年徐州沛县栖山出土"西王母、弋射、建鼓"画像①

图 2—26　1986 年铜山县汉王乡
东沿村出土"宴饮"画像②

图 2—27　新沂县瓦窑出土
"犀兕、建筑、人物"画像③

图 2—28　睢宁县张圩征集"人物
拜见、喂马"画像④

图 2—29　1981 年陕西米脂县官庄出土
"墓室东壁右侧"画像⑤

---

①　中国画像石全集编辑委员会：《中国画像石全集·江苏、浙江、安徽汉画像石（4）》，山东美术出版社、河南美术出版社 2000 年版，第 4 图。

②　同上书，第 19 图。

③　同上书，第 91 图。

④　同上书，第 136 图。

⑤　中国画像石全集编辑委员会：《中国画像石全集·陕西、山西汉画像石（5）》，山东美术出版社、河南美术出版社 2000 年版，第 38 图。

图 2—30　1951 年陕西绥德县出土"墓室西壁门
左、右立柱"画像①

图 2—31　1951 年陕西绥德县出土
"墓室门左、右立柱"画像②

①　中国画像石全集编辑委员会：《中国画像石全集·陕西、山西汉画像石（5）》，
山东美术出版社、河南美术出版社 2000 年版，第 78、79 图。
②　同上书，第 80、81 图。

图 2—32 1976 年陕西绥德县征集　　图 2—33 1974 年陕西绥德县出土
　"墓门左立柱" 画像①　　　　　　　　"墓门左立柱" 画像②

图 2—34 1977 年陕西绥德县出土　　图 2—35 1974 年陕西绥德县四十里铺
　"墓门左立柱" 画像③　　　　　　　前街出土 "墓门左、右立柱" 画像④

① 中国画像石全集编辑委员会:《中国画像石全集·陕西、山西汉画像石（5）》,
山东美术出版社、河南美术出版社 2000 年版, 第 132 图。
② 同上书, 第 136 图。
③ 同上书, 第 140 图。
④ 同上书, 第 174、175 图。

图 2—36   1975 年陕西
绥德县四十里铺出土
"墓门左立柱"画像①

图 2—37   1975 年陕西
子洲县宁湾出土"墓门
右立柱"画像②

图 2—38   1992 年陕西靖边县寨山村
出土"墓门右立柱"画像③

图 2—39   1987 年山西离石县马茂庄
征集"墓门右立柱"画像（残）④

---

① 中国画像石全集编辑委员会：《中国画像石全集·陕西、山西汉画像石（5）》，山东美术出版社、河南美术出版社 2000 年版，第 181 图。
② 同上书，第 191 图。
③ 同上书，第 232 图。
④ 同上书，第 295 图。

图 2—40　1988 年四川内江白马镇关圣殿崖墓出土"拴马、鹭啄鱼"画像①

图 2—41　1983 年四川彭山江口乡双河崖墓出土"双阙"画像②

图 2—42　四川新津崖墓出土"双阙"画像③

图 2—43　江苏新沂瓦窑汉画像石墓"第七石"画像④

　　① 中国画像石全集编辑委员会:《中国画像石全集·四川汉画像石（7）》，山东美术出版社、河南美术出版社 2000 年版，第 147 图。
　　② 同上书，第 152 图。
　　③ 同上书，第 204 图。
　　④ 徐州博物馆、新沂县图书馆:《江苏新沂瓦窑汉画像石墓》，《考古》1985 年第 7 期。

图 2—44　洛阳西汉空心画像砖墓"第十四砖"画像①

图 2—45　徐州东汉元和三年画像石"第九石"画像②

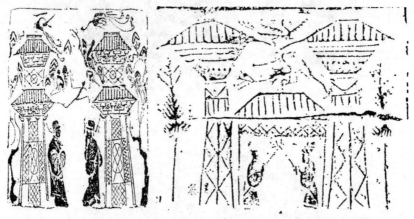

图 2—46　湖北当阳半月　　　　图 2—47　郑州新通桥汉代画像
东汉墓"双阙"画像③　　　　空心砖墓"凤阙"画像④

①　李献奇、杨海钦：《洛阳又发现一批西汉空心画像砖》，《文物》1993 年第 5 期。
②　徐州博物馆：《徐州发现东汉元和三年画像石》，《文物》1990 年第 9 期。
③　宜昌地区博物馆、当阳市博物馆：《湖北当阳半月东汉墓发掘简报》，《文物》
1991 年第 12 期。
④　郑州市博物馆：《郑州新通桥汉代画像空心砖墓》，《文物》1972 年第 10 期。

图 2—48　山东平阴孟庄东汉画像石墓

"Z4 南大面柱身"画像①

图 2—49　徐州大庙晋汉画像石墓"第五石"画像②

图 2—50　徐州大庙晋汉画像石墓"第八石"画像③

---

① 济南市文化局文物处、平阴县博物馆：《山东平阴孟庄东汉画像石墓》，《文物》2002 年第 2 期。

② 徐州博物馆：《江苏徐州大庙晋汉画像石墓》，《文物》2003 年第 4 期。

③ 同上。

图2—51 山东邹城市卧虎山"M2石　图2—52 邹城市卧虎山"M2石
椁墓南椁北侧板外侧右格"画像①　椁墓南椁北侧板外侧左格"画像②

图2—53 临沂市罗庄区"庆云山　图2—54 临沂市罗庄区"庆云山
二号石椁墓东壁"画像③　二号石椁墓西壁"画像④

图2—55 济宁师专十号石椁墓"西壁、南壁、北壁"画像⑤

---

① 邹城市文物管理局：《山东邹城市卧虎山汉画像石墓》，《文物》1999年6期。
② 同上。
③ 中国画像石全集编辑委员会：《中国画像石全集·山东汉画像石（1）》，山东
美术出版社、河南美术出版社2000年版，第100图。
④ 同上书，第101图。
⑤ 同上书，第105、106、107图。

图 2—56　山东梁山县城关镇茶庄"翼龙、仙人"画像①

图 2—57　微山县微山岛沟南村"孔子见老子、送葬"画像②

图 2—58　山东枣庄市市中区渴口砖厂汉墓"楼、树、人物"画像③

图 2—59　平阴县新屯"楼阁、双阙"画像④

①　中国画像石全集编辑委员会：《中国画像石全集·山东汉画像石（2）》，山东美术出版社、河南美术出版社 2000 年版，第 29 图。

②　同上书，第 55 图。

③　同上书，第 149 图。

④　中国画像石全集编辑委员会：《中国画像石全集·山东汉画像石（3）》，山东美术出版社、河南美术出版社 2000 年版，第 188、189 图。

图2—60　徐州市沛县栖山"虎、长青树"画像①

图2—61　徐州市沛县栖山　　　图2—62　河南唐河石灰窑村墓
　"凤鸟、长青树"画像②　　　　　"厅堂、铺首衔环"画像③

图2—63　山东微山县西汉画像石墓"东壁"画像④

　　①　中国画像石全集编辑委员会:《中国画像石全集·江苏、浙江、安徽汉画像石（4）》,山东美术出版社、河南美术出版社2000年版,第6图。
　　②　同上书,第10图。
　　③　中国画像石全集编辑委员会:《中国画像石全集·河南汉画像石（6）》,山东美术出版社、河南美术出版社2000年版,第31图。
　　④　微山县文物管理所:《山东微山县西汉画像石墓》引图,《文物》2000年第10期。

五 结论

根据上文的分析，我们试图对汉画像大树组合艺术构图形式在艺术构成的意义上给出一个确切的判断：① "大树" 是这一构图形式的 "主体" 与 "核心"，而 "树上立鸟（树间飞鸟）"、"马"、"射鸟人" 等，则是这一构图形式最主要的艺术构成要素。"主体"与 "核心" 的存在和主要艺术构成要素的形成，使得这一构图形式在构图意义上受到一定的限制和规范，并使其保持一种相对稳定的存在态势。②以 "大树" 为 "主体" 与 "核心"，不同艺术要素的"加入"，势必导致其艺术表现形式的 "变化"，其多种艺术表现形式的出现，证明这一构图形式的 "本体" 与 "变体" 的存在。而"本体" 与 "变体" 的存在，表明这是一种能够在多种艺术表现"场合" 出现，并能够满足多种情感需求的艺术构成形式和艺术符号体系，并由此决定了其在内涵的贮藏与意义的表达上形成不断"叠加" 的特点；而不同艺术要素 "加入" 越多，其在内涵的贮藏与意义的表达上也就越深厚和越丰富。③在大树组合艺术构图形式诸多艺术要素中，"鸟"、"猴"、"车"、"马" 等艺术要素与 "大树" 构成了构图艺术上的 "联结" 与构图意义上的 "依附" 关系，而这样的 "联结" 与 "依附" 的关系，唯独在 "大树" 与 "楼（阙、厅堂、房屋等）" 等建筑物形象的艺术与意义的联系中不存在。这一情况说明，在大树组合艺术构图形式中，虽然 "楼（阙、厅堂、房屋等）" 等建筑物形象出现的频率很高，但在构图意义上，这一形象并不属于大树组合艺术构图形式中的艺术要素。④大树组合艺术构图形式诸多艺术要素与 "大树" 所构成的构图艺术与构图意义上的 "联结" 与 "依附" 的关系，实际上也是一种构图艺术与构图意义的 "层次" 上的关系的反映：以 "大树" 为构图形式的 "主体" 与 "核心"，第一个层次是直接以 "大树" 形象为 "载体" 的艺术要素，即 "鸟"、"猴"、"车"、"马" 等形象；第二个层次是以 "鸟"、"猴" 等形象的存在为前提的 "射鸟人" 的形象；

第三个层次则是以"射鸟人"的"射鸟"行为作为存在前提的"获鸟人"的形象。大树组合艺术构图形式诸多艺术要素与"大树"在构图艺术与构图意义"层次"上的关系存在，不但可以证明这一构图形式的"本体"与"变体"的存在，证明这一构图形式在内涵的贮藏与意义的表达上不断"叠加"的构图特点的存在，更为重要的是，可以通过这种"层次"上的联系和关系，探寻其构图艺术上艺术联结的"前后"之分和艺术表现的"主次"之别，从而进一步领会其在（构图意义上的）意义构成及意义表达上的"轻重"之异。⑤上述情况给予我们的直接启示是：大树组合艺术构图形式在构图艺术上艺术联结的"前"与"后"，并不意味着其在艺术表现的"主"与"次"。也就是说，大树组合艺术构图形式在构图艺术上艺术联结的"前后"之分与艺术表现的"主次"之别，正好呈现"相反"的态势；而后者与这一构图形式在（构图意义上的）意义构成及意义表达上的"轻重"之异，则呈现着"同一"的态势。如此，势必得出这样的认识：对于大树组合艺术构图形式的任何一种"变体"来说，其艺术联结的"前后"之分，恰恰表现为其意义表达的"轻重"之异——其构图艺术上的最后一个"层次"，往往是其构图意义上的最重要的一个"层次"。⑥"第一类构图形式"是一种内涵丰富、意义开放的艺术构成形式，其"在内涵的贮藏与意义的表达上形成了不断叠加和变化"的特点，表明这是一种能够在多种艺术表现"场合"出现，并能够满足不同情感需求的艺术构成形式；反之，"第二类构图形式"所体现的"内涵较为单纯"、"构图意义较为单一"的特点，表明其在艺术表现和情感满足方面的"单一"和"单纯"，上述情况有可能意味着这样一种事实的存在："第二类构图形式"作为一种艺术构成形式，是一种特殊的艺术符号体系，承担某种特殊的或相对固定的艺术表现和情感表达与满足的作用。

第三章

汉代石椁画像"叙事结构"
与"叙述轨迹"研究

——以山东邹城市卧虎山 M2 石椁墓
南椁整体画像为例

一 前言

以往的汉画研究中存在这样一种现象：以单一的画面作为一种独立的艺术构成形式而加以考察与分析，而忽视这一画面在墓葬中的具体情况、忽视这一画面与其他画像在艺术与意义上可能存在的关系或关联、忽视这一画面与其他画像所组成的画像整体的艺术构成。上述研究虽然能够对这一画面做出基于艺术、宗教、文化的分析与解读，然而，从某种意义上看，这样的分析与解读存在着"肢解"乃至"破坏"画像整体艺术构成与整体构图意义的风险和可能。

在近一时期的汉画研究中，我们看到了一种新的研究方法，即在各方面条件均具备的情况下，试图将某一画面"还原"到具体的墓葬位置中，依托不同墓葬位置本身所构成的自然的关联，寻找不同画面之间的艺术与意义上的联系。需要指出的是，我们的目的是对这种"关联与联系"做出合适的分析和解读，从而探寻画像整体的构图意义。本章尝试将这种"关联与联系"视为一种"叙事"，并在叙事的视域中寻找画像整体构图的结构与轨迹。

本章以山东邹城市卧虎山 M2 石椁墓南椁整体画像为例做出我们的分析与认识。卧虎山位于山东邹城市郭里镇以西，其地近年来先后发现两座汉画像石墓。其中，1995 年 10 月于山冈西北侧发现一多室石椁墓，编号为 ZGM2（简称 M2）（见图 3—1）。卧虎山 M2 石椁墓东西向排列 4 座单体石椁，其中仅有南侧石椁见画像图案。本章所谓"南椁画像"即上述南侧石椁画像。南侧石椁南北为长方形侧板，东西为正方形挡板。其南北侧板内外壁、东西挡板内外壁、南北侧板东西立面，均见画像图案。

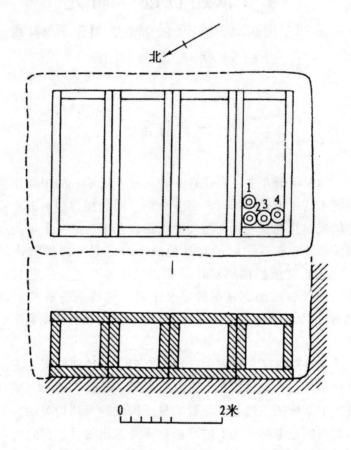

图 3—1　山东邹城市卧虎山汉画像石墓 M2 石椁墓平面、剖面

　　关于卧虎山 M2 石椁墓南椁整体画像的分析与认识，在本书"汉画像大树组合艺术构图'叙述结构'与'叙述层次'研究"中已经有过涉及，这里只是从"叙事"的角度，对上述画像进行认识，故在对具体画像的介绍及分析上有所省略，而在有些方面亦难

免有重复之处。另，有关卧虎山 M2 石椁墓南椁整体画像之具体内容及卧虎山 M2 石椁墓相关材料之具体情况，请参看相关文章。

二 卧虎山 M2 石椁墓南椁画像整体情况

山东邹城市文物管理局对卧虎山 M2 石椁墓进行了清理发掘，形成《山东邹城市卧虎山汉画像石墓》一文。① 本章所引卧虎山 M2 石椁墓南椁画像及卧虎山 M2 石椁墓相关材料，皆源自该文。有关卧虎山 M2 石椁墓相关材料之具体情况，亦请参考原文。

卧虎山 M2 石椁墓南椁画像整体情况如图 3—2 所示。

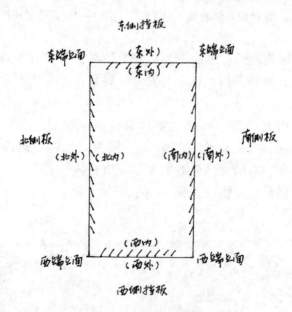

图 3—2 M2 石椁墓南椁画像位置

卧虎山 M2 石椁墓南椁画像具体情况如下。

---

① 山东邹城市文物管理局：《山东邹城市卧虎山汉画像石墓》，《考古》1999 年第 6 期。

东挡板外侧画像：画面中分为二，各刻铺首衔环，铺首上立有二虎，铺首下左右下角各蹲坐一犬，画面中间一半身门吏（见图3—3）。

西挡板外侧画像：画面刻绘五只鹤鸟衔鱼，空中另有七只飞鸟（见图3—4）。

图3—3　东挡板外侧画像　　　　　图3—4　西挡板外侧画像

东挡板内侧画像：画面下为对舞的凤鸟，口中有连珠，其左右各有一羽人，手持仙树；凤鸟上方为一翼龙，上有仙人乘骑（见图3—5）。

西挡板内侧画像：画面主要形象是两位老者，左侧似男性老者，手扶鸠杖；右侧似女性老者，手捧两只仙桃。画面上方有一树，树上有鸟。右侧女性老者的身后立有一人，其上有一飞鸟。两老者中间有似猴状动物（见图3—6）。

图3—5　东挡板内侧画像　　　　　图3—6　西挡板内侧画像

南侧板东端立面画像：双翼飞虎（见图3—7）。

北侧板东端立面画像：长尾青龙（见图3—8）。

南侧板西端立面画像：飞鸟、石阙、门吏（见图3—9）。

北侧板西端立面画像：飞鸟、石阙、门吏。

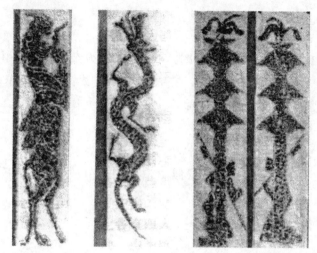

图3—7　飞虎　图3—8　青龙　图3—9　飞鸟、石阙、门吏

南侧板外侧画像：画面分为三格。左格为"豫让刺赵襄子"故事。中格为怪兽口衔长蛇、云神、雷神。右格为群兽相斗（见图3—10）。

北侧板外侧画像：画面分为三格。左格为殿堂、双阙、攀猿、大树、树下系马、车、门吏。中格分为上下两层，上层为鸡首神人、马首神人、武士；下层刻绘其他人物，似传说故事。右格为大树射鸟画面（见图3—11）。

图3—10　南侧板外侧画像

图 3—11　北侧板外侧画像

　　南侧板内侧画像：画面分为三格。左格为杂技画面。中格分上下两层，上层为建鼓、鼓舞、二人吹箫、宴饮；下层为车马出行。右格分为上下两层，上层为西王母；下层为九尾狐、三足乌、玉兔捣药、凤凰（见图 3—12）。

　　北侧板内侧画像：画面分为三格。左格为双阙。中格分为上下两层，上层为车马出行；下层似"伯乐相马"故事。右格分为上下两层，上层为双层楼房、楼上有凤凰、楼下为跪拜画面；下层为"泗水取鼎图"（见图 3—13）。

图 3—12　南侧板内侧画像

图 3—13　北侧板内侧画像

从上文对卧虎山 M2 石椁墓南椁画像具体情况的展示可以看到，上述画像在构图艺术与构图意义等方面存在着内在的关联和联系。

三 卧虎山 M2 石椁墓南椁整体画像 "一楼双阙"象征图景

对卧虎山 M2 石椁墓南椁整体画像进行综合考察，能够得出如下认识。

该石椁的方位大致呈东西向。东西向为正方形的挡板。发掘时，头骨位于椁内东部，而四件陶罐及两枚五铢钱则位于椁内西部。上述情况或可能是受到扰乱的结果，已经不能作为判断头骨具体位置的根据。但从东挡板画像看，其外侧画面在构图上显然是按照"门"的形象设计的，而南北侧板东端立面"青龙"、"飞虎"的画像，亦能证实这一点。如此，整个南椁虽然是一个普通的石椁，但却借助东挡板外侧及南北侧板东端立面画像，象征性地构造成了一座"房屋"（厅堂、楼阁）的象征格局。

这一格局的设计具有重要意义：对于整个南椁四块石板的所有画像来说，其艺术设计的分析和构图意义的探寻，都应该围绕这一点来展开。

在此基础上，再看南北侧板西端立面画像的画面内容，其于南椁整体画像设计上的独特作用和意义便清晰起来。南北侧板西端立面画像在构图上基本一致，画面主体为一阙形建筑。如此，卧虎山 M2 石椁墓南椁整体画像的基本设计意图也便体现出来：南北侧板西端立面画像的阙形建筑，恰恰位于由东挡板及南北侧板东端立面画像所象征的"房屋"（厅堂、楼阁）的两旁。

这样一来，卧虎山 M2 石椁墓南椁整体画像通过自身的构图形式及相互之间的艺术联系，依靠联想和想象，在人们的视觉感知及情感世界中构成了"一楼双阙"式的象征图景（见图 3—14）。

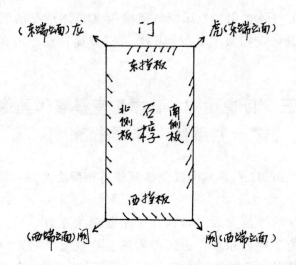

图 3—14 卧虎山 M2 "一楼双阙" 象征图景

这种 "一楼双阙" 式的象征图景，在汉画中是一种较为普遍存在的画面构图形式。如卧虎山 M2 石椁墓南椁北侧板外侧左格画像，房屋两侧各有一阙，阙顶立鸟，阙身旁各有一门吏（见图 2—52）。①

再如 1983 年嘉祥县纸坊镇敬老院出土的 "楼阁、人物、车骑出行" 画像。画像分为两层，楼阙形象位于上层画面：画面的中间是一二层楼房，上有四人端坐；楼房的两边立有双阙，在双阙的二层檐上立有侍者和仙鸟；阙顶亦有仙兽（见图 2—16）。②

与嘉祥县纸坊镇敬老院 "楼阁人物" 画像构图相类似的，还有 1988 年滕州市王开出土的 "楼阙、人物、斗牛、车骑出行" 画像。画像上层左侧即为 "一楼双阙式" 构图（见图 2—20）。③

对上述 "一楼双阙" 式构图形式的构图意义，学界一直有不同的观点。对此，卧虎山 M2 石椁墓南椁 "一楼双阙" 式象征图景的整体设计，为研究汉画"一楼双阙"构图形式的构图意义提供了帮助。

1980 年河南唐河石灰窑村汉墓出土了一件"厅堂、铺首衔环"画像石。① 画像所属画像石为东门扉。画面分为上下两个部分：画面上部分为两阙形建筑夹一厅堂，下部分则是铺首衔环（见图 2—62）。将上述画像画面构图与卧虎山 M2 石椁墓南椁东挡板外侧及南北侧板东西端立面画像联系起来考察，便会发现两者在画面构图诸要素上是基本一致的。

这里，如果将卧虎山 M2 石椁墓南椁同样作为一个"房屋"（厅堂、楼阁）类的承载体看待的话，那么二者在艺术构成的意义上便取得了惊人的一致。所不同的是，前者是将"一楼双阙"与"铺首"等艺术要素放在同一个平面中以图像的形式来展示，而后者则是将上述艺术要素通过平面构图（画像）与立体实物（石椁）相结合的艺术构成形式展示出来。上述艺术表现体现了汉画艺术构成形式丰富多彩的一面。

基于上面的梳理与分析，我们可以对卧虎山 M2 石椁墓南椁东挡板外侧、南北侧板东西端立面诸画像的构图意义做出如下判断：上述画像包含"大门"、"青龙"、"飞虎"、"石阙"等艺术要素，上述艺术要素与"石椁"组合，构成一种立体式的"一楼双阙"象征图景。

四　卧虎山 M2 石椁墓南椁内侧画像"一体两翼"构图格局与叙事轨迹

如果以"一楼双阙"象征图景作为解读卧虎山 M2 石椁墓南椁整体画像构图意义的基础，那么上述画像所在位置，也便根据"石椁"挡板和侧板板面的内外之别，而自然构成了画像所在位置的内外（椁内与椁外）之别。

---

① 中国画像石全集编辑委员会：《中国画像石全集·河南汉画像石（6）》，山东美术出版社、河南美术出版社 2000 年版，第 31 图及图版说明。

缘于此，上述画像也便有可能因为其所在位置的内外（椁内与椁外）之别，而呈现出构图意义上的内外之分，即构成椁内与椁外的不同描绘对象和"楼（屋）内"与"楼（屋）外"的不同象征图景。

首先看卧虎山 M2 石椁墓南椁内侧画像。

对卧虎山 M2 石椁墓南椁内侧画像的"审视"，当从东挡板外侧画像以"铺首"象征"大门"的象征性构图开始。推开"大门"，正对东挡板的是西挡板内侧画像，即两位拄杖老人的形象。东挡板内侧"凤鸟衔珠"、"羽人仙树"、"仙人乘龙"画面，与西挡板内侧"拄杖老人"画面，在生命吉祥与生命永在的构图意义上是一致的。而西挡板内侧画像诸如"鸠杖"、"仙桃"等形象，在画像艺术要素的构成上，也与东挡板内侧画像同属一类。

上述画面构图，不论是墓主人的"写真"图景，还是一种象征性的艺术表现，都与墓主人（逝者）有关。因此，西挡板内侧画像，应该是石椁内侧画像的"主体"和内侧整体画像构图意义的"中心"，并从而构成了以东挡板外侧画像（"大门"）为"始"，西挡板内侧画像（"拄杖老人"）为"中心"，东西挡板内侧画像相互补充、南北侧板内侧画像相互照应的意义与意象上的关联和联系。

需要指出的是，卧虎山 M2 石椁墓南椁内侧画像的这种"关联和联系"，既是一种构图艺术上的"关联和联系"，也是一种构图意义上的"关联和联系"。因此，在叙事的视域中对这种"关联和联系"做出分析和认识，不失为一种颇为可行的方式。

如果将西挡板内侧画像确定为石椁内侧画像的叙述"主体"和内侧整体画像构图意义的"中心"，那么石椁内侧南北侧板（内侧）画像，在构图艺术与构图意义上的内在联系，也便可以明确起来，并表现为一种独具特色的艺术结构：以西挡板内侧画像为石椁内侧画像的叙述"主体"和内侧整体画像构图意义的"中心"，西挡板内侧画像与南北侧板内侧画像便构成"一体两翼"的构图格局，先"北"后"南"，并使北、南内侧画像呈"对立—两翼"的构图状态。

如果对卧虎山 M2 石椁墓南椁南北侧板内侧画像主要艺术要素进行比较，便会发现除"车马出行"之外，南北侧板内侧画像主要艺术要素均呈现较为鲜明的差异。而上述"车马出行"艺术要素又均出现在南北侧板内侧各三格画像的中格画面之内。这种画像整体构图艺术上的特点，似在形象地表明：南北侧板内侧画像的构图意义，即南北侧板内侧三格画像左右两格画面的构图意义，均与"出行"有关。

上述认识进一步促使我们更深入地考察卧虎山 M2 石椁墓南椁南北侧板内侧画像，并揭示出内含在上述画像之中的叙事轨迹，即在西挡板内侧与南北侧板内侧画像构成"一体两翼"构图格局的同时，南北侧板内侧画像自身的叙事轨迹也清晰起来——如果将南北侧板内侧画像联系起来并看成一个由"一以贯之"的叙述线索而贯穿起来的艺术构成形式，那么这一叙述线索就是南北侧板内侧中格画像的"出行"画面，而其叙述的出发点则是北侧板左格画像，由"左"而"右"，再从南侧板左格画像开始，至南侧板右格画像为结点。

至此，南北侧板内侧画像的叙事轨迹便可以做如下总结：

（北侧板内侧）骑者双阙—车马出行—伯乐相马—楼房跪拜—泗水取鼎

（南侧板内侧）杂技娱乐—歌舞宴饮—车马出行—仙人王母—仙兽玉兔

上述叙事轨迹的"起点"（北侧板内侧左格画像），是"骑者"走出"双阙"的画面，紧接着的中格上层就是"车马出行"的画面；而上述叙事轨迹的"结点"，则是以"西王母"为主要形象的画面。上述画面既表现了西王母和对西王母进行跪拜的情景，也描绘了"玉兔捣药"、"凤凰衔珠"等与生命永生相关的内容，而画面空处星辰点点，祥云缭绕，显然，所刻画的绝不是世俗的世界。

上述叙事轨迹的"起点"与"结点"，由于有了"车马出行"作为叙事线索的规定作用，而自然具有了"性质"上的变化，即从叙事轨迹的"起点"与"结点"转化为具有行为主体"趋向"意义的"始点"与"终点"。

上述叙事轨迹的价值和意义表现在：这种"始点"与"终点"，既是叙事意义上的"始点"与"终点"，也是画面构图意义上的"始点"与"终点"。

值得注意的是，卧虎山 M2 石椁墓南椁南北侧板内侧画像所表现的叙事轨迹并非个案。以山东嘉祥武梁祠西壁、东壁画像为例。武梁祠西壁画像上部为锐顶状，由上到下分为五层：第一层是锐顶部分，中刻西王母，两侧有羽人、玉兔、蟾蜍、人首鸟身者；第二层从右到左刻绘伏羲与女娲、祝诵、神农、黄帝、颛顼、帝喾、帝尧、帝舜、夏禹、夏桀；第三层从右到左刻绘曾母投杼、闵子骞御车失棰、老莱子娱亲、丁兰刻木；第四层从右到左刻绘曹子劫桓、专诸刺王僚、荆轲刺秦王；第五层刻绘左行车骑（见图 3—15）。

武梁祠东壁画像的构图格局与西壁相同。武梁祠东壁画像上部为锐顶状，由上到下分为五层：第一层是锐顶部分，中刻东王公、两侧有羽人、怪兽；第二层从左到右刻绘京师节女、齐义继母、梁节姑娣、楚昭贞姜等列女故事；第三层从左到右刻绘孝孙原毂、"赵口屠"、孝子魏汤、义浆杨公、三州孝人等孝义故事；第四层从左到右刻绘齐丑女钟离春、聂政刺韩王、豫让刺赵襄子、要离刺庆忌等列女刺客故事；第五层左面刻绘轺、牛车及跪迎的场面，右面刻绘庖厨图（见图 3—16）。

总结上述画像五层画面的内容，可做如下归类：第一层是西王母、东王公与羽人瑞兽，第二、三、四层是传说中的古帝王及历史故事，第五层是车骑出行或跪拜迎送的场面。

如果将武梁祠西壁、东壁画像上下五层画面的构图作为一种叙事轨迹来看，那么其与卧虎山 M2 石椁墓南椁南北侧板内侧画像六格画面相比较，二者在叙事轨迹上是存在相同之处的：其一，二者的"起点"与"结点"相同；其二，二者皆将"历史故事"等内容置于"起点"与"结点"的中间环节。

图3—15 武梁祠西壁画像　　　　图3—16 武梁祠东壁画像

　　上述情况意味着这样一种事实的存在：不论是卧虎山M2石椁墓南椁南北侧板内侧画像横向多格构图形式，还是武梁祠东西壁画像纵向多层构图形式，其构图意义的展现与表达，都存在着某种内在的关联和联系，而且这种关联和联系又在思想、意识及情感等方面存在着某种一致之处。

　　据此，我们可以对上述画像的构图意义做出如下解读：上述画像（卧虎山M2石椁墓南椁南北侧板内侧横向多格构图形式、武梁祠东西壁纵向多层构图形式）所刻画的最高和最后的场面，属于天上的世界；而最低和最初的场面，则属于人间的世界。上述画像整体构图，体现着一种由人间的世界向天上（神仙）的世界趋向的构图意义。

　　从另一个角度看，以"时间"的顺序来审视，画像最低和最初的场面所表现的是"现在时"，而画像最高和最后的场面所表现的则是"未来时"。由此，画像的叙事轨迹便呈现出一种或行为上的、或意识上的、或情感上的趋向过程：既是由"现实"迈向"未来"，又是由"现在"迈向"彼岸"。在上述叙事轨迹所呈现出来的两个层次中，第一个层次都是"现实"，而最后一个层次则是与其相对立的"未来"与"彼岸"。需要指出的是，前者代表着俗世生活或人间世界，而后者则象征着逝者灵魂的走向与归处。如此，上述叙述轨迹所表现出来的特点，便体现着由"现实"向"未来"与"彼岸"的趋向和前进。

　　这样一种叙事轨迹，在汉代的一些帛画中同样不同程度地存在。长沙马王堆一号汉墓出土帛画，呈上、中、下三个部分，或以为分别表现着天上、人间、地下（水中）三界（见图0—14）。山东临沂金雀山四号墓铭旌帛画，亦呈上、中、下三个部分，上为房屋及屋内人物的生活场景，中为一组四人及一人骑驴（马）的活动场面，下为青、红二龙穿璧图案（见图3—17）。金雀山九号汉墓出土帛画，同样呈上、中、下三个部分，只是最上一层画面是日月，日月的下面是象征神仙世界的三座仙山（见图3—18）。

图3—17　金雀山四号
墓铭旌帛画

图3—18　金雀山九号
墓铭旌帛画

　　从上述帛画画面的构图上可以看到，人们将包括自身在内的世界，至少划分为两个层次，即彼岸世界与人间（马王堆帛画则表现出第三个层次地下——水中世界）。帛画构图所展示的叙事轨迹，是由下到上的，即从"人间"到"彼岸世界"的趋向过程。

上述情况说明，在两汉时期人们的思想意识和宗教情感中，对"彼岸世界"（神仙世界）的向往和渴望，要远远超过对"地下世界"的关注和构想。人们迫切希望向上"飞升"，而不是向下"坠落"。而上述"关注和构想"的表达与表现，恰恰是借助一种构图艺术与构图意义上的"叙述"来完成的。

五　卧虎山 M2 石椁墓南椁内侧画像基于"叙事视域"的总结

总结卧虎山 M2 石椁墓南椁内侧画像"一体两翼"构图格局与叙事轨迹，并不是我们的目的，我们的目的是试图借助这样的总结，从一个更新的视角来审视石椁内侧画像，进而对画像构图意义做出更为合理的解释。

将卧虎山 M2 石椁墓南椁南北侧板内侧画像主要艺术要素进行比较，只有"车马出行"共同出现，除此之外，南北侧板内侧画像主要艺术要素呈现着较为鲜明的差异。上述差异具体表现在如下四个方面：①南北侧板内侧画像都表现了人物于不同场景中的活动，但活动的内容却不同。北侧板重在表现人物的出行，在三格画面中，有两格画面有人物出行或表现人物出行的场景；而南侧板则重在表现人物的娱乐活动，在三格画面中，有两格画面涉及娱乐活动的描绘。②南北侧板内侧画像都表现了人物于不同场景中的活动，但在描绘人物活动的具体场景时却有所不同。在北侧板的三格画面中，有两格画面描绘了双阙和楼房，为画面中的人物提供了具体的活动标示物和活动场所，并构成一个完整的画面；而南侧板的三格画面中，虽然同样描绘了人物活动的场景，但却没有楼、阙等建筑物的描写。③南北侧板内侧画像都表现了人物于不同场景中的活动，但活动的"时间"却有所不同。在北侧板三格画面中，有两格画面表现了所谓"历史故事"，而这样的画面在南侧板的三格画面中均不曾出现。④南北侧板内侧画像都表现了人物于不同场景中的活动，但人物的"身份"与画面的"性质"却有所不同。在南侧板三格画面中，右格画面所表现的是以西王母为主要艺术要素而象征生命永恒的彼岸世界，这样的画面内容在北侧板的三格画面中同样不曾出现。

据此，能够对卧虎山 M2 石椁墓南椁南北侧板内侧画像给出如下判断：①南北侧板内侧画像中的人物于不同场景中的不同的活动，是不同性质的活动，而上述人物活动的不同的场景，也同样在性质上不同；②上述不同性质的活动缘于活动标示物和活动场景的不同（或有或无）的艺术表现，从而构成了不同性质的构图意义；③上述表现不同性质构图意义的画面（场景），因为处在一个同一而规范的叙述视域中，从而构成了艺术与意义上的"关联和联系"。

根据上述判断，卧虎山 M2 石椁墓南椁南北侧板内侧画像之构图上的目的和意义如下：画像作者试图通过南北侧板内侧画像"再现"或"象征"逝者"俗世"与"彼岸"的生活历程——北侧板内侧画像所表现的是逝者"俗世"的生活，因此，在时间上是"过去时"；而南侧板内侧画像所表现的是逝者"彼岸"的生活，因此，在时间上是"未来时"。这样，南北侧板内侧画像便以西挡板内侧画像为叙述的"主体"和"中心"，通过不同画面不同场景的不同转换，而构成"维度"与"时间"上的联系和统一，从而将逝者"俗世"与"彼岸"的生活历程在视界和情感中构成一体。

六　结论

通过上文的分析，我们能够得出如下认识。

第一，卧虎山 M2 石椁墓南椁整体画像的构图意义是与石椁的实际功能联系在一起的。在二者构成一种"同构关系"的同时，也自然生成了一种象征意义。"石椁"象征墓葬的主人生活与居住之处——房屋或楼阁，而"石椁"外侧（东挡板外侧及南北侧板东西端立面）画像，则凭借典型的画面构图形式（铺首、青龙、飞虎、双阙），构成了墓葬主人生活与居住之处——房屋或楼阁（石椁）

的外部场景。这样，通过铺首、青龙、飞虎、双阙等画面构图与石椁的实际联系，在人们的视界与情感和想象中构成了"一楼双阙"式的典型构图形式和生活场景。

第二，卧虎山 M2 石椁墓南椁整体画像缘于"石椁"的内外不同侧面，从而在构图意义上具有了"内""外"不同的构图性质，并依据这种不同的构图性质构成了不同的象征意义。简单并准确地说："石椁"内侧画像与墓葬主人的生活与生命构成了直接的关系和联系，而"石椁"外侧画像则通过六格画面的描绘构成了一个个既独立又相互联系的艺术场景，从而组成了墓葬主人于"椁内"生活与生命的外部"空间"，并通过这种外部"空间"的艺术塑造——尤其是具有典型的生命吉祥意义与生命祈盼意义的艺术形象——殿堂、双阙、攀猴、群兽、大树、树上立鸟、射鸟、获鸟、树下系马等的刻画，构成一种生命吉祥与生命祈盼的意义和象征，并将这种意义和象征"指向"逝者和生者。

第三，卧虎山 M2 石椁墓南椁内外侧画像都由横向排列的六格画面构成，但二者在画面内容上的一个重要区别，即"车马出行"内容的画面仅在内侧六格画面中出现。这里，如果将"车马出行"画面作为一种表述画像叙述线索的艺术符号来看待的话，那么，上述情况就意味着这样一个事实的存在：卧虎山 M2 石椁墓南椁内外不同侧面的画像在整体构图上并非具有一个"同一"的"行为主体"。缘于此，石椁内外不同侧面的画像在构图目的和画面象征意义的"指向"等方面，也就出现了差异。

第四，卧虎山 M2 石椁墓南椁内外侧画像虽然"在整体构图上并非具有一个'同一'的'行为主体'"，但各自六格画面在构图意义的展现与表达、画像整体的排列与艺术构成等方面，尚存在着某种内在的联系与关联。需要指出的是，这样一种联系与关联，既是艺术上的，也是构图意义上的。是一种基于图像艺术的构图意义上的联系与关联。脱离开这种"联系与关联"而对画像整体构图中的每一个艺术要素或艺术构成进行图像艺术的分析和构图意义的解读，都将构成对这种"联系与关联"的肢解和破坏。这里，我们将这种"联系与关联"视为一种叙事——汉画的叙事。

第五，可以明确的是，在汉画——横向的多格构图形式或纵向的多层构图形式中，体现这种"基于图像艺术的构图意义上的联系与关联"的构图形式，可以有众多的个案材料可供分析和研究。上述情况说明：所谓"汉画像的叙事"在汉画构图艺术的表现形式中是存在的，对某些画像基于"叙事视域"的分析方法是可行的。

第四章

汉代祠堂画像 "模块叙述"、"单元叙述" 与 "模糊性叙述" 研究
——以武氏祠堂前石室（武荣祠）及相关画像为例

一 前言

学术界习惯于将汉代墓地祠堂不同建筑部位赋予空间方位意义，于是，依托于祠堂建筑部位的画像构图，也就自然具有了与这种空间方位意义相联系的构图意义。"从复原的武氏诸祠堂可以看出，在祠内的墙壁、屋顶以及三角隔梁石和小龛内部刻满了画像。""画像内容与所在祠堂建筑物上的部位，有着明显的空间方位意义。如屋顶上刻着神灵、祥瑞等图像，象征着天上世界。"①"这座小小祠堂能够使我们形象化地理解东汉美术展现出的宇宙观。其画像的三个部分——屋顶、山墙和墙壁恰恰是表现了东汉人心目中宇宙的三个有机组成部分——天界、仙界和人间。"②"汉代人把整个宇宙，从形态上分为四个部分，这四个部分从高向低排列，首先是天上世界，这是日月运行、众星官居住的场所，在信仰中是天帝和自然神居住的世界；其次是由西王母所代表的昆仑山仙人世界，再往下则是现实的人间世界和死者灵魂居住的地下世界。""因此，石祠堂画

---

① 蒋英炬、吴文祺：《山东的汉画像石艺术——概述山东汉代石阙、祠堂、墓室的代表性画像》，载中国画像石全集编辑委员会《中国画像石全集（1）·前言》，山东美术出版社、河南美术出版社 2000 年版。
② 巫鸿：《武梁祠：中国古代画像艺术的思想性》，生活·读书·新知三联书店 2006 年版，第 92 页。

像往往将诸天世界、神人世界与鬼神世界，与举行祭祀时人的直觉的幻想世界统一在一个大的图式中。"① 这种研究方法和思路还表现在以马王堆帛画为代表的汉代铭旌构图形式的研究中，根据帛画纵向构图形式，以画面上部日月形象所构成的形象内涵，可以得出马王堆帛画画面分为上中下三个层次并分别代表天上、人间、地下或水中世界的认识。②

值得注意的是，这种研究方法和思路存在一种极易构成误释却又不易被觉察的诱因，即缘于画像纵向构图形式而造成画像叙述主体行为趋向意义的生成，于是，位于画像最上层的部分，也就自然成为画像叙述主体行为趋向的终点和目的。正是在这个意义上，在对诸如汉代祠堂画像、马王堆帛画乃至其他相关画像的研究中，其结论大都不约而同地将画像最上层的画面释为表现上天世界的构图，而画面纵向的构图形式，又预示着画面叙述主体由下而上的行为趋向意义，并将画像最上层画面释为叙述主体的行为归宿（天堂）。

从叙事的角度对汉代墓地祠堂画像进行研究，将会得出与上述观点不同的认识：祠堂与祠堂画像已经构成一个完整而封闭的立体叙述空间，这一立体叙述空间由依托于祠堂不同建筑部位的画像即"叙述模块"所组成。各叙述模块之间既具有叙述的独立性，又在构图形式与构图意义上存在联系。各叙述模块在叙述时间上体现着叠加性特征，承载着不同叙述时间的叙述单元于叙述模块中并存，并呈现出某种规律性的叙述组合或遵循某种原则的叙述排列；承载着不同叙述空间的叙述单元和不同存在方式的叙述元素于叙述模块中共存，并呈现出超越经验与秩序的叙事意义上的"同构"。

山东武氏诸祠堂是现在所知汉代墓地祠堂建筑之典型，其祠堂画像也在汉代墓地祠堂画像中具有代表性。本章的研究将主要以武氏诸祠堂尤其前石室（武荣祠）画像及其他相关墓葬画像如"铭旌"画像为主要对象。

---

① 朱存明：《汉画像的象征世界》，人民文学出版社 2005 年版，第 137—138 页。
② 参见安志敏《长沙新发现的西汉帛画试探》，《考古》1973 年第 1 期；孙作云《长沙马王堆一号汉墓出土画幡考释》，《考古》1973 年第 1 期；马雍《论长沙马王堆一号汉墓出土帛画的名称和作用》，《考古》1973 年第 2 期。

二　武氏祠堂前石室整体画像的构成：
叙述单元与叙述模块

汉代墓地祠堂的主要功能是对逝者的祭奠和缅怀，因此，汉代墓地祠堂也就成为生者与逝者相互联系与交流的特殊场所。江苏徐州大庙晋汉画像石墓前室西壁南面画像边框右侧所刻题记就很能说明问题，其云："起石室□直五万二千。《孝经》曰：卜其宅兆，而安措之，为家庙以鬼神飨之。"前句"石室"即后句之"家庙"，亦即墓地祠堂。"题记"后句引述《孝经》语句，意在表述两个方面的意思，其一，建造"阴宅"而供逝者"安措"；其二，修筑"家庙"而供逝者"飨食"。显然，这里的"阴宅"与"家庙"是联系在一起的，"阴宅"是逝者的居处之地，与生人构成阴与阳的绝对隔绝；"家庙"则是生人祭拜与逝者飨食之地，生人与逝者在这里能够同处并得到联通。蔡邕《独断》云："宗庙之制，古者以为人君之居，前有'朝'，后有'寝'，终则前制庙以象朝，后制寝以象寝。庙以藏主，列昭穆；寝有衣冠、几杖、象生之具，总谓之宫。"汉代墓地祠堂显然承袭这种寝庙制度而来，但庙中"寝"的部分则是以"阴宅"的形式出现的，因此"家庙"与"阴宅"之间的联系，同"庙"与"寝"之间的关系具有同样的性质。

从这个意义上看，"阴宅"与"家庙"之间的联系，实际上表现为一种意念上的沟通：故去的逝者可以从"阴宅"来到"家庙"接受"飨食"和生人的祭拜，"家庙"是生人与逝者"交接"的平台，它以象征性的方式承担着将"阴宅"为生人"开放"的作用，生人通过"家庙"能够感受到逝者在另一世界的存在，即"阴宅"的生活。上述思想应该是汉代墓地祠堂尤其是祠堂画像出现和存在的原因，而从表现逝者于另一世界的存在即"阴宅"的生活角度看，对逝者于另一世界即"阴宅"生活的描绘和表现，恰恰是汉代墓地祠堂画像最为主要的构图内容。

汉代墓地祠堂画像在构图内容上的这种性质，决定了祠堂画像整体叙述形式的形成：祠堂画像最小的叙述形式为"叙述单元"，并由不同的"叙述单元"构成不同的"叙述模块",再由不同的"叙述模块"构成祠堂画像"叙述整体"。以武氏祠堂前石室(武荣祠)画像为例,武氏祠堂前石室(武荣祠)画像依据所承载的祠堂建筑部位的不同,大致可以分为祠堂屋顶画像、东壁画像、西壁画像、后壁(不包括后壁小龛)画像、后壁小龛画像和前壁承檐枋画像六个部分。上述六部分画像除"前壁承檐枋画像"构图比较简单以外,其余均由数个不同的画面即叙述单元组成,构成一个相对独立而完整的叙述模块,前壁承檐枋画像虽然只是单纯的车马出行图,但缘于其与祠堂整体建筑的关系,同样构成了一个相对独立而完整的叙述模块(见图4—1)。

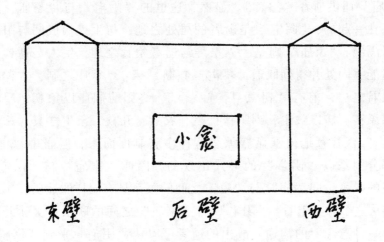

图4—1 武氏祠前石室东、西、后壁画像位置

上述各叙述模块在叙事意义上既具有独立性又构成联系,从而形成"同构"的叙述状态和"连续"的叙事形式。"同构的叙述状态"表现为各叙述模块内部不同叙述者在叙述时间与叙述空间等方面的"同构性"叙述;"连续的叙事形式"表现为各叙述模块依据统一的叙述主体并借助祠堂建筑部位而进行的既相对独立又构成联系的"连续性"叙事。

以武氏祠堂前石室(武荣祠)画像为例,其"同构的叙述状态"和"连续的叙事形式"主要呈现出下面四个方面的特点。

第一，祠堂画像整体叙述形式由各相对独立而完整的叙述模块组成，并在叙事主体上保持着一致性特征，墓葬主人始终是祠堂整体画像的叙述主体，同时也是祠堂画像各叙述模块的叙述主体，并构成祠堂画像整体叙述形式中的"一级叙述"和祠堂画像整体叙述形式中各叙述模块叙述形式中的"二级叙述"。

第二，祠堂画像各叙述模块缘于不同叙述单元而呈现出不同的叙述者，上述不同的叙述者共存于同一个叙述模块中，并构成祠堂画像整体叙述形式中的"三级叙述"。

第三，祠堂画像各叙述模块在叙述时间上体现着叠加性特征，承载着不同叙述时间的叙述单元于叙述模块中并存，并呈现出某种规律性的叙述组合或遵循某种原则的叙述排列。

第四，祠堂画像各叙述模块在叙述空间上体现着模糊性特征，承载着不同叙述空间的叙述单元和不同存在方式的叙述元素于叙述模块中共存，并呈现出超越经验与秩序的叙事意义上的"同构"。

三　武氏祠堂前石室整体画像车马出行叙述单元于构图上的意义与价值

在武氏祠堂前石室整体画像中，均出现了车马出行画面，也就是说，在武氏祠堂前石室（武荣祠）画像 6 个叙述模块中，均存在以"车马出行"为内容的叙述单元（见图 4—2、图 4—3、图 4—4）。①

第一，东壁上层（第三层）车马出行叙述单元。

第二，后壁上层（第二层）车马出行叙述单元。

第三，西壁上层（第三层）车马出行叙述单元。

第四，后壁西壁（下层）与后壁小龛（下层）车马出行叙述单元。

————————

① 中国画像石全集编辑委员会：《中国画像石全集·山东汉画像石（1）》，山东美术出版社、河南美术出版社 2000 年版，第 55、56、57、58、62、63、64、65、66 图。

　　第五，前壁承檐枋车马出行叙述单元。

　　第六，屋顶前坡东段和前坡西段车马出行叙述单元。

　　（1）屋顶前坡东段第一层神人左向出行叙述单元；

　　（2）屋顶前坡东段第三层神人右向出行叙述单元；

　　（3）屋顶前坡东段第四层神人左向出行叙述单元；

　　（4）屋顶前坡西段第一层仙人左向出行叙述单元；

　　（5）屋顶前坡西段第二层雷神右向出行叙述单元；

　　（6）屋顶前坡西段第四层北斗星君右向出行叙述单元。

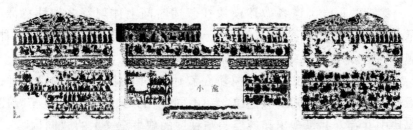

图4—2　武氏祠前石室东西壁、后壁画像

图4—3　前石室后壁小龛展开画像

图4—4　前石室前壁承檐枋西、东段画像

　　上述车马出行叙述单元在构图上有一个特点，即在画面的左右两端，分别或同时刻画着送迎者的形象，其具体情况如下：①东壁上层（第三层）、后壁上层（第二层）、后壁西壁（下层）、后壁小龛（下层）、前壁承檐枋车马出行叙述单元均在画面的左右两端刻画"恭送"与"恭迎"的形象；②西壁上层（第三层）车马出行叙述单元，画面右端有一人恭送，由于画像左端残泐，是否有恭迎的形象并不清楚，但从画像整体左右对称构图的情况来看，应该与东壁的构图相同，左端应有一人相迎；③屋顶画像共有6个车马出行叙述单元，其中前坡东段第一层神人左向出行叙述单元左端刻画"恭迎"的形象，第三层神人右向出行叙述单元右端刻画"恭迎"的形象，前坡西段第一层仙人出行叙述单元左端刻画"恭迎"的形象，第四层北斗星君右向出行叙述单元左端刻画"恭送"的形象，其他2个出行叙述单元没有刻画"恭送"或"恭迎"的形象。

对上述车马出行叙述单元"恭送"与"恭迎"构图情况进行总结，如下现象值得注意：①在上述12个车马出行叙述单元中，有10个叙述单元刻画了"恭送"或"恭迎"的形象；②在上述10个刻画了"恭送"或"恭迎"形象的车马出行叙述单元中，有6个叙述单元在画面的左右两端同时刻画着"恭送"和"恭迎"的形象；③上述6个车马出行叙述单元虽然属于祠堂画像整体叙述形式中的"三级叙述"，但却是表现或象征祠堂画像"叙述主体"的叙述。

据此我们能够得出如下结论。

（1）"恭送"与"恭迎"是武氏祠堂前石室（武荣祠）画像6个叙述模块车马出行叙述单元最为重要的构图意义。

（2）在画面左右两端同时刻画"恭送"和"恭迎"形象是武氏祠堂前石室（武荣祠）画像6个叙述模块车马出行叙述单元最为重要的构图内容。

需要指出的是，汉画像车马出行画像在构图上有多种表现形式，既有表现单纯的车马出行内容的画像，也有以单向（"送"或"迎"）或双向（"送迎"）的构图形式表现车马出行内容的画像。不可否认，上述车马出行画像在构图意义上存在着细微的差异。从画像叙述的角度看，以双向"送迎"的构图形式表现车马出行内容的画像，其在构图上"送"与"迎"的艺术安排，势必形成画像于构图意义上的完整的叙述形式，即叙事意义上出行的"始点"与"终点"的对向与衔接。

考察汉画像中以"出行"为内容的门楣画像，同样既有表现单

纯的车马出行内容的画像，也有以单向（"送"或"迎"）或双向
（"送迎"）的构图形式表现车马出行内容的画像。后者在构图上
既突出和强调了出行队伍行进的形象内涵，又昭示和表现了画面
"左"和"右"作为"出发地"和"目的地"的象征意义。例如山
东阳谷县八里庙汉画像石墓门楣画像中，画面"右方一人拱手相
送"和"左方一人躬身相迎"的构图，既显示了出行队伍由"右"
向"左"的出行方向，也构成了左面迎候者的出行目的地的象征意
义。山东莒县沈刘庄汉画像石墓三块门楣画像石均刻画车马出行内
容，而且"每幅画面的左端都有一人迎接，第一幅右端还有跪送
者，似乎都可以独立成画"（见图4—5）[①]。显然，上述门楣画像中
"迎宾"和"出行"的画面内容是有着内在联系的，因为"迎宾"
的前提是宾客的出行，而出行队伍的行进方向自然构成了出行目的
地的象征意义。

图4—5　山东莒县沈刘庄汉画像石墓门楣画像

　　以双向"送迎"构图形式表现车马出行内容的汉墓门楣画像的
存在，说明武氏祠堂前石室画像不同叙述模块中车马出行叙述单元
在画面左右两端刻画送迎者的构图形式，并非汉画像中孤立或个别的
艺术现象，其于构图意义上完整的叙事构成，具有普遍性意义。
　　上面的分析促使我们对武氏祠堂前石室（武荣祠）画像在整体
构图上的特点给出一个更为清晰的认识，并提示我们注意到武氏祠
堂前石室（武荣祠）画像在整体构图上值得关注的艺术表现形式，
那就是：①祠堂画像在整体构图上运用整齐而又连贯的花纹对祠堂

　　①　苏北庆、张安礼：《山东莒县沈刘庄汉画像石墓》，《考古》1988年第9期。

三壁画像进行装饰性质的沟通和串联；②祠堂画像在各叙述模块之局部构图上运用带有"送迎"构图要素的车马出行叙述单元而将各叙述模块在叙事意义上构成一个带有"回路"性质的叙述形式。

有学者注意到了武氏祠堂画像"花纹带"的构图形式，并根据这种"花纹带"的装饰作用总结出祠堂画像之整体阅读方式："与传统中国书籍的写法和读法相似，其中图像的排列次序和阅读方式均为从右向左、从上到下。这也就意味着任何人在观看祠堂原建筑中的画像时都须从上层开始，从右壁、后壁到左壁，然后又回到右面起首再从第二层开始观看。武梁祠空间狭小，不过一人多高，按照这样的次序观看图像就像是在阅读一本书，并不需要来回走动。而且由于每层的图像都有水平装饰带，观者的目光被这些水平线引导，很容易跟着图像循序渐进。此外，有些位于墙角的故事画横跨相邻的墙壁，它们明确地告诉观者应沿着同一层次的水平方向，从一面墙壁到另一面墙壁不间断地看下去。"①

需要指出的是，上述祠堂画像整体阅读方式，实际上也是祠堂画像整体叙述方式，是祠堂画像整体叙事的体现和反映。依据"画像水平装饰带"的"引导"作用而总结出武氏祠堂画像之整体阅读方式的做法无可厚非，但于祠堂画像整体叙事意义之讨论，上述认识却忽视了祠堂画像各叙述模块和叙述单元于画像整体叙事的作用和意义。

"画像水平装饰带"虽然能够起到"引导"观者"阅读"之"走向"的作用，但这并不意味着这种"作用"本身即是画像叙述方式的表现和反映。如果上述花纹带能够起到"引导"观者阅读画像的作用，那么，这种"引导"的作用也应该是多向的而非单一和绝对的。从另一个角度看，上述花纹带对于祠堂三壁画像的装饰作用体现在两个方面：一方面将祠堂三壁画像各叙述模块中的叙述单元横向沟通和串联起来，形成视觉上的整体感和构图上的整一性；另一方面又将祠堂三壁画像纵向分隔成为不同的部分，构成相对独

---

① 巫鸿：《武梁祠：中国古代画像艺术的思想性》，生活·读书·新知三联书店2006年版，第161—162页。

立和完整的叙述模块。缘于此，上述花纹带所起到的"引导"观者阅读画像的作用，也就有可能呈现出横向与纵向的两个方面。总之，不论何种情况发生，皆归于花纹带于观者"视觉"上的作用而非缘于画像之构图意义（见图4—6）。

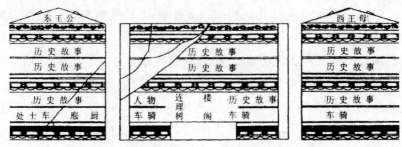

图4—6　武梁祠东西壁、后壁画像展开示意图

　　如前所述，在武氏祠堂前石室（武荣祠）画像6个叙述模块中均存在以"车马出行"为构图内容的叙述单元。由此可知，从画像整体构图意义上考察，以"车马出行"为构图内容的叙述单元在上述6个叙述模块中具有重要意义。如果将上述车马出行叙述单元在构图上"送"与"迎"的内容作为一个完整的叙述形式的话，那么，上述车马出行叙述单元便可以在构图上分别构成数个完整的表现行为趋向与行为目的的叙述形式，其以"送"与"迎"作为叙述主体行为的"始点"与"终点"的构图意义，构成了具有"闭合"性质的行为叙述形式，并以其来规范和限制各叙述模块不同叙述单元的独立叙述，从而导致上述各叙述单元之独立叙事的生成，使得各叙述模块形成各自独立的具有时间意义的空间叙述。

　　根据上面的讨论，我们试图得出如下认识。

　　一方面，虽然具有装饰效果的花纹带能够将祠堂三壁画像各叙述模块中的叙述单元横向沟通和串联起来，形成视觉上的整体感和构图上的整一性；另一方面，花纹带的装饰效果又可以将祠堂三壁画像纵向分隔成为不同的部分，构成相对独立和完整的叙述模块，而上述车马出行叙述单元又在构图意义上将花纹带的这种装饰效果更为有效地展现，显然，正是上述车马出行叙述单元，将所属叙述

模块在叙事意义上促成"独立"。前壁承檐枋西、东段车马出行叙
述单元，同样与祠堂及祠堂整体画像构成时间与空间上的联系，并
同样形成具有时间意义的空间叙述。

　　总而言之，在武氏祠堂前石室（武荣祠）画像 6 个叙述模块中
以"车马出行"为构图内容的叙述单元，促成了各叙述模块在叙事
意义上的"独立"。上述车马出行叙述单元于构图上的意义与价值
表现在：它使武氏祠堂前石室（武荣祠）整体画像在叙述主体不变
的基础上分割成数个相对独立的"部分"，而武氏祠堂前石室（武
荣祠）整体画像正是由这样数个相对独立的"部分"通过有序的排
列而组成的。

四　武氏祠堂前石室整体画像由不同叙述模块所构成的立体叙述空间

　　如前所述，武氏祠堂前石室（武荣祠）画像依据所承载的祠堂
建筑部位的不同，大致可以分为祠堂屋顶画像、东壁画像、西壁画
像、后壁（不包括后壁小龛）画像、后壁小龛画像和前壁承檐枋画
像六个部分。上述六部分画像均构成相对独立而完整的叙述模块，
并通过有序的排列组成祠堂画像整体叙述。将上述叙述模块与祠堂
整体建筑形式联系起来，可以得出这样的认识：武氏祠堂前石室整
体画像不同叙述模块缘于祠堂整体建筑形式构成了一个完整而封闭
的立体叙述空间。

　　在这个"立体叙述空间"中，"后壁小龛画像"既是祠堂整体
画像构图意义上的中心，也是祠堂整体画像叙事意义上的中心。
"后壁小龛画像"展开后呈现为三部分，即"后壁小龛东壁画像"、
"后壁小龛后壁画像"和"后壁小龛西壁画像"，而"后壁小龛后
壁画像"又在构图意义与叙事意义上成为"后壁小龛画像"的中
心。"后壁小龛后壁画像"在构图上可以分为上下两个部分，上层
画面在构图上可以分为两个不同的形象构成，即处于画面左面占有
画面 1/3 面积的大树、车、马形象和处于画面右面占有画面 2/3 面
积的楼阁形象。

　　从上述两个不同的形象构成所占画面不同比例看，画像构图与构图意义上的中心和重点又进一步指向了画面右面的楼阁形象。楼阁形象为两层建筑，楼下正中幔帐之下有一形体庞大的男性凭几端坐，旁有侍者和谒者，显然，这一男性形象应该是墓葬的男主人；楼上刻画的是宴饮的场面，中间端坐者正对画面，身形较大，其两侧似为侍奉的女仆或其他女眷，显然，这一女性形象应该是墓葬的女主人。

　　上述男女主人形象以墓葬主人的象征身份构成了祠堂画像立体叙述空间的所有人，而祠堂画像整体构图艺术形式所承载的构图意义与叙述目的，最终也将由上述男女主人形象所接受和实现。祠堂整体画像中各叙述模块，既是上述男女主人形象于叙事意义上的空间延伸，也是上述男女主人形象于叙事意义上的叙述延展，每一个叙述模块都象征性地表现或展示着墓葬主人具有时间意义的不同的空间存在。缘于承载不同叙述空间与时间的叙述单元于祠堂整体画像中各叙述模块中共存性特征，祠堂整体画像中各叙述模块构成了由现代到古代、由现实到幻想的叙述时间的转换，并形成一个融古代与现代、现实与幻想为一体的立体叙述空间，而上述叙述模块的叙事意义，即表现为这种叙述空间的展示和叙述时间的转换。

　　武氏祠堂前石室（武荣祠）整体画像所构成的立体叙述空间在叙事意义上的上述特点，在祠堂屋顶画像中表现得最为充分。以武氏祠堂左石室屋顶前坡东段、西段和后坡东段画像为例（见图4—7、图4—8、图4—9）。左石室屋顶前坡东段画像有众多的羽人形象，还有在武梁祠画像中出现于山墙锐顶的西王母和东王公的形象，甚至还出现了墓冢、祠堂和神阙等建筑形象。

图4—7　武氏祠左石室　图4—8　武氏祠左石室　图4—9 武氏祠左石室
　　屋顶前坡东段　　　　屋顶前坡西段　　　　屋顶后坡东段

　　画面上下分两层。上层，刻仙人乘云车、驾三翼龙左向行；其前有翼龙、羽人和羽人骑翼龙前导，后有羽人和羽人骑翼龙随从；左端一人执笏躬迎。下层，右上刻西王母、东王公端坐于云上，周围有男女羽人侍奉，其下及左边各停一翼马驾辁车；中部卷云缭绕，云中有众多的羽人；下部，右边刻三个圆形的坟冢，坟内有线刻的妇人和羽人，坟上飞云冉冉上升与上面的卷云相接，飞云旁有羽人；坟右有堂和阙及二人左向行；左边停立二马和一有屏轺车，车后二人持戟，一人持笏右向立。①

　　左石室屋顶前坡西段画像主要刻画的仍然是神人乘云车行进的场面，其中杂陈着风雨雷电诸神。

　　画面上下分为四层。第一层，刻一头绾高髻的女神乘云车、御三翼龙右向行，前有翼龙、羽人、羽人骑翼龙前导，右边一人执笏躬立，二人执笏跪迎。第二层，刻雷神右向出行施威图：雷神乘坐于五羽人拽拉的云车上，执桴击建鼓；车后有风伯吹风和羽人；右边卷云上有电母、雨师执鞭、抱壶；栱虹下雷公执锤、钻俯身下击一披发伏地者；右端一妇女抱小儿作跌扑状。第三层，刻执锤、勺、刀、魁、瓶、盆的神人，持五兵的神怪和熊等神怪灵异。第四层，刻数力士背虎、负牛、拔树、擒牛、拽猪等形象及一骑者。②

　　左石室屋顶后坡东段画像在构图内容上与前坡画像有很大的不同，前者多为神祇、仙人或神异之物，活动的场所往往是云中天上的世界，而后者则多为海灵河仙，活动的场所则是水中的世界。

　　画面上下分为三层。第一层，刻海灵右向出行图：一神执便面乘坐于驾三鱼的轺车上，车下绕卷云和飞翼；车前一人执

　　① 中国画像石全集编辑委员会：《中国画像石全集·山东汉画像石（1）》，山东美术出版社、河南美术出版社2000年版，第87图及图版说明。
　　② 同上书，第88图及图版说明。

笏跪迎，车后一人执笏恭送；车左右及前方有蟾蜍、灵龟、骑鱼者，人身鱼尾者各执刀、盾、戟、矛、剑等导从；左下有波浪及鱼；车周围有众多游鱼和三翼龙。第二层残泐，刻庖厨图。第三层残泐甚，刻人物及有翼神人。①

对于祠堂屋顶画像所刻画的世界，有学者认为是对"天界"的表现。② 这种根据祠堂画像所依托的不同建筑部位而明确地将其分为天界、仙界和人间三个部分并将祠堂屋顶画像视为"天界"的认识，是与武氏祠堂左石室屋顶画像构图内容有出入的，不可否认，上述认识有将构图内容复杂的祠堂屋顶画像简单化的倾向。

武氏祠堂左石室屋顶前坡东段画像上层画面表现了仙人乘云车出行的场景，将上述画面所表现的"艺术空间"理解为是对神仙世界的表现，似乎没有什么问题，但画面中西王母、东王公形象是在画像下层画面中出现的，上述形象为何没有在表现仙人出行的上层画面中出现呢？根据什么确定画像下层画面中两个端坐的人物形象必定是西王母和东王公呢？需要指出的是，画像下层画面的右下，刻画着三个圆形的坟冢，坟上飞云冉冉上升与上面的卷云相接，这样的构图分明是将"坟冢"通过"卷云"与画面上层联系起来，同时，也就意味着在构图意义上将"坟冢"的"主人"与画面上层联系起来。因此，从这个意义上看，将画像下层画面中端坐的两个人物形象视为"西王母"和"东王公"是有问题的，而从画面构图特点来看，将上述两个人物形象视为墓葬主人逝后的形象，则是有道理的。③

值得注意的是，武氏祠堂左石室屋顶前坡东段画像所表现的"艺术空间"既不是天上的世界，也不是神仙的世界，而是除了人的"存在空间"之外的天堂、水府与仙界的"融合体"，是想象中

---

①　中国画像石全集编辑委员会：《中国画像石全集·山东汉画像石（1）》，山东美术出版社、河南美术出版社 2000 年版，第 89 图及图版说明。

②　巫鸿：《武梁祠：中国古代画像艺术的思想性》，生活·读书·新知三联书店 2006 年版，第 92 页。

③　中国画像石全集编辑委员会：《中国画像石全集·山东汉画像石（1）》，山东美术出版社、河南美术出版社 2000 年版，第 87、88、89 图。

墓葬主人逝后所"生活"的空间，因为这一空间中既有天上的神祇，也有仙界的羽人，还有水中的灵物。

从这个意义上看，武氏祠堂左石室屋顶后坡东段画像所表现的"海灵河仙"的形象，也就可以理解了，画面以"海灵河仙"的形象所表现的，并非真正意义上的水中世界，从画面中"鱼车"下的"卷云"和"飞翼"就可以判断，"鱼车"不是在水中漫游，而是在空中飞翔。显然，画面所展现的同样是除了人的"存在空间"之外的天堂、水府与仙界的"融合体"，是想象中墓葬主人逝后所"生活"的空间。

武氏祠堂前石室屋顶画像在构图上同样如此（见图4—10、图4—11）。前石室屋顶画像同样为纵向横栏式构图，各层次所表现的内容颇为复杂，既有神话世界中天上的神祇活动，如神人乘云车出行、风伯雷电之神等；也有白虎、翼龙等瑞兽形象和翼兽飞翔、羽人升仙的场面。

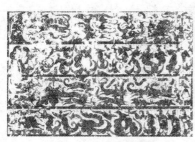 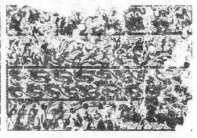

图4—10　武氏祠前石室屋顶　　　图4—11　武氏祠前石室屋顶
　　前坡东段画像　　　　　　　　　前坡西段画像

武梁祠屋顶画像在构图上也是如此。武梁祠屋顶画像磨损严重，大部分画面形象已经分辨不清，其中所能辨认的"瑞兽"有：麒麟、黄龙、六足兽、白虎、白雉、白鱼、白马、玉马、白鹿、比翼鸟、比肩兽、比目鱼等。在天人相应相感思想支配下，"人"的一切作为并非是"人"自身孤立的事情，其与自然万物有着密切的关系和联系。"天"是位于"人"之上于冥冥之中的绝对存在，是"人"的主宰，"天"于"人"的意志可以通过或凭借自然事物的变与化而表现出来，这就是所谓的祥瑞或灾异的征兆。从这个意义上看，祥瑞或灾异的征兆虽然来源于自然，并以天象或自然物为载体，但却是"上天"所显所降，即"天显祥瑞（灾异）"或"天降祥瑞（灾异）"。前者属于"天"，是天象的某种显现；后者属于"地"，是地物的某种变异。显然，以武梁祠屋顶画像残存画面看，其瑞兽形象属于"天降祥瑞"的范畴而非"天显祥瑞"，因此，这一屋顶画像所表现的也不能简单地以"天上"的世界来概括。

总而言之，上面的分析更坚定了我们对汉代祠堂画像做出如下认识：不同的叙述模块构成了祠堂整体画像立体叙述空间，其不同的叙述模块既是墓葬主人于叙事意义上的空间延伸，也是墓葬主人于叙事意义上的叙述延展，它以图像的形式展示着墓葬主人具有时间意义的不同的空间存在。从图像叙事的角度看，祠堂整体画像所展示的是一种模糊性叙事，这种超越人的经验、视域、时间与空间维度的模糊性叙事，在祠堂屋顶画像中表现得更为鲜明和充分。

五　从武氏祠堂前石室画像立体叙述空间看马王堆帛画立体构图形式

从叙事的角度对武氏祠堂前石室（武荣祠）画像进行考察，画像不同叙述模块通过有序排列而组成祠堂画像叙述整体，并依据祠堂整体建筑形式而构成一个完整而封闭的立体叙述空间。上述从叙事角度出发关于武氏祠堂画像的讨论以及所得出的结论，能够启发我们对以马王堆帛画为代表的汉代墓葬铭旌的构图形式与构图意义做进一步的认识。

这里将马王堆一号墓铭旌帛画（见图0—14）、金雀山四号墓铭旌帛画（见图3—17）和金雀山九号墓铭旌帛画（见图3—18）联系起来进行考察。上述帛画在构图上呈现出如下几个特点：其一，皆为纵向式立体构图形式；其二，在纵向式构图形式中，画面中间部分皆表现"人（逝者）"的形象或"人（逝者）"的活动；其三，画面中"人（逝者）"的形象或"人（逝者）"的活动皆以"龙璧"为载体；其四，在马王堆一号墓铭旌帛画与金雀山九号墓铭旌帛画的最上层皆有日月形象，金雀山四号墓铭旌帛画最上层画面因残损而不能确定是否同样有日月形象。

如此，上述画像在构图上便以"龙璧"为载体而形成以"人（逝者）"的形象或"人（逝者）"的活动为中心和以日月为代表的两个部分。正因为如此，很多学者在讨论马王堆一号墓铭旌帛画时，将上述两个部分分别视为天的世界（天堂）和人的世界，将上述构图形式释为一种由人的世界向天的世界（天堂）趋向的艺术表现。然而，这样的认识却无法用在金雀山九号墓铭旌帛画的图释上，因为其最上层画面既有日月形象，也有象征"仙山"的三座山的刻画，显然，画面所表现的是日月所照耀下的仙山的景象，而不是日月所代表的天的世界（天堂）。这种构图形式意味着画面所表现的只是以人的活动为主体的单一的空间，其中由人的世界向天的世界（天堂）趋向的构图意义并不存在。

再者，如果金雀山四号墓铭旌帛画最上层残损部分画面有日月形象，那么，其构图形式与构图意义就会与九号墓铭旌帛画相同，如果不是这样，则画面构图所表现的同样是由人的活动所构成的单一空间，其中由人的世界向天的世界（天堂）趋向的构图意义同样不存在。

以此观之，前文所述对马王堆一号墓铭旌帛画构图形式与构图意义的成论，仅是一种带有个案性质的认识，其是否具有合理性则值得怀疑。

上述三幅帛画在构图上的特点值得注意：①上述三幅帛画纵向式构图形式，使得画像不同的叙述模块同样构成了一个完整而封闭的立体叙述空间；②上述三幅帛画均强调"龙璧"承载的作用；③其中两幅帛画强调"日月"照耀的作用，一幅帛画强调"仙山"的背景的作用。

需要指出的是，三幅帛画在构图方面的上述特点，对帛画所确立的立体叙述空间的性质构成了规定性的作用："龙璧承载"规定了这一叙述空间的虚幻的构想性质，"日月照耀"规定了这一叙述空间于时间上的恒定性质，而"仙山背景"则规定了这一叙述空间的生命彼岸性质。因此，从三幅帛画在构图方面的上述特点，能够发现帛画创造者对生命的"彼岸世界"的最为本质的认识："龙璧承载"意味着这个世界的虚幻性质和游离于经验之外的特点；"日月照耀"预示着这个世界在空间上的明亮和时间上的永恒；"仙山背景"则表现了生命的永恒存在和逝者在这个世界的愉悦生活。

值得注意的是，在汉墓门楣画像中"日月"分别位于画面左右两端的构图形式是较为常见的。

典型者如图4—12至图4—33。

图4—12　陕西榆林古城滩墓门楣画像

图4—13　陕西榆林陈兴墓门楣画像

图4—14　陕西榆林古城界墓门楣画像

图4—15　陕西米脂官庄墓门楣画像

图 4—16　陕西米脂党家沟墓门楣画像

图 4—17　陕西米脂墓门楣画像

图 4—18　陕西绥德王得元墓门楣画像

图 4—19　陕西绥德墓门楣画像

图 4—20　陕西绥德墓门楣画像

图 4—21 陕西绥德墓门楣画像

图 4—22 陕西绥德墓门楣画像

图 4—23 陕西绥德墓门楣画像

图 4—24 陕西绥德墓门楣画像

图 4—25 陕西绥德墓门楣画像

图4—26　陕西绥德墓门楣画像

图4—27　陕西绥德墓门楣画像

图4—28　陕西子洲苗家坪墓门楣画像

图4—29　陕西清涧墓门楣画像

图4—30　陕西神木大保当墓门楣画像

图 4—31   陕西神木大保当墓门楣画像

图 4—32   陕西神木大保当墓门楣画像

图 4—33   陕西靖边寨山墓门楣画像

在上述门楣画像构图上，画像两端的日月形象往往与画面中间的车马出行或祥瑞形象相组合，上述构图缘于墓室门楣的特殊性而有着揭示墓室画像整体构图意义的作用，它象征着墓葬主人由此进入了一个太阳和月亮同时出现并永远不会沉没的世界，因此，这是一个有着永恒的空间存在的生命永生的世界。

正是在这个意义上，"日月"分别位于画面左右两端的构图形式也可以出现在墓室画像中，如陕西绥德王得元墓室横额画像（见图 4—34）、陕西绥德杨孟元墓前室后壁组合画像（见图 4—35）。

图 4—34　陕西绥德王得元墓室横额画像

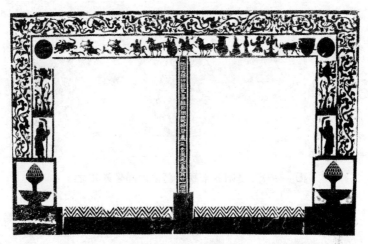

图 4—35　陕西绥德杨孟元墓前室后壁组合画像

　　在洛阳卜千秋汉墓墓顶画像中，太阳和月亮也被同时描绘出来（见图 4—36 至图 4—40）。据洛阳卜千秋壁画墓发掘简报称："墓顶脊砖是从里（西）往外（东）按照砖边刻出编号顺序排砌的，最西头一块砖编为'第一'，依次往东编。"而从壁画内容上看，"其顺序是从东往西"。整个"顶脊"按照"原砖编号"依次有如下画像：彩云、女娲、月亮、仙翁（方士）、双龙、二枭羊、朱雀、白虎、仙女、墓主人乘凤升仙、伏羲、太阳、黄蛇，共 13 幅画像。按照《发掘简报》从壁画内容按顺序观察，则应从东向西看，即黄蛇、太阳、伏羲……月亮、女娲、彩云；而按照墓顶脊砖编号排砌顺序来考察，则画像应从西向东看，即彩云、女娲、月亮……伏羲、太阳、黄蛇。显然，不论怎样排序，太阳的形象位于顶脊整体构图之东、月亮的形象位于顶脊整体构图之西的方位特征都没有变化。①

————————————

　　① 洛阳博物馆：《洛阳西汉卜千秋壁画墓发掘简报》，《文物》1977 年第 6 期。

图4—36　洛阳卜千秋汉墓墓顶画像

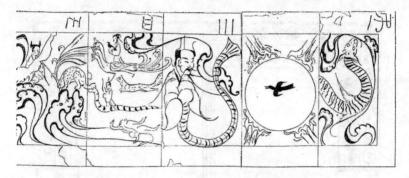

图4—37　洛阳卜千秋汉墓墓顶画像摹本之一

图4—38　洛阳卜千秋汉墓墓顶画像摹本之二

图4—39　洛阳卜千秋汉墓墓顶画像摹本之三

图4—40 洛阳卜千秋汉墓墓顶画像摹本之四

同样的情况还出现在河南洛阳浅井头西汉壁画墓中（见图4—41至图4—44）。洛阳浅井头西汉壁画墓顶脊包括长卷式天空画像和祥瑞图两部分，长卷式天空画像由十四块砖组成，从外（南）向里（北）依次组成画面，包括朱雀、伏羲、太阳、白虎、双龙、仙翁、朱雀、二龙穿璧、蟾蜍、神人、月亮、女娲、瑞云形象，太阳的形象位于顶脊整体构图之南，而月亮的形象位于顶脊整体构图之北。①

图4—41 洛阳浅井头西汉壁画墓墓顶画像摹本之一

① 洛阳市第二文物工作队：《洛阳浅井头西汉壁画墓发掘简报》，《文物》1993年第5期。

图4—42 洛阳浅井头西汉壁画墓墓顶画像摹本之二

图4—43 洛阳浅井头西汉壁画墓墓顶画像摹本之三

图4—44 洛阳浅井头西汉壁画墓墓顶画像摹本之四

太阳与月亮同时被描绘在墓顶脊的东西（南北）两边，使得墓葬整体所构成的立体叙述空间呈现出"日月共耀"的叙述格局。《礼记·祭义》云："祭日于东，祭月于西，以别内外，以端其位。日出于东，月生于西，阴阳长短，终始相巡。"日为阳，月为阴，日月相生，阴阳和合，构成时间的永恒和生命的常在。这便是卜千秋和浅井头墓顶脊"日月共耀"叙述格局所构成的独特的象征意义。

四川简阳董家埂乡深洞村鬼头山崖墓三号石棺左侧石面所刻画的内容就很能说明这个问题（见图4—45、图4—46）。画面右上方有二人对坐博弈的构图，博弈的二人头戴长羽冠，背生羽毛，榜题"先人博"；其左有一人头戴长羽冠、高举双手骑马的形象，榜题"先人骑"；画面左面有两个对称的羽人，腹部均有一圆轮，一轮中有金乌，一轮中有蟾蜍，榜题"日月"。① 画面右方"先人博"、"先人骑"的榜题，已经将画面中对弈的形象即逝者（先人）生命永生的内涵揭示出来，而逝者（先人）对弈形象的刻画，又说明画像所描绘的是获得永恒生命的逝者（先人）的愉悦的生活场景。正是在这个生活场景的左面，画像特意安排"日月"的形象，其构图意义显然与卜千秋和浅井头墓顶脊"日月共耀"叙述格局的象征意义相同。

图4—45 简阳鬼头山崖墓三号　图4—46 璧山水井湾崖墓三号
　　　石棺左侧画面　　　　　　　　石棺右侧画面

通过上面的讨论，我们能够对马王堆一号墓、金雀山四号墓和九号墓铭旌帛画构图形式与构图意义做出一个更为明确的认识。

上述画像纵向式构图形式，使得画像不同的叙述模块同样构成

① 中国画像石全集编辑委员会：《中国画像石全集·四川汉画像石（7）》，山东美术出版社、河南美术出版社2000年版，第97、168图。

了一个完整而封闭的立体叙述空间。这个立体叙述空间所展现的并
非多个世界（上天、人间与地下）的纵向层叠，而是下有"龙璧
承载"上有"日月照耀"的"单一"的立体空间，其中的日月形
象以及日月与其他形象而构成的形象组合，只是这一立体叙述空
间的一个组成（叙述）部分。这个立体叙述空间以表现"逝者的
存在"即"逝者的活动"为其叙述目的即构图意义，其时间背景
为逝者生命结束以后的"后生命"时段，而其空间背景则是逝者
生命结束以后的"归宿"即生命的"彼岸世界"。显然，这个立
体叙述空间本身即是生命的"彼岸世界"而不是逝者向着"彼岸
世界"的趋向过程。马王堆一号墓铭旌帛画表现了画像中的"老
妇人"来到"彼岸世界"时所受到的迎接场面，而金雀山四号墓
铭旌帛画与金雀山九号墓铭旌帛画不但表现了逝者来到"彼岸世
界"时所受到的迎接场面，还再现了逝者在"彼岸世界"并不孤单
的生活。

六　结论

综上所述，结论如下。

第一，武氏祠堂前石室（武荣祠）画像最小的叙述形式为"叙
述单元"，祠堂画像由不同的"叙述单元"构成不同的"叙述模
块"。上述"叙述模块"均存在的"车马出行"叙述单元以"送"
与"迎"作为叙述者行为的"始点"与"终点"的构图意义，构
成了具有"闭合"性质的行为叙述形式，规范和限制各叙述模块的
叙述，导致各叙述模块之独立叙事的生成。

第二，上述各叙述模块在叙事意义上既具有独立性又构成联
系，形成"同构"的叙述状态和"连续"的叙事形式，并构成祠堂
画像之"叙述整体"。武氏祠堂前石室（武荣祠）画像正是由具有
这样性质的不同"叙述模块"通过有序的排列而组成的。如果将上
述叙述模块与祠堂整体建筑形式联系起来，那么武氏祠堂前石室整
体画像不同叙述模块缘于祠堂整体建筑形式便构成了一个完整而封

闭的立体叙述空间。

第三，上述各叙述模块既是墓葬主人于叙事意义上的空间延伸，也是墓葬主人于叙事意义上的叙述延展，每一个叙述模块都象征性地表现或展示着墓葬主人具有时间意义的不同的空间存在。缘于不同叙述空间之不同叙述单元于各叙述模块中共存性特征，上述各叙述模块遂构成了由现代到古代、由现实到幻想的叙述时间的转换，并形成融古代与现代、现实与幻想为一体的叙述空间。从图像叙事的角度看，祠堂整体画像所展示的是一种模糊性叙事，这种超越人的经验、视域、时间与空间维度的模糊性叙事，在祠堂屋顶画像中表现得更为鲜明和充分。

第四，武氏祠堂前石室屋顶叙述模块所表现的叙述空间，具有"最终归宿"的性质，但不能简单地以"天上世界"来概括。它具有如下特点：①这一彼岸世界是一个比"现实人间"更为宽广和自由的世界，它能够将所有奇妙、神异和浪漫的事物容纳于这个世界之中，并将不同事物、不同存在、不同生活和生存方式整合于这个世界之中；②这一彼岸世界是一个生命永恒、充满吉祥和快乐的世界，因此，它是人类生命的最后和最为美好的归宿；③这一彼岸世界位于想象和幻想的空间，是陆地、水中与上天的混杂体，因为其生命意义上的"最终"、"最后"和"最高"的性质和层次而被置于祠堂画像立体叙述空间的最上层；④这一彼岸世界"生命通道"的象征意义，是通过祠堂东西墙壁建筑形式和祠堂画像构图形式表现出来的，前者体现在祠堂东西壁（上石）"锐角形"的墙壁构成上，后者表现为由祠堂东西墙壁画像叙述模块叙述空间的排列和叙述时间的转换而构成的叙述主体的行为趋向意义上；⑤这一彼岸世界与"生命通道"的"连接点"表现为祠堂东西墙壁画像叙述模块最上层叙述单元，即西王母与东王公画面所构成的叙述空间，同时，根据祠堂东西墙壁画像叙述模块主要叙述单元的构图内容，能够明确这一彼岸世界的"生命通道"主要面向具有高尚道德的人并为其敞开。

第五，武氏祠堂前石室画像由不同叙述模块所构成的立体叙述空间的构图形式和叙事方式，反映了汉代特定历史时期缘于生命永恒追求的崇拜和信仰，是这种成熟的崇拜形式和信仰方式的视觉表现和图像再现。这种独特的视觉表现和图像再现不会仅仅以墓地祠堂的墙壁为载体，相同和类似的视觉表现和图像再现还存在于汉代以"铭旌"为载体的画面构图上。马王堆一号墓铭旌帛画、金雀山四号墓和金雀山九号墓铭旌帛画均以纵向式的构图形式通过不同叙述模块的排列组合而构成一个完整而封闭的立体叙述空间。这个立体叙述空间所展现的并非多个世界（上天、人间与地下）的纵向层叠，而是下有"龙璧承载"上有"日月照耀"的单一的立体空间。这个立体叙述空间以表现"逝者的存在"即"逝者的活动"为其叙述目的即构图意义，其时间背景为逝者生命结束以后的"后生命"时段，而其空间背景则是逝者生命结束以后的"归宿"即生命的"彼岸世界"。

第五章

四川汉代性题材画像
"程式化叙述"研究
—— 以四川汉代画像砖性题材画像为例

一 前言

就目前所见汉画像石有关性题材的画像，似以四川最多，其在内容上可以分为三类，即表现两性亲吻内容的作品、表现两性交合内容的作品和表现两性性器内容的作品。如果将上述画像作为一种图像造型艺术作品进行分析，则上述画像在构图上体现出如下特点：表现两性性器内容的作品，均注重性器的裸露和外展；表现两性亲吻内容的作品，均注重嘴部亲吻动作的表现和身体互相依偎及手部互相握持等形态的刻画；表现两性交合内容的作品，主人公均被置于特殊或特定的环境之中。总之，上述画像基本以"性"为基础并围绕着"性"而构图和进行艺术表现，且内容鲜明，刻画率直，形象逼真。

学术界对上述画像的研究并不充分，所存在的一些问题不能被忽视。其一，表现两性性器内容的作品，在定性上还存在疑问，原因在于上述画像与汉画像或雕塑中的"力士"形象存在相似之处，而以史前岩画中的"裸女"或相关形象证明上述画像的"性"题材以及由此而承载的"生殖崇拜观念"的做法，则未免轻率。其二，表现两性亲吻内容的作品，在认识上还存在一些模糊，或以为"秘戏"，或以为"燕婉"，更多的则是将二者混为一谈，而"秘戏"和"燕婉"却在内涵上存在较大的差异，显然，上述问题的存在说明对表现两性亲吻内容的作品的正确释读还存在诸多障碍。其三，表现两性交合内容的作品，虽然主人公所处外在环境不同，但在男女主人公形体与动作的刻画上却趋于一致，上述现象既是画像构图的艺术表现形式问题，也是这种艺术表现形式所承载的社会生活的问题，而目前对于上述问题的讨论，尚留有较大空间和余地。其四，对四川汉代性题材画像的研究，必然涉及画像所反映的社会背景的考察，而援引相关文献记载并辅以四川汉代性题材画像露骨的性描绘，得出两汉或这一时期的四川已然淫风肆虐，这样的认识和结论是否正确，还有待深入而细致的研究。总之，在四川汉代性题材画像的研究还存在诸多问题的情况下，基于上述画像真实构图而得出的结论，也就不得不小心和慎重。

造成四川汉代性题材画像研究存在诸多问题的原因，主要在于研究的思路和方法过于单一和陈旧，所据资料过于狭隘且流于貌似合理的推断和想象，故结论不免牵强，难以令人信服。本章试图将上述画像以及与上述画像存在关联的画像视为一个完整的"叙述体"，从而使得上述画像各艺术要素以及由上述艺术要素组成的艺术单元和由此构成的画像整体艺术表现形式具有了"叙事"的性质和意义，并在将画像艺术要素与艺术单元的艺术衔接和艺术组合"转化"为图像叙述意义上的叙事方式与叙事特点的基础上，探求画像的内涵和意旨。

本章对四川汉代性题材画像的研究，以目前所见公开发表的相关画像作为基本材料，其画像主要源自中国画像石全集编辑委员会《中国画像石全集·四川汉画像石》、范小平《四川崖墓艺术》、高文《四川汉代石棺画像》等收录或引录的图片，为此，本章不再给出出处。① 由于上述画像多属个案发表，亦缺少相关墓葬情况的资料介绍和考古描述，故在具体研究中缺少墓葬整体情况的把握及与其他相关画像的参照与比较，势必对论证与结论构成一定的影响，因此，本章的结论并非笔者最终的观点。另，四川汉代性题材画像表现两性性器内容的作品，缘于其在定性上还存在疑问的情况，本章暂不作为研究对象。

---

① 参见中国画像石全集编辑委员会《中国画像石全集·四川汉画像石（7）》，山东美术出版社、河南美术出版社 2000 年版；范小平《四川崖墓艺术》，四川出版集团巴蜀书社 2006 年版；高文《四川汉代石棺画像》，人民美术出版社 1997 年版。

二　两性亲吻画像的程式化艺术
表现与程式化叙述

　　作为研究对象的四川汉代性题材画像两性亲吻内容的作品，主要有如下图例：四川乐山大地湾崖墓"接吻图"（见图5—1）、四川彭山崖墓"接吻图"（见图5—2）、四川荥经石棺"接吻图"（左侧画面）（见图5—3）。

图5—1　乐山大地湾崖墓　　　　　图5—2　彭山崖墓

图5—3　荥经石棺

　　学术界习惯于将四川汉代性题材画像两性亲吻内容的作品释为汉代某种"秘戏"场景的表现，并将"秘戏"与"燕婉"混同。①

———————————

　　①　参见范小平《四川崖墓艺术》，四川出版集团巴蜀书社2006年版，第162、163页相关论述，以及中国画像石全集编辑委员会《中国画像石全集·四川汉画像石（7）》，山东美术出版社、河南美术出版社2000年版，第111—114图释文。

"秘戏"与"燕婉"在内涵上并不相同。《汉书·周仁传》载："（周仁）以是得幸，入卧内，于后宫秘戏。"① 此言周仁于后宫观景帝"秘戏"，并言"仁常在旁，终无所言"②。周仁何以能够入景帝后宫观秘戏，后世学者不得要领。《汉书·周仁传》言："仁为人阴重不泄。常衣弊补衣溺袴，期为不洁清，以是得幸，入卧内。"③以此观之，周仁得入景帝后宫观秘戏，是因为自身性器有病，即如张晏注云："是以得比宦者，得入后宫焉。"④ 然，颜师古认为所谓"不泄"乃为人审慎，口风严谨，不外泄密。由此而言，不论周仁因何得入景帝后宫观秘戏，秘戏都是不能为外人所道所知的事情。所谓"秘戏"当男女之性行为，因不能为外人所见，故称秘戏。张衡《同声歌》"衣解巾纷卸，列图陈枕张。素女为我师，仪态盈万方"的描写，论者以为："盖即汉志所言房中也。玉房秘诀黄帝问素女玄女采女阴阳之事。"⑤ 这可能就属于秘戏的范畴，也牵涉到"房中术"的内容。"燕婉"当指男女亲密的关系或行为。《诗·邶风·新台》云："燕婉之求，籧篨不鲜。"此"燕婉"当指和合温顺之态。《文选》（卷二十九）录苏子卿《诗四首》其一云："结发为夫妻，恩爱两不疑。欢娱在今夕，燕婉及良时。"⑥ 白居易《母别子》诗云："以汝夫妇新燕婉，使我母子生别离。"⑦ 上述诗句中的"燕婉"亦指夫妇亲密恩爱的行为或情感，虽然从广义上看也属于一种"性"的行为，但与夫妻或男女之间特定的"交合行为"是截然不同的。如此而言，将四川汉代性题材画像两性亲吻内容的作品释为"秘戏"的认识是值得商榷的。

---

① （东汉）班固：《汉书》卷四十六，中华书局 1962 年版，第 2203 页。

② 同上。

③ 同上。

④ （东汉）班固：《汉书》卷四十六张晏注，中华书局 1962 年版，第 2204 页。

⑤ 逯钦立：《先秦汉魏晋南北朝诗·汉诗·张衡〈同声歌〉注》，中华书局 1983 年版，第 179 页。

⑥ （梁）萧统编，（唐）李善注：《文选》卷二十九，中华书局 1977 年版，第 413 页。

⑦ 《全唐诗》卷四二七，中华书局 1960 年版，第 4705 页。

　　四川汉代性题材画像两性亲吻内容的作品在整体艺术造型的设计上体现着某些共同点：画面形象左右相对，躯体或下体相连、头部相对或嘴部相接。上述特点还可以在四川汉画像"伏羲女娲"作品中找到同例，如郫县一号石棺（见图5—4）、璧山一号石棺伏羲女娲画像（见图5—5）。① 同时，与上述画像在整体艺术造型上相近的作品，在汉画像其他类型和题材的作品中同样存在，如江苏徐州、睢宁双鸟交颈交喙图（见图5—6），② 江苏铜山二龙穿璧图（见图5—7），③ 合江一号石棺龙虎衔璧图，④ 郫县二号石棺龙虎执璧图，⑤ 河南洛阳二龙衔璧图（见图5—8），⑥ 山东微山两城镇二龙穿璧对首动物组合图（见图5—9）。⑦

图5—4　郫县一号石棺伏羲女娲图　　　图5—5　璧山一号石棺伏羲女娲图

---

　　① 中国画像石全集编辑委员会：《中国画像石全集·四川汉画像石（7）》，山东美术出版社、河南美术出版社2000年版，第127、165图。

　　② 徐州博物馆：《徐州发现一批散存汉画像石》，《文物》1996年第5期；仝泽荣：《江苏睢宁墓山汉画像石墓》，《文物》1997年第9期。

　　③ 中国画像石全集编辑委员会：《中国画像石全集·江苏、安徽、浙江汉画像石（4）》，山东美术出版社、河南美术出版社2000年版，第85图。

　　④ 中国画像石全集编辑委员会：《中国画像石全集·四川汉画像石（7）》，山东美术出版社、河南美术出版社2000年版，第174图。

　　⑤ 同上书，第129图。

　　⑥ 洛阳市第二文物工作队：《洛阳浅井头西汉壁画墓发掘简报》，《文物》1993年第5期。

　　⑦ 王思礼、赖非、丁冲、万良：《山东微山县汉代画像石调查报告》，《考古》1989年第8期。

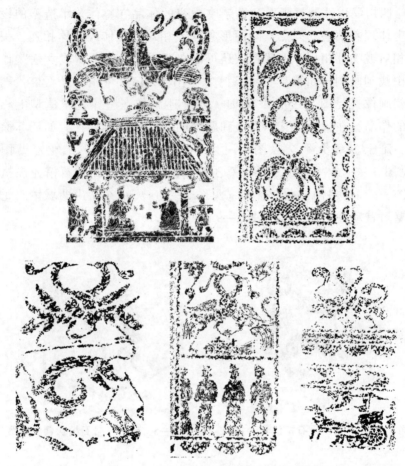

图5—6　江苏徐州、睢宁双鸟交颈交喙图

图5—7　江苏铜山二龙穿璧图

图5—8　河南洛阳二龙衔璧图

图 5—9　山东微山两城镇二龙穿璧对首动物组合图

　　总体而言，上述画像在构图上均遵循一个最基本的艺术表现原则，即在画像形象左右相对的基础上，再根据形象形体特点而刻画其躯体或脖颈的缠绕和头部或嘴部的相对或相吻。上述画像所属地域并不局限于四川，江苏、河南、山东等不同地域均有发现，说明这种艺术表现形式在汉代墓葬画像中较为常见。基于此，有理由认为上述画像在构图上存在一种"程式化"的艺术表现形式，而四川汉代性题材画像两性亲吻内容的作品，即是遵循这种"程式化"的艺术表现形式而创作的。

　　这种"程式化的艺术表现形式"并不应该简单地被视为画像艺术创作过程中所存在的偶然的艺术现象，而应该是基于某种思想、情感、信仰或理念的图像艺术叙述方式的独特呈现。画像在构图上以左右相对的形象，表示着阴阳两分的格局，再以形象躯体或下体相连、头部相对或嘴部相接的造型，象征阴阳和合的态势。正是在这个意义上，我们认为这种"程式化的艺术表现形式"并非基于生活真实的艺术反映，而是内含着阴阳和合思想与理念的程式化的图像叙述方式，即图像的程式化叙述。因此，对于四川汉代性题材画像两性亲吻内容的作品来说，其以"性"为中心并围绕着"性"而进行的艺术表现的认识，可能是对上述作品的某种误读。

　　对此，有必要将四川荥经石棺整体画像作为一个完整的"叙述体"并从图像叙述的角度作进一步分析。已知四川荥经石棺画像共两幅，其一为石棺左侧画像（上文所引包含"亲吻图"的画像）（见图5—3），其二为石棺右侧画像（见图5—10）。

图5—10　四川荥经石棺右侧画像

　　荥经石棺左侧画像以斗拱和中门作为艺术元素，其表现居室和居室内部景象的叙述目的是明确的，依此，石棺右侧画像所表现的就应该是室外庭院的景象。石棺左右两侧画像分别描绘室内、室外场景，说明石棺画像作者有意再现墓葬主人逝后的生活场景，而与"仙道"无关。有学者认为石棺左侧画像几后端坐者为"西王母"，而中间以手执门者为"仙童"。① 值得注意的是，四川汉画像中的西王母多端坐于"龙虎座"之上，或肩生双翼（见图5—11、图5—12、图5—13、图5—14），而荥经石棺左侧画像几后端坐者形象在构图上不具备西王母画像上述艺术元素，故将这一形象释为西王母恐不确。②

图5—11　南溪二号石棺画像中的
　　　　　西王母（下层左侧）

图5—12　彭山一号石棺
　　　　　中的西王母

图5—13　合江一号石棺
　　　　　中的西王母

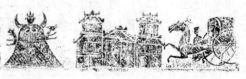

图5—14　合江四号石棺中的西王母
　　　　　（画面左侧）

---

　　① 中国画像石全集编辑委员会：《中国画像石全集·四川汉画像石（7）》，山东美术出版社、河南美术出版社2000年版，第111—114图释文。
　　② 同上书，第35、149、175、178图。

　　如前所述，荥经石棺左右两侧画像分别描绘室内、室外场景，而描绘室内场景的石棺左侧画像在布局上以斗拱为限，将画面分为三个部分，即左边的燕婉画面、右边的几后端坐者画面以及中间部分的正门和朱雀画面，并以上述三个画面的组合象征居室的正门和左右两室的情景。上述画像在构图上的这种特点，在四川汉代石棺画像中能够看到同例。

　　以四川芦山王晖石棺画像为例（见图5—15）。①

　　（石棺棺首画像）　（石棺后档画像）　　（石棺左侧画像）　　（石棺右侧画像）

图5—15　四川芦山王晖石棺画像

　　芦山王晖石棺画像左侧刻绘青龙，右侧刻绘白虎，棺后刻绘玄武，其用意是以"四灵"置于棺的四周以为佑护之意。这种以"四灵"置于石棺四周的方式，实际上是以石棺象征墓葬主人逝后"阴宅"的思想反映，而棺首画像左刻墓志铭，中间刻绘一女子倚门而立的画面构图，正是上述认识最好的证明。与芦山王晖石棺画像相比较，荥经石棺画像则单纯依托石棺左右侧壁的画像构成一个完整的"阴宅"象征体。在构图上，荥经石棺左侧画像画面正中同样有门，大门微开，同样刻绘一人倚门而立，则荥经石棺左侧画像象征墓葬主人逝后"阴宅"的构图意义不言自明。

　　据此而言，荥经石棺左侧画像应该是象征墓葬主人于彼岸世界即所谓"阴宅"的生活场景，左右两侧燕婉和几后端坐者画面，或象征着墓葬主人于"阴宅"的不同生活场景或生活内容。这种象征的艺术表现并非所谓"秘戏"一类的性行为的展示，而是"燕婉"一类的夫妻恩爱、阴阳和合的艺术表现，只是这种艺术表现是以一种程式化的艺术叙述方式来实现和完成的。

―――――――――

　　① 中国画像石全集编辑委员会：《中国画像石全集·四川汉画像石（7）》，山东美术出版社、河南美术出版社2000年版，第91、92、93、94图释文。

三 两性交合画像的重复性艺术
表现与程式化叙述

作为研究对象的四川汉代性题材画像两性交合内容的作品，主要有四川德阳画像砖"交媾图"（见图 5—16）和四川新都画像砖"野合图"（见图 5—17），而新都画像砖"野合图"一共两幅，画面构图基本相同。

图 5—16　四川德阳画像砖　　　图 5—17　四川新都画像砖

四川德阳画像砖"交媾图"画面中心是位于卧榻之上的男女主人公形象，四周是帏帐。作为背景的帏帐和卧榻，在构图上极为规矩和整洁：卧榻平展而整齐，帏帐褶皱清晰而简约、悬挂中正而均匀。上述构图情况使得"交媾图"中的帏帐和卧榻形象具有了装饰性特点，而帏帐上方垂下的两条长长的飘带，则使得这种装饰性特点更加鲜明和强烈。位于画面中心的男女主人公形象，在构图上除了同样表现出规矩和整洁的特点之外，对女性形象的刻画极具艺术魅力，这主要表现在：画像既通过女性腿部动作的刻画构成一种夸张和热烈的艺术效果，同时又通过女性手臂的自然垂放和平伸而形成一种平静和内敛的情感表现。值得注意的是，这种夸张而热烈的艺术效果与平静而内敛的情感表现，又是在具有鲜明而强烈的装饰性特点和效果的背景下呈现出来的，从而导致画面中心的男女主人公的行为具有了某种"展示"乃至"表演"的性质和属性。

新都画像砖"野合图"画面中心是一棵大树，与大树构成艺术联系的是两只小猴、两只其他小动物和两只凤鸟。两只小猴或双臂或单臂悬吊于树枝之上，似在玩耍；两只其他小动物似在树干之后行走；两只凤鸟，一只立于树上似在啄食，一只似飞于树间。在另一新都画像砖"野合图"画面中，虽然没有出现小猴和凤鸟等动物形象，但大树作为主要艺术要素同样存在。

新都画像砖"野合图"两幅画像皆以大树为中心并与大树构成艺术联系的构图特点与德阳画像砖"交媾图"男女主人公四周设置帏帐的构图特点，在构图意义上存在一致之处，那就是上述画像均试图将画面中男女主人公的行为放在一个具有背景意义的艺术情境中来展示或表现，不同的只是这种展示或表现的"背景"发生了变化。

对上述画像砖两性"交媾"或"野合"的构图形式进行分析，其最值得注意的是画面中两性"交媾"或"野合"的姿势基本相同，这说明虽然上述画像砖并非出自一地，相信画像作者也并非一人，但是却在构图上采用了相同的艺术表现手法来表现主要内容，从而形成了相同的艺术表现形式。这里，我们姑且将这种"相同的艺术表现形式"称为画像的"核心艺术表现形式"，而将画面中构成"情境"作用的艺术表现形式称为画像的"背景艺术表现形式"。

我们试图将由上述核心艺术表现形式和背景艺术表现形式所组成的艺术构成即艺术单元，视为一种图像叙事意义上的"叙述体"，那么在上述叙述体中就自然包含着两种叙述形式，即由核心艺术表现形式所构成的"主题叙述形式"和由背景艺术表现形式所构成的"非主题叙述形式"。从图像叙事的意义上看，如果将上述"主题叙述形式"还原到画像各自独特的艺术情境中去，便会发现在上述艺术构成中只是作为背景艺术表现形式的"情境"，即"非主题叙述"发生了变化，而画像核心艺术表现形式即"主题叙述"却没有发生变化。

上述画像作为一个独立的叙述体，其"主题叙述"决定了画像的构图意义，而"非主题叙述"只是对"主题叙述"的时间、地点、环境、场面等背景情况做出补充和限定，这就意味着上述画像的"非主题叙述"对"主题叙述"于叙事意义上的影响是极其有限的，也意味着画像由"主题叙述"所决定的叙述方式、叙述目的和叙述意义则始终保持着一致和稳定。

如前所述，对上述画像砖两性"交媾"或"野合"的构图形式进行分析，其最值得注意的是在构图上采用了相同的艺术表现手法并形成了相同的艺术表现形式。上述情况说明，这种"相同的艺术表现形式"即"核心艺术表现形式"是可以重复出现的，如此，在上述画像构图中便呈现出了相同的"主题叙述"与不同的"非主题叙述"进行不同的艺术组合（叙述）的现象。对于"主题叙述"来说，如果从构图艺术的角度看，这种现象属于"重复性艺术表现形式"；而从构图意义的角度看，这种现象则属于"程式化叙述"。

四川汉代性题材画像两性交合内容的作品在构图艺术与构图意义上所呈现出的重复性艺术表现形式和程式化叙述，既属于画像艺术表现形式的范畴，是画像特殊的艺术表现形式的需要，也属于画像图像叙事的范畴，是画像对生活中的某种特殊行为或方式进行图像叙述的产物。从这个意义上说，四川汉代性题材画像两性交合内容的作品在构图艺术与构图意义上所呈现出的重复性艺术表现形式和程式化叙述，当缘于生活中具有某种重复性表现和程式化叙述的某种特殊的行为或方式。

传统宗教崇拜以及由此而形成的习俗，需要依靠"主题"的"重复性表现"和"程式化叙述"而达到信仰的凝固和承传。从这个意义上说，四川汉代性题材画像两性交合内容的作品并非某种生活真实的艺术再现，其艺术表现形式所呈现出的特点，具有宗教仪式所特有的内涵和性质，应该是这种宗教仪式于构图意义上的艺术表现。

四　四川汉代性题材画像与两汉时期成都地区祭祀高禖神的习俗与仪式

四川汉代性题材画像与两汉时期成都地区祈求人口繁衍和宗族兴旺的相关信仰及习俗具有密切联系，而四川汉代性题材画像于构图上所呈现的程式化艺术表现形式，即所谓的程式化叙述，则是两汉时期成都地区祭祀高禖神传统仪式的艺术再现。

相关学者在探寻四川汉代性题材画像存在的社会原因的时候，习惯于将目光投向汉代民俗所存留的"原始的性文化的遗风"以及汉代社会流行的"房中术"和"贵族统治者享于淫乐"的社会风习上。不可否认，上述探寻的角度是正确的，但相关问题并没有很好地解决。例如在论述汉代民俗所存留的"原始的性文化的遗风"问题上，所涉远古性文化习俗的实例，并不能很好地说明秦汉乃至秦汉以前四川尤其以成都为中心的地域"原始的性文化的遗风"存留情况，遂导致相关结论不够明确和深入，流于笼统和肤浅。

四川成都百花潭出土有战国青铜壶，其颈部有一组"大树与妇女"的组合纹饰，将上述"大树与妇女"组合纹饰展开，即形成一幅画面（见图1—2上图）。①

上述画面共有如下几个场面：其一，画面的右上部分，共刻画了两株大树形象，在呈圆形树干之上有人蹲坐或骑跨，其上身挺直而稍微前倾，双臂前伸，一手攀折树枝，一手采摘树叶，头顶似一发辫向后伸出。从上述人物形象宽大的臀部、细小的腰身和飘逸的发式上看，当是女性形象，而形象于树上的动作造型，所表现的应该是采桑的活动，两株大树应该是桑树。其二，在两株大树的树间，有站立和蹲坐者。树的下方有六人，皆站立，身着落地长裙，中间一形体较大的女子双臂张开上举，左向扭腰出胯，现出优美的腰身和舞姿，旁边数位女子手中均似有物，身形大致相同，似在伴奏或伴舞。其三，在这一组画面的左面，分上下两层构图，上层似一艘篷船抑或厅亭之类，中间二女子持弓而舞；下层是一组五人同向并排舞蹈图，其中二人持弓，其他三人似徒手而舞。

分析上述画面构图，有如下两个方面的情况需要注意。

第一，上述画面在艺术构成上包含如下艺术要素：①桑树；②筐；③篷船或厅亭；④弓箭。

第二，上述画面在构图艺术上包含如下艺术情境：①采桑活

① 张道一：《中华图案五千年·春秋战国》，台湾美工科技有限公司2001年版，图版217（1）图。

动；②独舞；③伴舞或伴奏；④持弓组舞。

如果将上述"艺术要素"还原到"艺术情境"之中，便会发现上述艺术情境实际上表现了两个方面的内容，即伴以群舞的采桑场面和以弓箭为主要"道具"的组舞场面（见图5—18、图1—5）。"采桑"与"舞蹈"同在一个完整的艺术构成中存在，说明在上述艺术构成中"采桑"并非真正意义上的生产活动，而在组舞场面的刻画中弓箭等"道具"的出现，又说明上述艺术构成所表现的并非一般意义上的"活动"。由此可知，作为道具的"弓箭"应该是打开"大树与妇女"组合纹饰构图意义的钥匙。

图5—18 以弓箭为道具的
组舞场面

古代民俗传统，仲春之月是祭祀高禖神的时节；而自仲春之月始，亦即开始浴蚕躬桑，相关的祭祀活动亦已开始。《礼记·月令》云："季春之月，……后妃斋戒，亲东向躬桑……以劝蚕事。"① 孙希旦《礼记集解》引《周礼·天官冢宰·内宰》云："仲春，诏后帅外内命妇始蚕于北郊，以为祭服。"又引"孔氏"云："《内宰》云'仲春'者，以仲春既率命妇躬桑浴种，至季春又更躬桑浴蚕也。"②

上述两种传统祭祀形式同在春天举行，而且在生命繁衍这一点上二者又是相同的，因此，祭祀高禖神的宗教活动与浴蚕躬桑的生产活动及相关祭仪，也就有可能以"春"为背景，以"桑林"为舞台而联系在一起。《墨子·明鬼下》云："燕之有祖，当齐之社稷，宋之有桑林，楚之有云梦也。此男女之所属而观也。"孙诒让《墨子闲诂》引《周礼·州长》"郑注"云："属，犹合而聚也。"③ 屈原《天问》有"焉得彼涂山女，而通之于台桑"。王逸注："通夫

---

① （清）孙希旦：《礼记集解》卷十五，中华书局1989年版，第430—433页。
② 同上书，第434页。
③ （清）孙诒让：《墨子闲诂》卷八，《诸子集成》（第四册），中华书局1954年版，第142页。

妇之道于台桑之地。"① 宋兆麟《巫与民间信仰》云："台桑，即桑台，指社坛附近的桑林。"② 需要指出的是，在《墨子·明鬼下》"此男女之所属而观也"的载记中，上述活动就已经呈现出仪式的性质和意义了。这种具有仪式的性质和意义的活动在后代的文献中仍有记载。《云笈七签·道教灵验记部》载："金堂县昌利化玄元观南院玄元殿前，有九井焉。……每岁三月三日，蚕市之辰，远近之人，祈乞嗣息。"③《太平御览》引《石虎邺中记》载："桑梓苑中尽种桑，三月三及蚕时，虎皇后宫人数十出游，戏桑树下。"④ 这里的"后宫人数十出游戏桑树下"，既是"躬桑浴蚕"的举动，也带有祭祀高禖神的色彩，而"戏桑树下"正是"节俗"所特有的与生命繁衍有关的相关仪式的反映。

《礼记·月令》云仲春之月以太牢祠于高禖，"乃礼天子所御，带以弓韣，授以弓矢，于高禖之前"⑤。祠于高禖，何以带弓韣、授弓矢？孙希旦《礼记集解》云："带以弓韣，授以弓矢，求男之祥也。《王居明堂礼》曰：'带以弓韣，礼之禖下，其子必得天材。'"又说："《周礼》不言高禖，然以《生民》、《玄鸟》之诗及《王居明堂礼》证之，则祠禖祈嗣之礼由来旧矣。意者天子继嗣不蕃。"⑥ 于此可知，《礼记·月令》所说天子祠高禖而带以弓韣，授以弓矢，表层的意义是祈求得男之祥，而深层的意义则与"继嗣不蕃"有关。所谓"继嗣不蕃"即是祈求宗族与人口的兴盛与繁荣。

将成都百花潭"大树与妇女"组合纹饰"桑林之舞"与"持弓组舞"的画面与古代祭祀高禖的"戏桑树下"和《礼记·月令》所载祭祀高禖神而"带以弓韣，授以弓矢"的记载联系起来，会发现成都百花潭"大树与妇女"组合纹饰所表现的"桑林之舞"与"持弓组舞"的场面，正可以在古代祭祀高禖神的传统仪式和《礼

① （东汉）王逸：《楚辞章句》，岳麓书社1994年版，第93页。
② 宋兆麟：《巫与民间信仰》，中国华侨出版公司1990年版，第69页。
③ （北宋）张君房：《云笈七签》卷一二二，华夏出版社1996年版，第770页。
④ （北宋）李昉：《太平御览》卷九五五，上海古籍出版社1994年版，第479页。
⑤ （清）孙希旦：《礼记集解》卷十五，中华书局1989年版，第425页。
⑥ 同上。

记·月令》"带以弓韣，授以弓矢"的记载中找到根据。尤其值得注意的是，在成都百花潭"大树与妇女"组合纹饰"持弓组舞"画面中，舞者臀部之上均有突出状饰物，从其双手执弓的形象看，其臀部突出状饰物应该是"韣"即"箭衣"之像。

综上所述，成都百花潭"大树与妇女"组合纹饰所刻画的，应该是战国时期四川成都地区祭祀高禖神的仪式。在这一传统祠神仪式中，桑树有着特殊的地位与意义，桑树是生命旺盛与繁荣的象征，于桑树下或桑林中祭祀高禖神，能够带来人口的繁衍和宗族的兴旺。成都百花潭"大树与妇女"组合纹饰本身即是一种"程式化的艺术表现形式"，根据即在于其"核心艺术表现形式"即"主题叙述"可以出现在不同地域的青铜载体之上，并构成典型的"重复叙述"。如山西襄汾县南贾镇大张村战国早期青铜壶颈部纹饰"大树与妇女"画面和故宫博物院藏河南辉县出土战国青铜壶颈部纹饰"大树与妇女"画面（见图1—2下图）。①

上述情况能够说明，于桑树下或桑林中祭祀高禖神的传统仪式以及祈求人口繁衍和宗族兴旺的相关信仰与习俗，不但在战国时期的中原地区和巴蜀地域存在，而且还呈现着某种联系和影响，说明这种传统仪式及相关信仰与习俗，有着超越地域的"跨文化"的接受性和传播性以及缘于生命崇拜与信仰的历时性和承传性。

正是在这个意义上，我们认为战国时期四川成都地区祭祀高禖神的传统仪式以及祈求人口繁衍和宗族兴旺的相关信仰与习俗，在秦汉时期的上述地区仍然存在，并构成四川汉代性题材画像得以产生和留存的生活基础和文化背景，而新都德阳画像砖"交合图"所表现的，应该就是祭祀高禖神传统仪式中的一个关键程序，亦即所谓"通夫妇之道于台桑"的"通夫妇之道"的仪式。这样认识的根据，亦即将四川汉代性题材画像两性交合内容的作品与战国秦汉时期四川成都地区祭祀高禖神的传统仪式联系起来的关键环节，则是一直被人们所忽视的"桑笼"。

———————————

① 张道一：《中华图案五千年·春秋战国》，台湾美工科技有限公司2001年版，图版241（1）图。

作为艺术元素出现在新都画像砖"野合图"画面右下角的"小笼",应该就是所谓的"桑笼"。汉代诗歌中经常描写提笼采桑的年轻女性,其所提之笼,小巧精致,俗称桑笼。宋子侯《董娇娆》诗中描绘的即是一位陌上"提笼行采桑"的女子。乐府古辞《陌上桑》虽然没有描绘罗敷是否"提笼采桑",但诗中两次提到"青丝为笼系"、"桂枝为笼钩",由此可知《陌上桑》中的罗敷同样是"提笼行采桑"。"笼"比筐小,类似于竹篮,既有"系"又有"钩",故可以"提"。新都画像砖"野合图"画面右下角的"小笼"以柔软的枝条编织而成,不但小巧,且有精致的"笼钩",正是这种"桑笼"。图5—19是甘肃出土东汉和魏晋时期画像砖提笼采桑图,桑女所提"桑笼"小巧精致,与新都画像砖"野合图"右下角的"小笼"颇为近似。①

图5—19 桑女提笼采桑画像砖

这种"桑笼"在成都百花潭"大树与妇女"组合纹饰"桑林之舞"的画面中同样存在(见图5—20)。在上述画面中共有两处表现"桑笼"的形象,其一,左图画面中间刻绘一女子手提桑笼,似在舞蹈;其二,右图中一女子坐于桑树上,桑笼悬挂于其臀部树枝上。

---

① 朱启新:《文物物语》,中华书局2006年版,第136页引图。

图 5—20　百花潭"大树与妇女"组合纹饰局部：妇女与桑笼

　　从上述画面构图上看，"桑笼"应该是采桑用具，但上述画面中的"桑笼"小巧而精致，或为舞蹈的道具，或更像是少女生活中的装饰品，与真正的采桑用具并不一样。《诗经·豳风·七月》在描述女子采桑时这样写道："女执懿筐，遵彼微行，爰求柔桑。"诗中的"懿"，朱熹《诗集传》（卷八）释为"深美也"。所谓懿筐，就是采桑用的深而大的筐，故《七月》在描述桑女拿筐的动作时用的是"执"而不是"提"字。《诗经·召南·采蘋》云："于以盛之，维筐及筥。"《诗集传》云："方曰筐，圆曰筥。"《淮南子·时则训》云："季春之月……鸣鸠奋其羽，戴鵀降于桑。具扑曲筥筐，后妃斋戒，东乡亲桑。"高诱注云："圆底曰筥，方底曰筐。皆受桑器。"图 5—21、图 1—7 是南宋高宗时期翰林院图画院根据楼璹所进《耕织图》摹画的《蚕织图》"忙采叶"部分，其中桑树下和房间内所置盛桑叶的筐，即有圆底与方底之别，且"深而大"。[①] 以此反观百花潭"桑林之舞"画面、新都画像砖"野合图"以及甘肃出土东汉和魏晋时期画像砖提笼采桑图中的"桑笼"，其与《诗经·豳风·七月》的"懿筐"和《蚕织图》"忙采叶"中的"受桑器"不能同日而语。前引宋子侯《董娇娆》、乐府古辞《陌上桑》"提笼行采桑"的描写，与真正的采桑劳动相去甚远。《董娇娆》诗云：

①　林桂英、刘锋彤：《宋〈蚕织图〉卷初探》，《文物》1984 年第 10 期。

"不知谁家子，提笼行采桑。纤手折其枝，花落何飘扬。"可知这名女子提笼采桑是假，折花遗人才是真。乐府古辞《陌上桑》描绘罗敷所提桑笼既小巧又精致，甘肃出土东汉和魏晋时期画像砖桑女所提"桑笼"同样小巧精致，桑女与罗敷一样穿戴整齐、衣着华丽，似乎都与真正意义上的采桑劳动无关。百花潭"大树与妇女"组合纹饰"桑林之舞"画面中的"桑笼"，既能悬挂于树枝之上，又能随手提及翩跹起舞，其小巧精致自不待言，也正符合"作为仪式舞蹈的道具"的判断。

图5—21　宋《蚕织图》摹本"忙采叶"画面

综上而言，"桑笼"作为艺术元素，从构图艺术的角度能够将成都百花潭"大树与妇女"组合纹饰与四川新都画像砖"野合图"联系起来，并进而将战国秦汉时期四川成都地区祭祀高禖神的传统活动与四川汉代性题材画像两性交合内容的作品联系起来，同时，又能够将东汉时期文学作品中桑女"提笼采桑"的文学形象与新都画像砖"野合图"联系起来。这种联系更为有力地说明：祭祀高禖神的传统仪式以及祈求人口繁衍和宗族兴旺的相关信仰与习俗，在战国秦汉时期已经成为一种跨越地域文明与族群文化的节俗活动，而四川汉代性题材画像两性交合内容的作品所表现的，恰与这种"节俗活动"有关。四川新都画像砖"野合图"中"桑笼"形象的刻画，其作为艺术要素所内含的信息，既能够标示画面"桑林中"或"桑树下"的艺术背景和画像女主人公的"桑女"身份，又能够表现出在这种"节俗活动"中所特有的仪式性特点和缘于生命崇拜的独特风情。

五　四川汉代性题材画像与两汉时期
复杂而多层面的社会生活

从相关文献载记来看，两汉时期王宫和皇室生活秽乱而缺少节制，贵族耽于淫乐而纵情声色。湖南长沙马王堆 3 号汉墓就出土了与"房中术"有关的帛书。张衡有《同声歌》一诗，《乐府题解》肯定这是一首"以喻臣子之事君"之作，但诗歌却主要描写男女闺房私事。诗句中"衣解巾纷卸，列图陈枕张。素女为我师，仪态盈万方"的描写，也牵涉到"房中术"的内容。如果以上述情况作为四川汉代性题材画像存在的社会原因和背景，则只会说明四川汉代性题材画像的存在与汉代社会从皇室到贵族生活秽乱而耽于淫乐的社会现实有关，再加上汉代民俗所存留的"原始的性文化的遗风"和四川汉代性题材画像中表现两性交合内容的作品的佐证，则两汉时期已然是一个淫风肆虐而秽浊不堪的社会。

上述认识虽然有些耸人听闻，但所述情况却有文献的记载和诸多画像的描绘为依据，也不能轻易否定。问题是上述认识只看到了两汉时期某些时段于皇室和贵族生活中所存在的情况以及对"原始的性文化的遗风"遗存情况的推断，而没有看到贯穿于两汉始终的所谓"移易风俗"的文化运动的影响和儒家思想倡导之下社会对"淫佚之俗"的抵制和防范。因此，上面的认识就不免偏颇和武断。

汉代去古未远，所谓民间传统宗教信仰、古老习俗风尚仍然存在于社会之上；汉代又是一个继往开来的时期，新的政治理念日渐形成，并需要与其相适应的新的思想道德、行为规范的建立。在这样一个复杂而矛盾的社会现实面前，历史所形成和积淀的传统和遗产，受到了空前的挑战，而古老传统和习俗风尚对个体和社会的维系与规范作用，也受到了质疑。是故，移易风俗就成为有汉一代执政者的要务。《汉书·食货志》载："文帝即位，躬修俭节，思安百姓。时民近战国，皆背本趋末。"于是，贾谊进言，指出："（今）

淫侈之俗，日日以长，是天下之大贼也。"① 贾谊所言"淫侈之俗"范围颇广，即如桓宽《盐铁论·散不足》记载"贤良"之言云："宫室舆马，衣服器械，丧祭食饮，声色玩好，人情之所不能已也。故圣人为之制度以防之。间者，士大夫务于权利，怠于礼仪；故百姓仿效，颇逾制度。"②

正是在这个意义上，社会需要对古老的传统加以约束，对纷繁复杂的习俗风尚进行规范和改革。于西汉昭帝始元六年（公元前 81 年）召开的盐铁会议，讨论的虽然是盐铁政策问题，但同时也涉及社会的民生与风俗的教化。《汉书·食货志》载："昭帝即位六年，诏郡国举贤良文学之士，问以民所疾苦，教化之要。皆对愿罢盐铁酒榷均输官，毋与天下争利，视以俭节，然后教化可兴。"③ 据《汉书·刘向传》，刘向编撰《列女传》的起因，是"睹俗弥奢淫，而赵、卫之属微贱，逾礼制"。并认为"王教由内及外，自近者始"。故以历史上"兴国显家可法则，及孽嬖乱亡者"为《列女传》，以为鉴戒。④ 以此观之，刘向编撰《列女传》的目的，是要对当时社会上"奢淫"之风、"逾礼制"之事有所改变，正是属于移风易俗的性质。因此，从某种意义上说，刘向是在有意识地利用编撰《列女传》而构造一种有别于古老传统的新传统，虽然这种新传统的内容仍然来自历史，但于历史中有意识、有目的的选择和摘取的行为，已经揭示了其明确的动机。直至汉末，应劭还编撰《风俗通义》以求端正风俗。其在《风俗通义序》中说："为政之要，辩风正俗最其上也。""聊以不才，举尔所知，……谓之《风俗通义》。言通于流俗之过谬，而事该之于义理也。"⑤

其实，这种移易风俗的行为，早在秦始皇时期就已经开始了。睡虎地秦墓竹简《语书》即云："古者，民各有乡俗，其所利及好

---

① （东汉）班固：《汉书》卷二十四上，中华书局 1962 年版，第 1127、1128 页。

② （汉）桓宽：《盐铁论》卷六，王利器校注，《新编诸子集成》（第一辑），中华书局 1992 年版，第 349 页。

③ （东汉）班固：《汉书》卷二十四下，中华书局 1962 年版，第 1176 页。

④ （东汉）班固：《汉书》卷三十六，中华书局 1962 年版，第 1957 页。

⑤ （东汉）应劭：《风俗通义》，吴树平校释，天津人民出版社 1980 年版，第 1、2 页。

恶不同，或不便于民，害于邦。是以圣王作为法度，以矫端民心，去其邪避（僻），除其恶俗。"并指出："今法律令已具矣，而吏民莫用，乡俗淫失（泆）之民不止，是即法（废）主之明殹（也），而长邪避（僻）淫失（泆）之民，甚害于邦，不便于民。"①

　　上述努力成效可考。班昭"作《女诫》七篇"，明"妇礼"以"训诫"。②而"马融善之，令妻女习焉"③。其影响之大，可以想见。《后汉书·皇后纪·顺烈梁皇后传》载："（顺烈梁皇后）常以列女图画置于左右，以自监戒。"④《列女传》"图文并茂"，目的就是为了方便学习，其"以自监戒"，说明其"教化"的作用是显著的。在汉画像石经常出现的"历史故事"类题材中，取自《列女传》者是很突出的。以《列女传》"贞节故事"为例，仅在山东武梁祠画像中就有八个题材，分别是：丑女钟离春、京师节女、齐义继母、鲁义姑姊、秋胡戏妻、梁寡高行、梁节姑姊、楚昭贞姜。"历史故事"类题材在西汉时期画像石中还数量较少，而在东汉时期却已经大量出现，尤其是东汉晚期。⑤古代祠堂是祭拜祖先的地方，也是逝者与生人构成联系的地方，因此，祠堂画像既是与"祖先"联系在一起的"传统"，也是教育生人的"楷模"、"榜样"或"鉴戒"。显然，有关《列女传》"贞节故事"的相关内容在汉画像中大量出现，这种情况本身就已经说明了刘向以试图编撰《列女传》而建立新传统的目的，在东汉时期已经取得了可观的效果。

　　贯穿于有汉一代的移风易俗运动以及所产生的影响，也涵盖或波及了两汉时期的成都地区，这样的认识有四川彭山崖墓石函一侧画像为证（见图5—22）。画像左侧二人所构成的艺术单元所表现

---

　　① 睡虎地秦墓竹简整理小组：《睡虎地秦墓竹简》，文物出版社1990年版，第13页。

　　② （南宋）范晔：《后汉书》卷八十四，中华书局1965年版，第2786页。

　　③ 同上书，第2792页。

　　④ （南宋）范晔：《后汉书》卷十下，中华书局1965年版，第438页。

　　⑤ 参见蒋英炬、杨爱国《汉代画像石与画像砖》，文物出版社2001年版，第61—62页。

的，被认为是"秋胡戏妻"的故事。①《列女传》"秋胡戏妻"故事于四川彭山崖墓画像中出现，一方面说明"秋胡"故事在汉代成都地区已经广为流传，而且影响深远；另一方面说明"秋胡"故事所内含的思想宗旨和道德准则，也已经为汉代上述地域生活的人们所认同和尊奉。

图 5—22　四川彭山崖墓石函一侧画像

在彭山崖墓石函画像"秋胡戏妻"艺术单元中，"秋胡妻"的脚下地上，同样有一"桑笼"形象。画像如此构图，显然是通过"桑笼"形象的刻画而表现画面中"秋胡妻"的"桑女"身份特征和春桑浴蚕祠高禖的节俗背景。如此而言，彭山崖墓石函画像"秋胡戏妻"艺术单元中作为艺术元素的"桑笼"形象的存在，就能够将这一画像所表现的"秋胡戏妻"的故事与四川新都画像砖"野合图"联系起来。上述情况表明，在以四川新都画像砖"野合图"为代表的性题材画像存在的同时，以《列女传》"秋胡戏妻"为题材的画像也在流行，而后者于构图上秋胡妻"背对"秋胡的艺术表现，已经于图像叙述的层面上构成了善与恶、美与丑的对立，这种"对立"恰恰是某种道德观和贞操观的秉持与坚守的表现和反映，也意味着对所谓"淫侈之俗"的拒绝乃至否定。

综上而言，《列女传》"秋胡"故事于四川彭山崖墓画像中出现，证明自始皇时期开始的移易风俗的文化运动，已经波及汉时的蜀地。不仅如此，这种移易风俗的文化运动还伴随着法律方面的约

---

① 中国画像石全集编辑委员会：《中国画像石全集·四川汉画像石（7）》，山东美术出版社、河南美术出版社 2000 年版，第 202 图及释文。

束和制裁。

汉初《二年律令》关于"奸淫"的律文共六条，其量刑最高者弃市，其次府刑，再次城旦舂。弃市者有二，其一，"奴取主、主之母、子以为妻，若与奸，弃市，而耐其女子以为隶妾。其强与奸，除所强"。其二，"同产相与奸，若取以为妻，及所取皆弃市。其强于奸，除所强"。显然，弃市者包括两种情况：一种是"奴"娶"主、主之母、子以为妻"而"和奸"或"强奸"者；另一种是"同产"即同母兄妹而"和奸"或"强奸"者。府刑者亦有二，其一，"强与人奸者，府以为宫隶臣"。其二，"和奸"者如男方为"吏"则"以强奸论之"。城旦舂者一，即"诸与人妻和奸，及其所与者皆完为城旦舂"。由上可知，《二年律令》关于"奸淫"的法律规定颇为完整，而关于"和奸"的律文则认定明确，量刑清楚，说明汉初乃至两汉时期对强奸以及和奸的防范和制裁是严厉的。① 汉承秦制，从湖北江陵张家山汉墓竹简《奏谳书》多有引述"故律"事例看，汉初或西汉时期所用律文中杂有秦律。《奏谳书》"杜泸女子"简文第一段引"律"云："奸者，耐为隶臣妾。捕奸者必案之校上。"这一条律文在《二年律令》中并没有出现，但《睡虎地秦墓竹简·封诊式·奸》有"捕校上来诣之"律条，内容与上相合，可知是秦律的律文。② "廷史申"能据此以论，说明这一律文在汉初还在使用。

对此，秦与西汉时期的两则案例颇能说明问题。

《睡虎地秦墓竹简·封诊式·奸》载："爰书：某里士五甲诣男子乙、女子丙，告曰：乙、丙相与奸，自昼见某所，捕校上来诣之。"从简文提供的信息看，此案中士伍甲与男子乙、女子丙并无任何亲属关系，只是看到了男子乙、女子丙"和奸"，即将二人捕

---

① 参见张家山二四七号汉墓竹简整理小组《张家山汉墓竹简［二四七号墓］·二年律令》，文物出版社 2006 年版。

② 张家山二四七号汉墓竹简整理小组：《张家山汉墓竹简［二四七号墓］·奏谳书》，文物出版社 2006 年版，第 109 页"注释"。

获并戴上木械送达官署。①

《张家山汉墓竹简·奏谳书》载有"杜泸女子甲与男子和奸"简文。② 此案大致内容是：杜泸女子甲的丈夫病死，甲在与婆母素夜间守丧时，与男子丙在棺后房中发生性关系，被婆母素发现，素在第二天将甲告官，甲被捕。杜县官吏对此案疑不能决，遂报请廷尉。廷尉等卅人讨论此案，最后以"不孝"和"敖悍"罪论甲，前者的刑罚是"弃市"，后者是"完为舂"，最后判甲"完为舂"。有一姓申的廷史因徭役而没有参加廷尉的讨论，回来看到案件的处理后，提出反对意见，认为在量刑时缘于所侵害的对象的不同而应有所差异，故以"完为舂"论甲，量刑过重。廷尉等人亦觉得申的意见有道理，承认对甲量刑过重。

上述两则案例在案情上并不复杂，所犯也仅是男女"和奸"而非杀人越货的重罪，但前者却将当事人捕获并戴上械具押入官署，

---

① 睡虎地秦墓竹简整理小组：《睡虎地秦墓竹简》，文物出版社 1990 年版，第163 页。

② 《奏谳书》"杜泸女子甲与男子和奸"简文："故律曰：死夫以男为后。毋男以父母，毋父母以妻，毋妻以子女为后。律曰：诸有县官事，而父母若妻死者，归宁卅日；大父母、同产十五日。（敖）悍，完为城旦舂，铁□其足，输巴县盐。教人不孝，次不孝之律。不孝者弃市。弃市之次，黥为城旦舂。当黥公士、公士妻以上，完之。奸者，耐为隶臣妾。捕奸者必案之校上。今杜泸女子甲夫公士丁疾死，丧棺在堂上，未葬，与丁母素夜丧，环棺而哭。甲与男子丙偕之棺后内中和奸。明旦，素告甲吏，吏捕得甲，疑甲罪。廷尉□、正始、监弘、廷史武等卅人议当之，皆曰：律，死置后之次；妻次父母；妻死归宁，与父母同法。以律置后之次人事计之，夫异尊于妻，妻事夫，及服其丧，资当次父母如律。妻之为后次夫父母，夫父母死，未葬，奸丧旁者，当不孝，不孝弃市；不孝之次，当黥为城旦舂；（敖）悍，完之。当之，妻尊夫，当次父母，而甲夫死，不悲哀，与男子和奸丧旁，致次不孝、（敖）悍之律二章。捕者虽弗案校上，甲当完为舂，告杜论甲。今廷史申（徭）使而后来，非廷尉当，议曰：当非是。律曰：不孝弃市。有生父而弗食三日，吏且何以论子？廷尉□等曰：当弃市。有曰：有死父，不祠其家三日，子当何论？廷尉□等曰：不当论。有子不听生父教，谁与不听死父教罪重？□等曰：不听死父教毋罪。有曰：夫生而自嫁，罪谁与夫死而自嫁罪重？廷尉□等曰：夫生而自嫁，及取者，皆黥为城旦舂。夫死而妻自嫁、取者毋罪。有曰：欺生夫，谁与欺死夫罪重？□等曰：欺死夫毋论。有曰：夫为吏居官，妻居家，日与他男子奸，吏捕之弗得，□之，何论？□等曰：不当论。曰：廷尉、史议皆以欺死父罪轻于侵欺生父，侵生夫罪重于侵欺死夫，□□□□□□□与男子奸棺丧旁，捕者弗案校上，独完为舂，不亦重虖？□等曰：诚失之。"张家山二四七号汉墓竹简整理小组：《张家山汉墓竹简［二四七号墓］》，文物出版社 2006 年版，第 108 页。

后者则是县级官吏疑不能决，更惊动朝廷引来廷尉等众人的讨论。上述案例能够说明秦汉时期对"和奸"之事的惩戒是严厉的，对"淫侈之俗"的防范也是严厉的。再者，张家山汉墓竹简《奏谳书》共录22则案例，其中来源于"蜀守"的案例有3则，在地域案例上，仅次于湖北，与陕西相同。这说明《奏谳书》所录案例之地域范围广泛，蜀地案例亦为主要来源之一，而《奏谳书》缘于议罪而获得的定罪结论和原则，则具有全国意义上的指导作用，当然更包括蜀地在内。上述情况能够说明，秦汉时期对"和奸"之事和"淫侈之俗"严厉惩戒和防范的行为和措施，同样涵盖蜀地。

如此而言，如果将四川汉代性题材画像两性交合内容的作品，放在秦汉时期对"和奸"之事和"淫侈之俗"采取严厉惩戒和防范的社会背景下进行考察，则上述作品以其大胆而露骨的性描写作为构图形式，其何以能够产生和存在的确令人费解，而关于四川汉代性题材画像存在的社会原因和背景的探讨，也势必会得出与前文不同的认识。以此联系上文从构图艺术的角度对四川新都德阳画像砖"交合图"所做的分析，则更加坚定这样的认识：四川汉代性题材画像两性交合内容的作品所表现的，并不是墓主生前或逝后的生活情态，其构图内容应该与祭祀高禖神的仪式有关。

上文的讨论能够促使我们更加冷静和理性地认识两汉时期的社会现实。一方面汉代去古未远，民风淳朴，古俗犹存，皇室贵戚高族奢侈淫乐已成风气；而另一方面汉代家国一统，思想归一，道德趋守，移风易俗文化转型法律规范已见成效。相较而言，前一方面，虽古俗犹存，但日渐式微，并与生活日渐远离而流于仪式，皇室贵戚高族虽奢侈淫乐，但也呈现出阶段性和贵族群体性的特点，并非民众的日常生活和社会的普遍现象；后一方面，移风易俗、文化转型与法律规范，属于社会整体之道德、文化和法律建设，其对象涵盖社会各种群体和阶层，其时间贯穿有汉一代，其作用则直面百姓生活。不可否认，后一方面才是汉代社会的主要层面和主体面貌，而探寻四川汉代性题材画像产生和存在的原因和社会背景，必须兼顾上述两个方面并应该以后一个方面作为认识的基础和评判的原则。

六　结论与思考

综上所述，四川汉代性题材画像并非相关"现实生活"的表现和反映。战国时期四川成都地区祭祀高禖神的传统仪式以及祈求人口繁衍和宗族兴旺的相关信仰与习俗，在秦汉时期的上述地区仍然存在。四川汉代性题材画像的产生与上述地区祈求人口繁衍和宗族兴旺的相关信仰与习俗具有直接的联系，而以新都德阳画像砖"交合图"为代表的两性交合内容的作品，则是这种信仰与习俗中祭祀高禖神传统仪式的艺术再现。

如前所述，作为研究对象的新都德阳画像砖来源较为复杂，其中新都画像砖为"征集"所得，德阳画像砖则属于施工工地现场发现。由于上述画像砖均为个案发表，缺少相关墓葬情况的资料介绍和考古描述，故在具体研究中缺少墓葬整体情况的把握与其他相关画像的参照与比较，势必对论文的论证与结论构成一定的影响。从近一时期汉画像研究情况看，以画像"个案"为对象以单一的画面作为一种独立的艺术构成形式而加以考察与分析或以画像中某一个或某一类形象为对象的研究，仍然是汉画像研究的主要形式。不可否认，上述研究形式作为汉画像研究的基础研究层面和基本研究形式，是不可或缺的，其所取得的成绩也是有目共睹的，但不能否认的是，上述研究也存在着很大的局限和问题，即忽视研究对象与其他画像在艺术与意义上可能存在的关系或关联，忽视研究对象与其他画像所组成的画像整体的关系或关联，忽视研究对象与所属墓葬所构成的叙事意义上的关系或关联。因此，这种研究虽然能够对研究对象做出基于艺术、宗教、文化的分析与解读，然而，从某种意义上说这样的分析与解读却存在着"肢解"乃至"破坏"画像整体构图意义和墓葬整体叙事意义的风险和可能。

从图像叙事的角度看，每一幅画像作为一个独立的艺术构成形式，都是一个叙事学意义上的"叙述单元"，每一个这样的"叙述单元"都由单一或多个不同的"叙述元素"所构成，这种"叙述单元"又并非单独存在，而是与其他"叙述单元"构成某种艺术的连接或组合，而形成一个或多个"叙述模块"，从而构成一个完整的"叙述体"，并最终完成叙述。显然，每一个"叙述单元"都是"叙述模块"所构成的叙述链条中的一个环节，其独立存在的意义和价值，在图像叙事的层面上是有限的。不仅如此，从图像叙事的角度看，不论汉画像所依托的是墓室还是石棺，其墓室或石棺本身都是一个完整的更大的"叙述体"，而墓室中的随葬物，包括画像、棺椁和逝者本人，也已经"进入"这个"叙述体"并具有了叙事的性质和意义。基于上面的讨论，我们认为在汉画像研究中试图将画像不断地"还原"的研究思路和方法，或许是汉画像研究更为有效和科学的做法。

第六章

汉代墓葬与墓葬画像"实体性叙述"与"象征性叙事"研究
——兼论"室墓制度"对汉代墓葬画像性质与意义的匡衡

一　前言：学术史的回顾与问题的提出

关于汉代墓葬画像性质与意义的研究，在汉代考古和汉画像研究领域都有涉及，并取得了一定的成绩。例如，在汉代考古学界关于汉代丧葬制度即"汉制"的讨论中，墓葬画像已经纳入视野，有学者认为"汉制"特点之一，即是墓葬画像。然而，在审视墓葬画像于汉代丧葬制度的地位和作用时，学者对墓葬画像的评价却趋于保守，或认为墓葬画像仅仅是对"三纲五常"道德观和"天人感应"世界观的图像反映，或认为墓葬画像属于墓葬建筑的"装饰"性质，缘于其图像装饰的特征而成为汉代丧葬制度的特点。而在汉画像研究界关于汉代墓葬画像的研究中，对于墓葬画像形成和产生的历史背景的研究却颇为充分，已经涉及汉代社会经济发展、厚葬风习、丧葬制度变化、民俗风情演变、社会与民间宗教信仰等方面的问题，并在上述研究中给予墓葬画像的性质和意义颇为明晰的认识。但在上述关于墓葬画像性质与意义的思考中，相关的问题也渐次呈现出来，诸如汉代墓葬画像与汉代丧葬制度的联系与关系应该怎样进一步界定和审视、汉代墓葬画像图像学的意义诠释与汉代丧葬制度之间的联系与关系应该如何考虑和把握、汉代墓葬画像的性质和意义是否能够通过汉代丧葬制度的原则和宗旨所规定等。显然，上述问题有待进一步研究。

本章认为，汉代墓葬画像图像学的意义诠释，必须以汉代丧葬制度所体现和反映出来的原则和宗旨为基础。汉代丧葬制度的原则和宗旨，最终将决定汉代墓葬画像的性质和意义。而从某种意义上看，汉代墓葬画像是汉代丧葬制度的一个重要特征，其作用和意义，即在于以图像艺术表现和反映汉代丧葬制度所内含的核心思想和基本精神。汉代丧葬制度的核心思想和基本精神，是对人生终极命题的主动接受和愉快解答，即表现在将对"现实世界"中生命和生活的追求与热爱，转化为对"彼岸世界"的向往和建构，而墓葬画像则是对这种"彼岸世界"的图像艺术的叙述，因此，其性质和意义并没有离开对生命和生活的追求和热爱。

二　4座西汉晚期画像石（砖）墓画像的数据统计与分析

有学者认为"室墓制度"是汉代丧葬制度即"汉制"的主要内容。① 而"室墓"的确立时间，大致在西汉中期。② 这样的认识也与武帝时期是"周制"与"汉制"转变时期的观点相符合。③ 基于此，本章选择4座西汉晚期画像石（砖）墓为例进行研究。上述4座画像石（砖）墓在地域上分属山东和河南，上述地区亦为汉代画像石（砖）出土最多地区之一，故颇具一定的代表性。

供研究的4座西汉晚期画像石（砖）墓分别是：①山东平阴新屯画像石墓；②郑州市向阳肥料社画像砖墓；③山东微山县画像石墓；④河南方城县城关镇画像石墓。

山东平阴新屯画像石墓包含1号墓（M1）和2号墓（M2），M1主室分为东、西二室，为夫妻合葬墓，M2亦是"二次造夫妻合

---

① 黄晓芬：《汉墓的考古学研究》，岳麓书社2003年版；蒋晓春：《三峡地区秦汉墓研究》，四川出版集团巴蜀书社2010年版，第234—235页。

② 蒋晓春：《三峡地区秦汉墓研究》，四川出版集团巴蜀书社2010年版，第238页。

③ 俞伟超：《汉代诸侯王与列侯墓葬的形制分析》，载《先秦两汉考古学论集》，文物出版社1985年版。

葬墓",两墓的时代应为西汉晚期。① 郑州市向阳肥料社画像砖墓同样是南北并列的两座墓葬,M2(南侧)依 M1(北侧)而建,M2 耳室的北壁趁用了 M1 墓室的南壁。两墓的时代约属西汉晚期。② 山东微山县西汉画像石墓墓室略呈长方形,墓室内北端竖立 2 块方形后壁石,然后安放东、西壁石,二者中间置放 1 块南北向的隔壁石,从而将墓室分为东、西两个椁室。此墓的时代约为西汉中期偏晚。③ 河南方城县城关镇画像石墓呈南北向,墓门面南,有东、中、西三个主室及中、西两个前室。此墓的时代应在新莽时期或东汉初期。④

上述 4 座画像石(砖)墓有画像石(砖)30 块,分别位于墓中不同的位置。从对不同墓葬具体考察上看,上述画像石(砖)基本集中在墓门和墓室的内壁、棺或椁壁及棺台之上。其中"郑州 M1、M2"的 5 块画像砖由多幅画面组成,根据《郑州市向阳肥料社汉代画像砖墓》介绍,M1 共有画像 13 幅,M2 共有画像 16 幅。⑤ 其中 M1 的"盘舞图"、"击鼓图"、"骑射图"、"羽人射朱雀图"、"狼图" 5 幅画面均在另一画像砖中出现,M2 的"斗鸡图"、"狐乌图"、"玉兔捣药图"、"羽人乘龙图"、"兽戏图"、"鹤龟图" 6 幅画面亦在另一画像砖中出现,如此,"郑州 M1、M2" 5 块画像砖共有画像 40 幅。其他 3 座墓葬 26 块画像石,皆以每块画像石为载体而构图,有的画像虽然在构图过程中以"分格"的形式来表现,但上述处于不同"格"内的画面以"格"作为"框架"的联系,显示出不同画面之间的内容或意义上的关联,与"郑州 M1、M2"画像砖由多幅画面组成并不相同,故将上述"以每块画像石为载体而

---

① 济南市文化局文物处、平阴县博物馆筹建处:《山东平阴新屯汉画像石墓》,《考古》1988 年第 7 期。

② 河南省文物研究所:《郑州市向阳肥料社汉代画像砖墓》,《中原文物》1986 年第 4 期。

③ 微山县文物管理所:《山东微山县西汉画像石墓》,《文物》2000 年第 10 期。

④ 南阳市文物工作队、方城县文化馆:《河南方城县城关镇汉画像石墓》,《文物》1984 年第 3 期。

⑤ 河南省文物研究所:《郑州市向阳肥料社汉代画像砖墓》,《中原文物》1986 年第 4 期。

构图"的画像，视为一幅画像。如此，上述 4 座西汉时期画像石（砖）墓 30 块画像石（砖），共有画像 66 幅。

上述 66 幅画像所反映的题材颇为广泛，我们尝试按照建筑、神仙、吉祥、出行、乐舞、铺首等题材类别，对 66 幅画像于墓中分布情况予以考察，则得出如下结果（见表 6—1、表 6—2、表 6—3）。

表 6—1　　　　　建筑、神仙、吉祥、出行、乐舞五个
题材类别画像于墓中分布情况

构图类别	建筑类				神仙类			吉祥类		出行类	乐舞类
画像内容	阙	厅堂	楼阁	桥	羽人	龙	玉兔	穿璧	龟鹤		
平阴（M1）						●		●			
平阴（M2）	●	●	●			●		●		●	
微山	●	●	●	●				●	●		●
郑州（M1）	●				●	●				●	●
郑州（M2）						●	●			●	●
河南方城					●	●			●		

表 6—2　　　　建筑与铺首题材类别画像于墓中分布情况

画像类别	建筑				铺首
画像内容	阙	厅堂	楼阁	桥	铺首
平阴（M1）					●
平阴（M2）	●	●	●		
微山	●	●	●	●	
郑州（M1）	●				●
郑州（M2）					●
河南方城					●

表 6—3　　神仙、穿璧、龙与穿璧题材类别画像于墓中分布情况

画像	龙与穿璧	穿璧	羽人飞龙	羽人朱雀	羽人乘龙	羽人骑龙	玉兔捣药
平阴（M1）	西室棺床						
平阴（M2）	西椁室 东西壁						
微山		西椁室 后壁					
河南方城			西门楣				
郑州（M1）				门楣、 南门扉		北门扉	
郑州（M2）					门扉		门扉

根据上述统计结果，如下情况值得关注。

（1）神仙题材类别画像中"龙"的形象在上述 4 座西汉时期画像石（砖）墓分布最广。

（2）建筑题材类别画像在构图方面最为丰富，其次是神仙题材类别画像，如果吉祥题材类别画像"归入"神仙类别，则超过建筑题材类别画像。

（3）建筑题材类别画像和穿璧画像，主要出现在山东平阴新屯画像石墓和山东微山县画像石墓中；羽人形象和铺首画像则主要出现在郑州向阳肥料社汉代画像砖墓和河南方城县城关镇汉画像石墓中。

根据上述统计结果及所反映的情况，试分析如下。

（1）与神仙题材类别画像有关的"龙"的形象在 4 座画像石（砖）墓中分布最广的情况，能够说明上述墓葬"设计者"或"墓葬主人"对这一形象关注程度最高，也说明对"龙"的形象所承载的"升仙"和"吉祥"等意义的关注程度最高，而"羽人"形象与"龙"在构图上的密切联系，则能够从一个侧面对上述认识给予证明。

（2）单纯的铺首形象或单独的铺首画像，同样能够反映或象征"建筑居所"的存在。因此，建筑题材类别画像与铺首画像在 4 座

画像石（砖）墓分布情况，能够说明"建造一个供墓葬主人居住的居所"是 4 座墓葬"设计者"或"墓葬主人"的目的和愿望。

（3）建筑题材类别画像中的"阙"、"厅堂"、"楼阁"与铺首画像在构图性质和意义上存在差异性。前者不论出现在墓葬的墓门还是墓（棺）室，其象征的性质和意义都是不变的，而铺首则一般以"门扉"为依托，画像与载体之间构成了基于墓葬建筑真实性的"组合"。显然，从画像构图的角度看，前者以"阙"、"厅堂"、"楼阁"的画面组合而构成一幅具有想象和象征性质的"居所"，而后者则使墓门乃至墓葬建筑的性质和功能发生"转换"，由墓葬性质的实用功能转化为生活性质的使用功能。上述情况说明，不论是"阙"、"厅堂"、"楼阁"组合画像还是铺首画像，其终极意义是一致的。

（4）建筑与神仙题材类别画像在构图方面最为丰富的情况，说明"寻求升仙"与"建造居所"是上述 4 座画像石（砖）墓墓葬画像所要表达的主要内容。从双方具体情况看，"寻求升仙"是一种愿望和企盼，表现为"世俗生命"向"超俗生命"的转化或变化，带有时间的属性；而后者不论是"墓葬建筑"还是"画面构图"，都以"空间构成"为特征，带有空间的属性。对于双方来说，"墓葬主人"的"同一性"，则势必导致上述愿望与现实、时间与空间的"同构"，即表现在"寻求升仙"的愿望和企盼以"建造居所"为前提和条件，也是"建造居所"的目的和意义。

三　由 4 座西汉晚期画像石（砖）墓画像数据分析而引发的思考

如前所述，"寻求升仙"与"建造居所"是 4 座西汉晚期画像石（砖）墓墓葬画像所要表达的主要内容。上述画像是以墓葬建筑为存在前提的，画像与墓葬建筑的这种特殊关系，反映了双方在性质与意义上的一致性特征。而对于后者来说，墓葬建筑本身已经形成或具备了双重身份，即逝者遗体的永久安放处和逝者于彼岸世界的生活居所。不可否认，对于"逝者遗体的永久安放处"来说，它是作为"实体"而存在的；而对于"逝者于彼岸世界的生活居所"
来说，则是以墓葬建筑与随葬器物为基础并借助象征性的手段构建
出来的。上述情况说明，不论以墓葬为载体的画像是否存在，墓葬
建筑本身所具有的实体性与象征性叙述功能都是同时存在的。

　　以湖北当阳岱家山东周时期楚汉墓和三峡地区秦汉墓随葬器物为
例。岱家山东周时期楚墓共80座，随葬品中以仿铜陶礼器和明器为
主体，其中随葬一套陶礼器的墓约占63%，两套者约占26%，且随葬
陶器一律置于头箱，单棺墓的陶器也置于头顶部。岱家山两汉时期墓
葬共81座，随葬品中以日用陶器和陶明礼器为主体，其中60%属于
日用陶器和明器，明器中出现了仓、灶、井等象征日常生活用器。①
在三峡地区秦汉墓中，"生活用陶器数量、种类增加较明显，如盆、
甑、钵等。仓、灶、井在本段更加流行。小型仿日常生活用器的明
器开始流行，个别墓葬还出现陶俑"②。

　　从湖北当阳岱家山东周时期楚汉墓和三峡地区秦汉墓随葬器物
看，至秦汉时期，随葬品主要以日常用器为主，而明器也主要以象
征日常生活用器为主，尤其仓、灶、井的明器组合，更突破了盆、
甑、钵等随身生活用器的范围，而向日常生活的各个层面延伸，甚
至延展至庭院和庭院以外的劳作。如属于新莽时期的河南方城县城
关镇画像石墓，其中随葬品除灶、井之外，尚有狗、鸡、鸭、猪等
饲养的家畜，还有磨和楼房。其中的楼房施以棕红釉，楼前围一院
墙，墙上覆板瓦。院墙开一门。楼房为悬山式顶，两坡有瓦垄，屋
顶正中置一望亭。③

　　江苏扬州西汉晚期"妾莫书"木椁墓随葬品情况，同样能够说
明问题。该墓墓向正南，有外椁和内椁，外椁内侧东、西、北三边
设置木架，分为上下两层铺放木板，放置随葬品。此墓虽已被盗，

---

　　① 湖北省宜昌博物馆：《当阳岱家山楚汉墓》，科学出版社2006年版，第195、
196、408、409页。

　　② 蒋晓春：《三峡地区秦汉墓研究》，四川出版集团巴蜀书社2010年版，第
243页。

　　③ 南阳地区文物工作队、方城县文化馆：《河南方城县城关镇汉画像石墓》，《文
物》1983年第4期。

但尚存遗物 200 多件。出土器物以玉器和漆器最为突出。上述玉器和漆器多为生活用器。金属器基本都是实用器。陶器 30 余件，有鼎、盒、壶、罐、灶等。在陶罐内和陶灶的周围，还发现了一些植物种子，经鉴定有水稻、小麦、菠菜、蕹菜等。① 从"姜莫书"木椁墓已经发现的随葬品看，虽然随葬物品颇为丰富、奢华，但显示"政治地位"的礼器仅占少数，而更多的随葬品具有实用器的性质，水稻、小麦、菠菜、蕹菜等农作物种子的发现，更能够说明"姜莫书"木椁墓随葬品的选择与置放，是以墓主于死后世界中的生活为宗旨和原则的。

基于上面的介绍，我们尝试将扬州"姜莫书"木椁墓与湖北当阳岱家山和三峡地区秦汉墓进行比较。"姜莫书"木椁墓所在地扬州邗江县甘泉公社，位于扬州市西北 16 公里处，以甘泉山得名。此地尚有多座高大的封土墓，很可能是汉广陵王胥的宗族墓地，而"姜莫书"墓也当属于刘氏家族墓之一。② 如此，"姜莫书"木椁墓主人，或为刘氏家族成员。湖北当阳岱家山汉墓的墓主人身份则基本属于平民，"岱家山两汉墓群的各个墓组就可能是当时本邑里中身份相当的平民的公共墓地，各个组别也就是各个不同的平民家族墓地"③。而三峡地区汉墓也基本为"平民化的墓地，比较能反映当时一般平民的丧葬情况"④。从当阳岱家山汉墓埋葬情况看，土坑墓中墓与墓之间在形制与规模上存在相似性和同一性，随葬品的数量一般为 11—17 件。砖室墓中除 1 座二次葬的夫妇合葬墓的随葬品达 19 件之外，其余一般为 6—13 件，仅两三座墓出土有 1 件或釜或盆的铜器，说明当阳岱家山汉墓墓主人的身份应该属于平民，且相互之间没有较大的贫富差别。⑤

与湖北当阳岱家山和三峡地区汉墓相比，"姜莫书"墓随葬品

---

① 扬州市博物馆：《扬州西汉"姜莫书"木椁墓》，《文物》1980 年第 12 期。

② 同上。

③ 湖北省宜昌博物馆：《当阳岱家山楚汉墓》，科学出版社 2006 年版，第 410 页。

④ 蒋晓春：《三峡地区秦汉墓研究》，四川出版集团巴蜀书社 2010 年版，第243 页。

⑤ 湖北省宜昌博物馆：《当阳岱家山楚汉墓》，科学出版社 2006 年版，第 409、410 页。

所表现的则是更为富裕和精致的生活，并表现为一种源于生活而又高于生活的高贵和典雅的生活品质。以"姜莫书"墓随葬漆器为例。该墓虽然被盗，但发现的随葬漆器仍在百余件。① 而从"姜莫书"墓随葬漆器的制作工艺看，除了在纹饰上以云气纹和云龙纹为主，另有表现神异世界的天马、云龙、怪兽、羽人以及"仙"字之外，还有镶鎏金铜扣、银扣和针刻。其中一件彩绘漆罐，罐身贴有鸟兽和云气纹金箔，腹下贴三角形金箔一圈，在器物的口沿、腰部嵌银箍、盖中心嵌银片柿蒂、盖面贴四兽金箔，边沿嵌银扣。另一件残碎漆碗，碗底有针刻"工定"款。② 需要指出的是，上述漆器在制作工艺上已经达到了两汉时期的最高水平。汉代漆器在工艺上的新发展，主要表现在三个方面，其中之一就是"扣器"和"针刻"。"西汉漆器，在继承秦代漆器的制作方法的基础上又有所发展。其工艺的新发展，主要有三点：一是……圆形或圆筒状的漆器，一般采用旋制的新工艺；二是西汉初期扣器的器类与数量都较战国和秦汉增多了，而且至汉武帝时期还出现了镶嵌精巧的银片纹样作为漆器上的装饰，这是唐代平脱工艺的前身；三是漆器上的装饰纹样，出现了针刺纹（锥画纹）、填充金粉的戗金技法和暗纹的新工艺。"③ "针刻（又称锥画）是用锥状金属工具在漆器表面刻出纹饰。有的还在刻出的纹饰上填以朱色或金色。""西汉时期，镶嵌技术又有新的发展，嵌料有玉、骨、角、玛瑙的，还有镶嵌铜、锡或铜锡鎏金银。这样制作的漆器又称扣器。""西汉中期至东汉初，扣器的制作技术更臻成熟，器物更为精美。"④ 显然，"姜莫书"墓随葬漆器，有的堪称精品。"'姜莫书'墓出土的针刻和贴金银箔漆器，在扬州还是首次发现。造型优美，彩绘工细，是汉代漆器的代表作。"⑤ 《汉书·贡禹传》云："蜀广汉主金银器，岁各用五百

---

① 扬州市博物馆：《扬州西汉"姜莫书"木椁墓》，《文物》1980 年第 12 期。

② 同上。

③ 陈振裕：《湖北楚秦汉漆器综述》，载《楚文化与漆器研究》，科学出版社 2003 年版，第 349 页。

④ 李光正：《汉代漆器艺术》，载《汉代漆器图案集》，文物出版社 2002 年版，第 13 页。

⑤ 扬州市博物馆：《扬州西汉"姜莫书"木椁墓》，《文物》1980 年第 12 期。

万。""臣禹尝从之东宫，见赐杯案，尽文画金银饰。"①《后汉书·和熹邓皇后纪》云："及郡国所贡，皆减其过半。……其蜀、汉扣器九带佩刀，并不复调。"② 由此可知精美的扣器乃是"贡品"，供皇室使用。然而两汉侈靡，饮食服饰用器多有僭越。"今大夫僭诸侯，诸侯僭天子，天子过天道，其日久矣。"③ 故扣器等漆器精品亦为下官或富豪所用。"目前发现有成都市府漆器手工艺产品的墓葬，墓主生前的社会地位或为低级官吏，或为中小地主兼商人。例如凤凰山一六八号墓的墓主遂为五大夫，九号墓的墓主为安陆守丞绾的亲属，十号墓的墓主张偃为五大夫（入粟买来的），实际上只是地主兼商人的乡官；毛家园一号墓的墓主精为官大夫。"

西汉中期以后，属于"贡品"的漆器精品，等级低下的官僚和富豪也能大量占有和使用，与湖北当阳岱家山及三峡地区汉墓所反映的普通平民的简单且简陋的随葬器物相比，其财富占有的巨大差异以及由此而反映出来的社会生活的贫富悬殊现象，令人惊讶。然而，上述墓葬主人，包括生者和逝者，却都在随葬品的安排上，竭尽所能地倾其所有，已不唯厚葬之俗所能解释。将扬州"姜莫书"木椁墓与湖北当阳岱家山和三峡地区秦汉墓两个墓葬材料对比起来看，前者表现出了"死后更为富有"的希望，而后者则表现出"死后能够富有"的希望。显然，从某种意义上说，后者关于"死后能够富有的希望"与前者并非毫无联系。后者的希望是在与前者的比较中而产生的，只是对于后者来说，这种愿望的实现，无法在生前完成，而只能留待死后的幻想中去实现。"对于经济能力不算充裕的人家而言，在一种知道世上有大富贵人家的心理压力之下，选择象征财富的随葬明器，应是一条纾解这种压力与实现未曾满足的期望的出路。这种心态，与镇墓文中常出现的'食地下租，岁二千石'是相同的。"④

正是在这个意义上，我们发现汉代丧葬制度即"汉制"的一个

---

① （东汉）班固：《汉书》卷七十二，中华书局1962年版，第3070页。
② （南宋）范晔：《后汉书》卷十，中华书局1965年版，第422页。
③ （东汉）班固：《汉书》卷七十二，中华书局1962年版，第3070页。
④ 蒲慕州：《墓葬与生死：中国古代宗教之省思》，中华书局2008年版，第196页。

重要特征，就是希求通过墓葬象征性叙述功能所构建的"逝者于彼岸世界的生活居所"，是一个物质生活富足、精神生活丰富而又生命永在的快乐家园。

值得注意的是，我们注意到上述墓葬均没有画像设置，但墓葬本身所具有的实体性与象征性叙述功能却是存在的。正是在这个意义上，我们发现了"画像"的作用，作为图像艺术表现的"画像"的出现和存在，一定与墓葬本身所具有的实体性和象征性叙述功能存在关联，后者将决定前者"存在"的性质和意义。据此而论，汉代墓葬画像的作用、性质和构图意义，是由墓葬本身所具有的实体性和象征性叙述功能所决定的，而以墓葬为基础借助墓葬实体性和象征性叙述功能构建起来的"快乐家园"，也就必然成为墓葬画像所要表现和反映的主要内容了。

下面以山东平阴新屯画像石墓1、2号墓墓葬建筑与画像之关系的考察为例。新屯画像石墓1号墓由墓道、大门、回廊、前室、东西主室组成（见图6—1）。

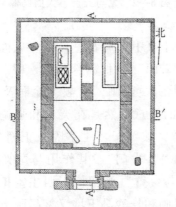

图6—1　平阴新屯汉画像石墓1号墓平面图

从墓葬建筑格局上看，东西"主室"与"前厅"形成一体，外围有"回廊"。回廊的南面设"墓大门"，前室的南面设"前室门"，东西主室的南面设"室门"。显然，1号墓墓葬建筑整体构成了一个"二进"或"三进"的建筑格局，并凭借墓葬建筑所具有的

实体性功能而达到象征性功能和目的，即表现在以"回廊"象征
"院落"、以东西"主室"与"前厅"象征"前堂"和"后室"。

上述情况说明，从1号墓"整体构成"的角度看，不论有无
"画像"的存在，借助实体性叙述功能而完成墓葬"快乐家园"的
象征性叙述功能的"设计理念"或"建筑构想"都是存在的。从这
个意义上看，平阴新屯1号墓画像的价值与意义，也就显得较为单
纯和简单了。1号墓画像共三幅，第一幅"铺首"画像位于前室西
扉南面，第二幅"龙与穿璧"画像位于西主室棺床之上，只有第三
幅"人面"画像位于主室隔墙正面（见图6—2）。

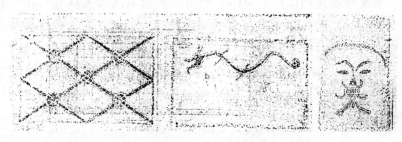

图6—2　龙与穿璧、人面画像

从上述三幅画像于墓中布局看，只有"人面"画像于墓葬整体
构成作用和意义。"人面"画像面部的眉、眼、鼻为浮雕，高出脸
面，而嘴和胡须则为阴线刻画，且额、脸框及眉须有墨勾涂的痕
迹。① 上述刻绘手法的用意显然是在突出和强调人的脸部五官和轮
廓，而且这一幅画像又被置于"主室隔墙正面"，"面向"前室的
"前室门"和回廊的"墓大门"，其作用与意义应该与"驱害"和
"辟邪"有关。"龙与穿璧"画像位于西主室棺床之上，与山东临
沂金雀山九号汉墓帛画和长沙马王堆汉墓帛画下部"双龙穿璧"作
为"承托"逝者的构图形式相同，或有升仙和吉祥的意义。

总之，平阴新屯1号墓画像虽然仅有三幅，但在作用和性质上
却可以分为两类，一类是与墓葬实体性叙述功能有关的"驱害"和

---

① 济南市文化局文物处、平阴县博物馆筹建处：《山东平阴新屯汉画像石墓》，《考
古》1988年第7期。

"辟邪"类画像，如"铺首"和"人面"画像；另一类是与墓葬象征性叙述功能有关的"升仙"和"吉祥"类画像，如"龙与穿璧"画像。显然，新屯1号墓画像是依据墓葬实体性和象征性叙述功能而设计和设置的，前者决定了画像的性质和意义。

　　山东平阴新屯画像石墓2号墓是石椁墓（见图6—3）。从"室墓"角度看，平阴2号墓与1号墓具有较大的差别，这种情况也就决定了如1号墓借助实体性叙述功能而实现墓葬"快乐家园"的象征性叙述功能是不存在的。这样，2号墓"快乐家园"的象征性叙述功能的实现，就只能依靠石椁内壁画像而"单独"完成了。

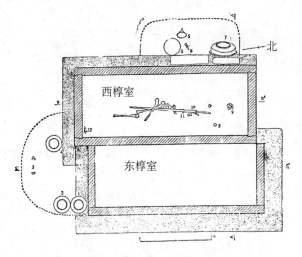

图6—3　2号墓平面图

　　平阴2号墓两个石椁东西并列，画像全部位于西椁内壁。而从西椁内壁画像的设置与设计上看，石椁内壁4幅画像虽然独立构图，但相互之间借助"逝者"而构成了构图意义上的联系，并完成了一个完整的图像叙述。平阴2号墓墓主头向北，而北壁刻绘"楼阁"画像（见图6—4），墓主双脚的南向内壁则刻绘"双阙"画像（见图6—5）。"双阙"形象有"通道"和"门"的意象，脚下"双阙"而头顶"楼阁"，由"通道"或"门"而进入"楼阁"的象征意义不言自明。墓主侧身直肢，面向东，东壁刻绘"穿璧、厅堂、车骑"画像（见图 6—6），西壁亦刻绘"车骑、厅堂、龙穿璧"画像（见图 6—7）。值得注意的是，在西壁"车骑"构图中，辎车上坐乘者，御者一手挽缰一手执鞭催马，马做奔驰状。而在东壁"车骑"构图中，辎车之上仍然是一乘者一御者，御者同样一手挽缰一手执鞭催马，马做奔驰状，但马前立一人，身着长衣，腰佩剑，双手捧物，弯腰恭候于道旁。[①] 显然，两个"车骑"构图所表现的或为墓主人"车骑出行"的连续叙述，其"出发点"是西壁由"厅堂"所象征的建筑，而"终点"则是由东壁"厅堂"所象征的建筑。

图 6—4　2 号墓西椁北壁画像

图 6—5　2 号西椁南壁画像

图 6—6　2 号墓西椁东壁画像

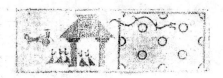

图 6—7　2 号墓西椁西壁画像

从平阴 2 号墓西椁内壁画像设置与设计上看，墓葬"快乐家园"的象征性叙述功能，不是借助石椁的实体性叙述功能而是单纯依靠石椁内壁画像而完成的。上述情况说明，墓葬"快乐家园"的象征性叙述功能的"设计理念"或"建筑构想"，在平阴 2 号墓中是同样存在的，并没有因为 2 号墓的石椁墓性质而消失。

————————

① 济南市文化局文物处、平阴县博物馆筹建处：《山东平阴新屯汉画像石墓》，《考古》1988 年第 7 期。

1973 年和 1974 年在四川郫县发现两座东汉砖室墓，内有石棺五座，石棺之上皆有画像。① 将上述画像按照"石棺部位"和"画像位置"进行排列，并将平阴 2 号墓西椁内壁画像"置于"上述排列之中。其结果则如表 6—4 所示。

表6—4　　山东平阴新屯石椁墓与四川郫县石棺画像比较情况

石棺部位	棺盖	棺头		棺侧	
画像位置	棺盖	A 头	B 头	A 侧	B 侧
郫县石棺一	龙虎戏璧、牛郎织女	西王母	伏羲女娲	迎宾	六博、鳌山图
郫县石棺二		凤鸟（？）	伏羲女娲	双阙	六博、西王母、扶桑九尾狐、蟾蜍、玉兔
郫县石棺三		龙虎戏璧	伏羲女娲	百叶窗、迎宾	（不清）
郫县石棺四		伏羲女娲	西王母、九尾狐、三足乌	迎宾、辎车、百叶窗	宴饮、舞蹈
郫县石棺五		三足乌、九尾狐	双阙、马车	出行、采莲	车马、庖厨、宴饮、百戏
平阴新屯		楼阁	双阙	穿璧、厅堂、车骑	龙与穿璧、厅堂、车骑

从画像设置与设计的角度上看，郫县五座石棺画像呈现出一定的规律性，如"迎宾"画面往往置于棺侧 A 侧，而"宴饮"、"戏乐"画面大都置于棺侧 B 侧，上述两个方面的内容都与墓主人逝后生活有关；同时与"升仙"和"吉祥"有关的画面则置于棺头的两头。如果将平阴 2 号墓西椁内壁画像与郫县五座石棺画像进行比较，则双方在画像具体的设置与设计方面所呈现出的"一致性"或

---

① 四川省博物馆、郫县文化馆：《四川郫县东汉砖墓的石棺画像》，《考古》1979年第 6 期。

"可比性"并不突出和鲜明,似乎说明双方在画像具体设置与设计上所依据或遵循的习惯或传统存在差异。然而,这种差异并不能掩盖隐含在这种设置与设计背后的构建墓葬"快乐家园"目的和意义的存在,或构建墓葬"快乐家园"的象征性叙述功能的相同。因为郫县五座石棺画像关于"墓主人逝后生活"和"升仙吉祥"两个方面的构图内容,也在平阴2号墓西椁内壁画像中存在,也是后者所力求表现和反映的。

四 结论:汉代墓葬画像性质与意义 受到"室墓制度"的匡衡

基于上文的讨论,我们尝试得出如下结论:汉代丧葬制度即"汉制"的重要特征,是构建一个位于"彼岸世界"的物质生活富足、精神生活丰富、生命永恒常在的快乐家园。作为图像艺术表现形式的汉画像,其出现和存在,都与汉代丧葬制度即"汉制"的上述特征相关联。以墓葬为基础借助墓葬实体性和象征性叙述功能构建起来的"快乐家园",是汉画像所要表现和反映的主要内容。

关于汉代丧葬制度即"汉制"的形成和变异情况,汉代考古学界存在不同的认识。一种观点认为,"商周秦汉的埋葬习俗,可以汉武帝前后为界限,分为两大阶段。前一阶段即通常所谓的'周制','汉制'是后一阶段的典型形态"[1]。而基于考古学意义上的"汉文化"即体现出如下四个方面的特征:①家族茔地的兴起;②多代合葬一墓的新葬俗;③模拟庄园经济的模型明器的发达;④墓室壁画和画像石反映的"三纲五常"道德观和"天人感应"的世界观。[2] 另一种观点认为,汉代的丧葬制度来源有三:承周制、袭

---

① 俞伟超:《汉代诸侯王与列侯墓葬的形制分析》,载《先秦两汉考古学论集》,文物出版社1985年版;蒋晓春:《三峡地区秦汉墓研究》,四川出版集团巴蜀书社2010年版,第234—235页。

② 俞伟超:《考古学中的汉文化问题》,载《古史的考古学探索》,文物出版社2002年版;蒋晓春:《三峡地区秦汉墓研究》,四川出版集团巴蜀书社2010年版,第234—235页。

秦制、融楚俗。在考古方面表现为：①墓域制度，主要是家族墓的出现。②封树制度，主要指封土、墓碑、祠堂、墓阙、石像生之制。③正藏与外藏椁制度。④棺椁制度，主要承周制，但不断简化。⑤明器制度。以洛阳地区为例，呈现出三次大转变：一是西汉早期到西汉中期，仿铜陶礼器向模制生活明器仓、灶、碗、罐转变；二是西汉中晚期至新莽时期，模制生活明器井、樽和祭典器案、盘、耳杯的出现；三是东汉中期至晚期，模制生活明器的大量流行和家禽家畜俑、奴仆俑的大量出现。⑥墓葬形制。竖井墓道向斜坡墓道发展，单室向多室发展，券顶向穹隆顶发展。① 还有一种观点认为，室墓制度是"汉制"的最主要内容，而室墓制度的特征主要体现在如下几个方面：①墓葬本身由竖穴式变为横穴式，即进出墓葬的方向由纵向变为横向。②墓室空间的扩大，由椁内空间的开通到椁消失，出现高大的拱、券顶，直至出现穹隆顶。③祭祀空间的确立。④方坟向圆坟的转化。⑤有意识地安排随葬品的摆放位置。⑥仓、灶、井、厕的模型明器组合。②

　　基于上述意见，有学者对"汉制"进行了总结，认为"作为一种丧葬文化，'汉制'的核心思想有两个方面：一是体现孝道，二是帮助死者升仙"③，并以此为基础而总结出"汉制"的主要特征：①厚葬的盛行。②家族墓、夫妻同穴合葬墓、多代合葬墓的流行。③开通型墓替代封闭型墓。④生活实用器、明器替代礼器成为随葬品的主要内容。⑤墓内、外祭祀空间的确立。祭祀空间的确立是室墓成立的一个重要标志，一般将祭祀用品置于棺木的前方，即有前堂后室的置于前室，仅有一个墓室的置于墓道或甬道与墓室相接处。⑥帛画、壁画、画像石（砖）等墓葬装饰。壁画墓大约出现于西汉中期偏晚，东汉时期流行，画像石墓在河南地区大约兴起于西

---

① 韩国河：《秦汉魏晋丧葬制度研究》，陕西人民出版社1999年版，第50—70页；蒋晓春：《三峡地区秦汉墓研究》，四川出版集团巴蜀书社2010年版，第234—235页。

② 黄晓芬：《汉墓的考古学研究》，岳麓书社2003年版；蒋晓春《三峡地区秦汉墓研究》，四川出版集团巴蜀书社2010年版，第234—235页。

③ 蒋晓春：《三峡地区秦汉墓研究》，四川出版集团巴蜀书社2010年版，第236页。

汉中晚期，流行于东汉时期。画像砖墓首先出现于西汉中期或稍晚的河南地区，而从西汉中晚期开始，以上几种类型的墓葬装饰都已经出现。①

上述关于汉代丧葬制度即"汉制"特点的认识，存在诸多相同或相互联系之处，或可以整合或联系起来考察。如此，关于"汉制"特点或可做如下总结：①家族墓的流行。"夫妻同穴合葬"和"多代合葬"应该是"家族墓葬"的某种表现形式。②生活实用器和明器成为主要随葬内容，而明器则更典型地表现为反映庄园生活的模型器。③"室墓制度"的形成和体现。

我们注意到了"汉制"特点中"室墓制度"的问题，注意到了"室墓制度"的重要表征，是注重墓葬地下构成或地上构成的表现，或将地下与地上构成联系成为一个墓葬整体，并试图将上述墓葬构成转化为"图像载体"，寻求通过"图像"的形式而对上述墓葬构成进行装饰或表现。我们认为对于"墓葬构成"与"图像装饰和表现"双方来说，前者主要反映在墓葬地下或地上"空间建筑叙述系统"的构建上；而后者主要反映在上述"空间象征叙述系统"的图像叙述上，是上述"空间象征叙述系统"所内含的社会认知、宗教信仰、民俗风情、生活习俗及个人或家族传统道德的图像表现或图像说明。因此，汉代"墓葬构成"中的"图像装饰和表现"，与"汉制"特点尤其"室墓制度"密不可分，后者的原则与宗旨，决定了前者的内容与性质。

对于汉墓随葬器物的考察，有一种现象值得注意。"从二里岗早商时代开始，墓葬中出现了可以被称为'礼器'的贵重青铜器皿，如鼎、爵、觚、盘等。此后，青铜礼器即成为商周墓葬中最重要的随葬器物，唯其中的重点商代重酒器的组合转变为周代重食器的组合。春秋战国时代，仿铜陶礼器开始流行，其重点仍在其为'礼器'上。"② 这种墓葬随葬品重礼器的随葬方式一直延续到西汉

---

① 蒋晓春：《三峡地区秦汉墓研究》，四川出版集团巴蜀书社 2010 年版，第 236—239 页。

② 蒲慕州：《墓葬与生死：中国古代宗教之省思》，中华书局 2008 年版，第 194 页。

初年。而从战国晚期开始，随葬方式以"礼器"为重的特点，就已经发生了变化。"铜礼器在汉代墓葬中不但数量极少，而且愈晚愈少。反之，陶生活用具、动物模型、各式建筑明器，乃至于象征生活方式的铁工具的数量却是与日俱增，并且远远超过铜礼器的数量。"① "商周秦汉的埋葬习俗，可以汉武帝前后为界限，分为两大阶段。前一阶段即通常所谓的'周制'，'汉制'是后一阶段的典型形态。"② 而"汉制"特征反映在随葬器物上，就是"生活实用器、明器代替礼器成为随葬品的主要内容"③。

　　上述情况能够说明什么呢？"这种趋势反映出一种集体意识的转变：以礼器为主的随葬方式所强调的是一种死者生前所享有的政治地位（虽然此政治地位也当然牵涉到财富），而以日常生活用具为主的随葬方式则似乎比较关心死者在死后世界中的财富和舒适生活，与死者生前在政治秩序之中的地位关系不如礼器所显示的那么密切。"④ 显然，历史进入两汉时期以后，人们对现世生命结束以后的生活，有了从人的"日常生活"而不是"政治生活"出发的安排和设计。

　　综上所述，汉代"室墓制度"形成的社会思想与信仰的基础，是相信人的生命并没有"结束"的那一刻，其生命的延续体现在"现世"与"彼岸"的"转化"，而且这种"转化"是以"精神"与"肉体"的"合一"而不是"分离"为前提的。因此，"生命彼岸"的"时间性"因"永恒"而被消解，而"生命彼岸"的"空间性"却被强化而得到构建。显然，汉代"室墓制度"的核心思想是依据生活经验而构建一个彼岸世界的快乐家园，而且这个"快乐家园"呈现出"空间建筑叙述系统"与"空间象征叙述系统"的

---

　　① 蒲慕州：《墓葬与生死：中国古代宗教之省思》，中华书局 2008 年版，第 195 页。

　　② 俞伟超：《汉代诸侯王与列侯墓葬的形制分析》，载《先秦两汉考古学论集》，文物出版社 1985 年版。

　　③ 蒋晓春：《三峡地区秦汉墓研究》，四川出版集团巴蜀书社 2010 年版，第 238 页。

　　④ 蒲慕州：《墓葬与生死：中国古代宗教之省思》，中华书局 2008 年版，第 194 页。

双重构成。前者由墓葬地下与地上建筑构成，而后者又表现为两个象征系统，即图像与明器叙述系统。由此而明确，汉代墓葬画像的出现，应该缘于汉代"室墓制度"的形成，汉代墓葬画像的性质与意义，受到"室墓制度"所内含的思想和精神的匡衡。

第七章

汉画像门楣画像在墓葬"叙述结构"中"点题"作用研究

——以 11 座画像石（砖）墓画像为例

一　前言

汉代墓葬画像中的门楣画像，在构图内容与构图形式上比较简单。例如在构图内容上，门楣画像主要以出行、斗兽、瑞物、历史故事等题材为主；而在构图形式上，"门楣"作为画像载体的限制，导致其画像大都以横式构图形式出现，并在上述构图形式中表现或反映较为单一或单纯的内容，从而形成"叙述意义"易于明了的"线性"的"简单叙述"。缘于此，目前学术界关于汉画像石（砖）墓门楣画像的研究并不充分，对于门楣画像所常见的斗兽、瑞物等题材，大都以辟邪和吉祥的构图意义予以解释。对于门楣画像构图形式中车马出行构图意义题材的阐释，大都倾向于表现墓葬主人的"出行"或"游乐"，抑或对"外客"的"迎接"和"见礼"，新见不多。笔者曾对 73 幅以"车马出行"为内容的门楣（横额）画像和 160 幅可能属于"门楣"的以"出行"为内容的画像构图形式进行统计，发现上述画像在构图形式上以"左向行进"为主，前者所占比例达 90.4%，后者占 84%。从而得出门楣画像"左向行进"构图形式所反映出来的方位趋向，有着典型的意义和价值的认识，并认为这种构图形式体现着"西向行进"的方位特点与方位趋向。而在两汉时期人们的传统观念中，"西方"既有"天门"和"天门"所代表的神仙世界，又是"月宫"的所在，故门楣画像"左向行进"的构图形式表达着奔向"西方"的构图寓意，内含着渴望生命再生和永生的情感和愿望。①

上述研究存在一个巨大的"缺陷"，即在具体研究过程中没有将门楣画像的构图意义与所在墓葬具体情况和墓葬画像整体构图意义联系起来，因此，在将二者"割裂"开来而进行研究的情况下，对门楣画像构图意义的阐释，就可能出现"诠释过度"或"偏向诠释"的问题。

画像石（砖）墓作为一个完整的建筑形式，"墓门"相当于建筑形式的"大门"，其作用与意义首先是联通墓葬内部，其次是拱卫墓葬，再次是展示墓葬特点或性质。基于上面的认识，我们认为画像石（砖）墓"设计者"或"墓葬主人"借助墓门画像所要表达和展示的，也应该与上述三个方面的内容有关。缘于此，包括门楣画像在内的墓门画像应该受到墓葬"设计者"或"墓葬主人"的重视，并可能承担着对墓葬性质和意义进行说明的作用。因此，如果将画像石（砖）墓视为一个完整的"叙述结构"的话，那么，墓门画像则可以看作这个"叙述结构"的"开篇"或"序言"，而门楣画像或具有"点题"的作用和意义。

本章认为，对包括门楣画像在内的墓门画像以及墓葬整体画像之构图意义的研究，应该以两汉时期丧葬制度所体现的"汉制"为基础，并与所谓"室墓制度"联系起来。有学者认为作为两汉时期丧葬制度的"汉制"，其核心思想主要体现在"孝道"和"升仙"两个方面。② 而"横穴式室墓"代替"竖穴式椁墓"所体现的一个重要观念，就是通过"室墓"而营造出一个"墓葬主人"在"生命彼岸"生活的"快乐家园"。从这个意义上说，包括门楣画像在内的墓门画像以及墓葬整体画像，恰恰就是这个"快乐家园"的图像说明或图像表现，即图像叙述。基于此，门楣画像"车马出行"构图形式所表现的构图意义，即是昭示"墓葬主人"以这个"快乐家园"为"终点"的"生命回归"。门楣画像在画像石（砖）墓完

---

① 李立：《汉墓神画研究》，上海古籍出版社 2004 年版，第 247—281 页。
② 蒋晓春：《三峡地区秦汉墓研究》，四川出版集团巴蜀书社 2010 年版，第236 页。

整的"叙述结构"中所具有的"点题"的作用和意义即在此，且不同的构图内容的门楣画像，其"点题"的作用和意义亦存在差异，体现着墓葬"设计者"和"墓葬主人"不同的思想和情感，从而形成不同的艺术风格和文化特征。

二　11座画像石（砖）墓画像相关数据统计与分析

　　供研究的西汉时期画像石（砖）墓共4座，分别是：①山东平阴新屯汉画像石墓；②郑州市向阳肥料社汉代画像砖墓；③山东微山县西汉画像石墓；④河南方城县城关镇汉画像石墓。[①]东汉时期画像石（砖）墓共7座，分别是：①河南洛阳市朱村东汉壁画墓；②河南方城东关画像石墓；③陕西神木大保当第11号、第23号画像石墓；④山东阳谷县八里庙画像石墓；⑤山东淄博张庄画像石墓；⑥四川合川画像石墓。

　　河南洛阳市朱村东汉壁画墓为砖石结构，由墓道、墓门、墓室及耳室组成。[②]河南方城东关画像石墓为砖石结构，由墓门、前室、主室、侧室、后室组成。[③]陕西神木大保当第11号画像石墓为砖砌前后室墓葬，由墓道、甬道、前室、过洞、后室组成；第23号墓西距11号墓210米，为砖砌双室墓，由墓道、甬道、前室、过洞、后室组成。[④]山东阳谷县八里庙画像石墓1号墓为砖石结构，由前

　　①　参见济南市文化局文物处、平阴县博物馆筹建处《山东平阴新屯汉画像石墓》，《考古》1988年第7期；河南省文物研究所《郑州市向阳肥料社汉代画像砖墓》，《中原文物》1986年第4期；微山县文物管理所《山东微山县西汉画像石墓》，《文物》2000年第10期；南阳市文物工作队、方城县文化馆《河南方城县城关镇汉画像石墓》，《文物》1984年第3期。

　　②　洛阳市第二文物工作队：《洛阳市朱村东汉壁画墓发掘简报》，《文物》1992年第9期。

　　③　南阳市博物馆、方城县文化馆：《河南方城东关汉画像石墓》，《文物》1980年第3期。

　　④　陕西省考古研究所、榆林地区文物管理委员会：《陕西神木大保当第11号、第23号画像石墓发掘简报》，《文物》1997年第9期。

室和后室组成。① 山东淄博张庄画像石墓为砖砌，由墓道、墓门、前室、中室、后室、右侧室、左前侧室、左后侧室组成。② 四川合川画像石墓为红砂岩石建造，由墓门、前室、正室、后室组成。③

　　上述 11 座画像石（砖）墓年代最早的为西汉中期偏晚，如山东微山县西汉画像石墓，最晚的为东汉晚期或曹魏时期，如洛阳朱村东汉壁画墓，但也有新莽时期或东汉初期及东汉中晚期的墓葬。显然，上述墓葬时间由西汉中期至东汉晚期或曹魏时期，年代衔接紧密，没有断代情况。再者，上述墓葬在地域上涉及河南、陕西、山东、四川，上述地域亦为汉代画像石（砖）出土最多地区之一，颇具代表性。更为重要的是，上述墓葬虽然大都被盗扰，但所涉及的画像（画像石、砖、壁画）基本保存完好，且与墓葬“载体”基本保持一致，而非征集或散落。如此，以上述 11 座汉画像石（砖）墓及所属画像材料作为研究的对象，其“典型性”与“代表性”应该得到肯定。

　　对上述 11 座画像石（砖）墓所属画像于墓中分布情况及墓门画像分布情况做出比较与统计，则得出如下数据及结果（见表 7—1 至表 7—7）

表 7—1　　4 座西汉画像石（砖）墓画像于墓中分布情况（1）

画像位置	墓门			墓（椁）室		
	门楣	门扉	门柱	室壁	棺（椁）壁	棺床
平阴（M1）		●		●		●
平阴（M2）					●	
微山		●			●	
郑州（M1）	●	●				
郑州（M2）		●				
河南方城	●	●	●			
百分比	33	83	17	17	33	17

① 聊城地区博物馆：《山东阳谷县八里庙汉画像石墓》，《文物》1989 年第 8 期。
② 淄博市博物馆：《山东淄博张庄东汉画像石墓》，《考古》1986 年第 8 期。
③ 重庆市博物馆、合川县文化馆：《合川东汉画像石墓》，《文物》1977 年第 2 期。

表 7—2   4 座西汉画像石（砖）墓画像于墓中分布情况（2）

画像位置	墓门			墓（椁）室		
	楣	扉	柱	室壁	棺（椁）壁	棺床
平阴（M1）		门扉（1）		主室隔墙（1）		棺床（1）
平阴（M2）					北壁（1） 东壁（1） 南壁（1） 西壁（1）	
微山		封门石（2）			东壁（1） 西壁（1） 西椁室 后壁（1）	
郑州（M1）	门楣（1）	门扉（2）				
郑州（M2）		门扉（2）（？）				
河南方城	门楣（4）	门扉（8）	门柱（1）			
总计 30 块	5	15	1	1	7	1
	21			9		

表 7—3   7 座东汉时期画像石墓画像于墓中分布情况

画像位置	墓门						墓室	
	门楣上	横额	门楣	门扉	门框	门柱	室壁	耳室
洛阳市朱村	●		●	●			●	●
河南方城			●	●		●		
大保当 11 号						●		
大保当 23 号			●	●		●		
阳谷八里庙			●		●			
淄博张庄		●		●	●			
四川合川		●				●	●	
百分比	14	29	71	57	29	57	29	14

表 7—4　　　　11 座画像石（砖）墓门楣画像题材分布情况

画像位置		门楣									
		羽人	瑞兽	斗兽	鼓舞	朱雀	穿璧	出行	狩猎	素面	几何
西汉	郑州（M1）	●			●	●					
	河南方城	●	●	●							
东汉	洛阳市朱村									●	
	河南方城			●			●				
	大保当 23 号							●	●		
	阳谷八里庙							●			●
	四川合川						●				

表 7—5　　　　7 座东汉时期画像石墓墓门横额画像题材

画像位置	墓门
	横额
洛阳市朱村	
河南方城	
大保当 11 号	
大保当 23 号	
阳谷八里庙	
淄博张庄	（上部）羊头（下部）车骑行列图
四川合川	正室门里横额：完璧归赵 后室门横额：荆轲刺秦王

表 7—6　　　　7 座东汉时期画像石墓墓门门楣、门楣上画像题材

画像位置	墓门	
	门楣	门楣上
洛阳市朱村	素面门簪	卧鹿
河南方城	右上门楣：斗牛图；右下门楣：斗兽图 左上门楣：龙虎斗；左下门楣：龙穿璧	

续表

画像位置	墓门	
	门楣	门楣上
大保当 11 号		
大保当 23 号	（上栏）狩猎图（下栏）出行图	
阳谷八里庙	后室门楣：（正面）车马出行（背面）几何纹 后室门楣：（正面）车马出行（背面）几何纹	
淄博张庄		
四川合川	正室门楣：龙虎争璧	

表 7—7　　　　7 座东汉时期画像石墓墓门门扉画像题材

画像位置	墓门
	门扉
洛阳市朱村	铺首衔环（2）
河南方城	北门北扉：（正面）朱雀、羽人、铺首、虎（背面）执戟门吏 北门南扉：（正面）朱雀、铺首、武士（背面）执盾门吏 南门北扉：（正面）朱雀、铺首、虎（背面）蹴鞠舞图 南门南扉：（正面）朱雀、神豹（背面）鼓舞图
大保当 11 号	
大保当 23 号	左门扉：朱雀、铺首衔环、青龙、花草 右门扉：朱雀、铺首衔环、青龙、花草
阳谷八里庙	
淄博张庄	右门扉（正面）朱雀、铺首衔环（背面）门吏 左门扉（正面）朱雀、铺首衔环（背面）门吏
四川合川	

根据上述数据与结果，如下情况值得关注。

第一，4 座西汉时期画像石（砖）墓有画像石（砖）30 块，上述 30 块画像石（砖）在墓葬中的分布情况如下：①墓门画像石

（砖）最多，共21块；墓（椁）室画像石（砖）共9块。②在墓门画像石（砖）中，位于门扉的画像石（砖）最多；而在墓（椁）室画像石（砖）中，棺（椁）壁画像石（砖）最多，共7块。

第二，7座东汉时期画像石（砖）墓有画像石49块，58幅画像，其在墓葬中分布情况显示：①门楣画像超过门扉画像而成为分布最广的画像类别；②门扉与门柱画像分布情况仅次于门楣画像；③门楣上、横额与门框画像是前文所引4座西汉时期画像石（砖）墓所没有的。

第三，4座西汉时期画像石（砖）墓与7座东汉时期画像石墓门楣画像进行比较，双方只有斗兽类型的题材出现"重合"的情况，其他类型的题材都没有出现"重合"的现象。

第四，7座东汉时期画像石墓门楣画像中出现了以龙穿璧、龙虎争璧和车马出行为题材的画像，在"洛阳朱村"还出现了在门楣的上部以"正三角形"的形式雕刻卧鹿的画像。另外，7座东汉时期画像石墓墓门画像中还出现了横额画像，而在上述横额画像中，除了瑞兽和车骑行列构图内容之外，还出现了历史故事类题材画像。

对上述情况进行分析，我们尝试得出如下认识和思考。

第一，墓门作为画像载体而在墓葬画像整体设计及墓葬整体丧葬意义中具有重要地位，而且这种重要性随着两汉时期历史的演进而得到进一步的提高和增强，并以"门楣"、"门楣上"、"横额"、"立柱"、"门框"画像的增多和出现为特征。

第二，从门扉画像往往以"铺首"作为主要构图元素的情况，就可以看出门扉画像缘于"门扉"这一"载体"而表现出来的较为单纯的内涵。亦即"门扉"作为"墓门"的实用性和使用功能，决定了门扉画像在题材和内容的选择和表现上，必须以这种实用性和使用功能为基础和原则，而不允许或不能够有所延展和超越。如"正面"大都以"朱雀"和"铺首衔环"为主要构图形式，而作为"辅助"的其他构图形象，则主要以龙、虎、武士等展示"力量"或"威严"的形象为主，"鼓舞"等表现生活和娱乐的元素，则往往置于"门扉"的背面，但这样的构图内容并不多见。

第三，从画像载体的角度看，门楣与横额位于门扉的上部，呈长方形，而且与墓门的宽度相等，这就决定了门楣画像必须采用横向构图的形式。如此，门楣画像也就随之形成了与门扉画像不同的性质和意义。门楣画像在题材和内容的选择和表现上，表现出异于门扉画像的灵活性。这种"灵活性"主要表现在门楣画像在构图上一直"缺少"一种主要的和基本的"叙述主题"。因此，不论是4座西汉时期画像石（砖）墓门楣画像，还是7座东汉时期画像石墓门楣画像，在题材和内容的选择和表现上，都呈现出了颇为鲜明的多变性和差异性。而恰恰是这种多变性和差异性，或许能够促使我们发现隐藏在门楣画像后面的思想和意识的"差异"和"不同"。

三　门楣画像"车马出行"构图意义探析

在上述 11 座画像石（砖）墓所属画像中，河南方城县城关镇画像石墓门楣画像颇为典型（见图7—1）。因此，在讨论门楣画像"车马出行"构图意义之前，有必要对河南方城县城关镇画像石墓门楣画像进行研究。

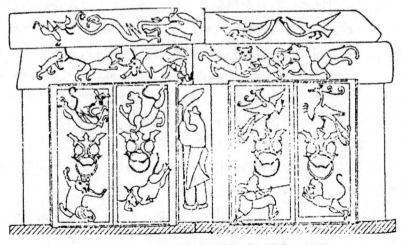

图7—1　河南方城县城关镇画像石墓墓门画像

我们尝试将河南方城县城关镇画像石墓墓门画像视为一个完整的"叙述结构",从而使得门楣画像具有了在上述"叙述结构"中叙事意义上的"叙述位置",并根据这种"叙述位置"来考察上述门楣画像的构图意义。

从墓门画像所构成的"叙述结构"上看,门扉和中立柱画像构成了第一个叙述层次,门楣下部的"牛虎相斗"和"武士斗虎"画像构成了第二个叙述层次,而"羽人飞龙"与"双鹤相衔"画像则构成了第三个叙述层次。因此,上述墓门画像的叙述顺序,不论是由上往下还是由下而上,"羽人飞龙"与"双鹤相衔"必然以"第一"或"最后"的"叙述位置"出现。

有学者认为武梁祠墙壁画像的"观看顺序"与"中国书籍的写法和读法相似,其中图像的排列次序和阅读方式均为从右向左、从上到下。这也就意味着任何人在观看祠堂原建筑中的画像时都需从上层开始"①。显然,上述"阅读"祠堂画像的方式很难移植到河南方城县城关镇画像石墓墓门画像之上,但是上述论述却提示我们注意到汉画像于"整体构图"中"阅读方式"问题的存在。

其实,所谓画像的"阅读方式"实际上就是画像的"叙述方式"的体现。具体到河南方城县城关镇画像石墓墓门画像,从视觉的角度看,门扉画像所占面积最大,应该最先进入视线或最先引起关注。再者,门扉的铺首画像与墓门直接相连,且中立柱的"执彗门吏"位于中间,还是属于日常生活的范围,而门楣上部的"羽人飞龙"与"双鹤相衔"画像所反映的则是升仙或吉祥长寿的内容,属于企盼与愿望,故而从"虚"与"实"的角度看,其"叙述方式"也应该以门扉画像为先。如此,按照由门扉画像而门楣画像,即由下而上的"叙述方式",则门楣上部"羽人飞龙"与"双鹤相衔"画像所反映的升仙和吉祥长寿的内容,也就成为墓门画像"整体叙述"的"归结点"。

上述情况说明,河南方城县城关镇画像石墓门楣画像在墓门画

---

① 巫鸿:《武梁祠:中国古代画像艺术的思想性》,生活·读书·新知三联书店2006年版,第161页。

像所构成的"叙述结构"中具有某种"点题"的功能和作用。而河南方城县城关镇画像石墓门楣画像上述功能和作用，对门楣画像"车马出行"构图意义的研究颇具启发性。

在由墓门画像所构成的"图像叙述场"中，由于"车马出行"题材画面所呈现的"动态叙述"的"进入"，而导致由"铺首衔环"为"叙述主题"所呈现的"静态叙述"遭到"破坏"。缘于此，墓门画像通过"静态叙述"所构成的"图像叙述场"的性质和意义，也随之发生了变化。这主要表现在：在由"铺首衔环"为"叙述主题"所构成的"图像叙述场"中，"静态叙述"所呈现的是以画面构图的"静态展示"为特征的，其所强调的是叙述的对象，亦即墓门和墓葬本身，而不是墓葬主人。因此，在这种"静态叙述"中，"叙述主体"往往不被关注。然而，以"车马出行"所呈现的"动态叙述"却是以强调和突出"叙述主体"的行为和行为目的与意义为叙述宗旨的。因此，这种"动态叙述"的对象是墓葬主人，而不是墓门和墓葬。

在由这种"静态叙述"和"动态叙述"的"融合"而构成的墓门画像"图像叙述场"中，由于"叙述主体"的行为和行为的目的与意义的"进入"，势必导致墓门画像的象征意义更为丰富，并导致这种象征意义由画像的承载体"墓门"进一步延展至"墓葬整体"，从而促使"墓葬整体"作为"生命彼岸"的"归宿"的性质和意义得以明确，并进而将墓葬主人即"叙述主体"以"车马出行"为"符号"的出行性质，转化为生命由有限而至无限的回归性质。

陕西神木大保当第 23 号画像石墓墓门画像，与河南方城县城关镇画像石墓墓门画像在构图形式上颇为接近，故而以前者为例进行讨论更具说服力。大保当第 23 号画像石墓墓门画像中的门楣画像分为上下两栏，上栏为"狩猎图"，下栏为"出行图"（见图 7—2）。① 上述门楣画像有两个方面的情况值得注意：其一是在画像的

① 陕西省考古研究所、榆林地区文物管理委员会：《陕西神木大保当第 11 号、第 23 号汉画像石墓发掘简报》，《文物》1997 年第 9 期。

左右上角刻绘"月轮"与"日轮"形象；其二是在"月轮"、"日轮"形象的下部刻绘着"车马出行"画面。在大保当第23号画像石墓墓门画像"图像叙述场"中，由于"车马出行"画面的出现，而导致"静态叙述"与"动态叙述"呈现出"同构"的现象，从而促使"叙述主体"的行为和行为的目的与意义进入墓门画像"图像叙述场"之中，最终完成生命由有限而至无限的回归性质的"转化"。

需要指出的是，上述认识的得出，得益于图像叙事意义上的讨论，然而，从大保当第23号画像石墓墓门画像整体构图的角度上看，其门楣画像左右上角"月轮"、"日轮"的构图设计，同样能够说明问题。"月轮"与"日轮"成左右相对的构图形式，在西汉初期墓葬的铭旌帛画中就已经出现。如山东临沂金雀山九号汉墓帛画（见图3—18）和长沙马王堆汉墓帛画（见图0—14）。

图7—2　大保当第23号画像石墓墓门画像

在上述帛画的构图中，"日轮"与"月轮"皆呈现左右相对的形式置于画面的最上层。从金雀山九号汉墓帛画构图看，其构图层次异常清晰，"日轮"与"月轮"的下面是"山峦"，构成第二个层次；"山峦"的下面是"房屋"和房屋中的"主人"，并构成第三个层次；接下来是表现日常生活的第四个层次和象征吉祥的"龙穿璧"的第五个层次。① 显然，上述五个层次的前四个层次，在构图内容上形成了"天空"、"山野"与"家园"的空间构想，而且，上述"空间构想"中的每一个层次，既呈现出相对的独立性，又体现出相互"包容"的关系，亦即"山野"在"天空"之下，而"家园"又在"山野"之中的逻辑关系。马王堆帛画在构图上相对复杂一些，但"日轮"与"月轮"呈现左右相对并置于画面最上层的构图形式和以"龙穿璧"为"承托"的构图形式是相同的，说明帛画"龙穿璧"以上的部分，象征"天空"与"家园"的逻辑关系仍然存在。

　　值得注意的是，这种以"日轮"与"月轮"左右相对而置于铭旌帛画最上层的构图形式，进而出现在墓葬壁画中，并仍然以"日轮"与"月轮"左右相对的构图形式而置于墓室的最高处，即室顶或隔梁之上，从而与墓室构成一个立体的"空间格局"。如1957年在河南洛阳发现的西汉壁画墓（见图7—3），在墓葬前室的顶脊上绘有日、月、星辰形象，"日轮"与"月轮"位于东、西两端，中间是流云和星辰。②

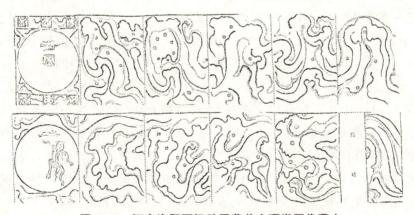

图7—3　河南洛阳西汉壁画墓前室顶脊画像摹本

将"日、月、星辰"描绘于墓葬前室的顶脊之上，这样的构图

① 参见刘家骥、刘炳森《金雀山西汉帛画临摹后感》，《文物》1977年第11期。
② 河南省文化局文物工作队：《洛阳西汉壁画墓发掘报告》，《考古学报》1964年第2期；夏鼐：《洛阳西汉壁画墓中的星象图》，《考古》1965年第2期。

形式的象征意义是非常明确的，即通过"日、月、星辰"形象将墓室的"顶脊"赋予了"上天"或"天空"的性质和意义，从而使得"墓葬整体"也同时具有了象征"天地一体"的"空间格局"。这样的墓葬设计思维在山东地域的东汉早期墓葬中也有反映，如在东汉早期的山东长清孝堂山石祠"隔梁"上面，即刻绘有"日、月、星辰"图像（见图7—4）。

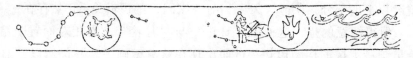

图7—4　山东长清孝堂山石祠"隔梁"图像摹本

画像分为南北两段，日轮位于南段，月轮位于北段；日轮中有金乌，月轮中有蟾蜍和玉兔。[①] 上述画像位于石祠"隔梁"之上，而处于石祠内部最高空间，从而使得石祠"隔梁"具有了"天空"的性质和意义。同时，上述画像又与"隔梁"的东面和西面画像组合成一个画像整体，并在后者由上而下的"神话传说"、"车骑出行"、"历史故事"、"庖厨百戏"、"车骑人物"等的"分层叙述"中，构成一个涵容天地、历史、神仙世界和现实人生的"想象空间"。

上述画像在墓葬中的编号（从右至左）为第2幅、第19幅、第20幅，其中第2幅位于前室"东盖顶石下"，上为阳乌载日飞翔，乌腹部呈圆形，表示"日轮"；第19幅位于中室"南盖顶石下"，刻绘羽人、玄武、神灵等形象；第20幅位于"北盖顶石下"，画像右下角刻绘"月轮"，中有蟾蜍。需要指出的是，南阳县十里铺画像石墓画像石"是由其他墓葬取来的，并且来源不止一墓"[②]。故画像石的"编排"与"置放"上存在诸多"错乱"的现象，但是反映"日月"和"天空"题材内容的画像石仍然被置放于墓葬的

---

① 中国画像石全集编辑委员会：《中国汉画像石全集·山东汉画像石（1）》，山东美术出版社、河南美术出版社2000年版，第47图。
② 南阳地区文物工作队、南阳县文化馆：《河南南阳十里铺画像石墓》，《文物》1986年第4期。

"顶盖"之上，说明墓葬的"设计者"在利用上述画像石时，还是考虑到画像石画像的题材和内容的。如此，虽然上文所引第2幅、第19幅、第20幅画像石在墓葬中的具体位置（"前室东盖顶石"、"中室南盖顶石"和"中室北盖顶石"）不能作为分析画像构图的依据，但上述画像位于墓葬顶部而构成一幅完整的"日月天空"的画面的判断和做法，则是能够成立的。

　　上述构图形式在东汉时期出现了不同的"变体"，但"日轮"与"月轮"成左右相对的基本构图形式并没有改变。说明由上述构图形式所反映的"天地一体"的"空间格局"的象征意义并没有发生变化。图7—5是河南南阳县十里铺东汉晚期画像石墓前室、中室"盖顶石"下面的画像。①

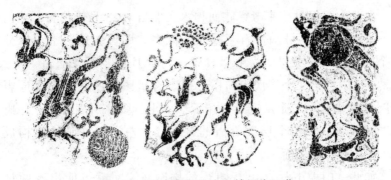

图7—5　河南南阳县十里铺画像石墓

　　以"日轮"和"月轮"左右相对的构图形式而将墓葬"室顶"或"顶脊"赋予"上天"或"天空"的性质和意义的做法，在山东安丘汉墓中室封顶石画像中也有相同的表现（见图7—6）。②画像从右至左分为五组，"日轮"和"月轮"位于第二组和第四组画面中。第二组画面中刻一日轮，内有三足乌、九尾狐；第四组画面中刻一月轮，内有玉兔、蟾蜍执杵捣药。

---

① 南阳地区文物工作队、南阳县文化馆：《河南南阳十里铺画像石墓》，《文物》1986年第4期。
② 中国画像石全集编辑委员会：《中国汉画像石全集·山东汉画像石（1）》，山东美术出版社、河南美术出版社2000年版，第154图。

图7—6 安丘汉墓中室封顶石画像

总之，上述情况能够说明，以"日轮"和"月轮"左右相对的构图形式而将墓葬"室顶"或"顶脊"赋予"上天"或"天空"的性质和意义的做法，已经在两汉时期丧葬文化上形成了一个具有共识性质的思想和意识。

由此，再回过头来考察陕西神木大保当第23号画像石墓墓门画像。大保当第23号画像石墓墓门画像在"图像叙述"上可以分为四个层次：第一个层次为由"日轮"与"月轮"所象征的"上天"或"天空"；第二个层次为门楣上栏"狩猎图"所表现的"原野狩猎"的景象；第三个层次为门楣下栏"出行图"所表现的"原野奔驰"的情景；第四个层次为由铺首衔环、左右立柱画像而构成的"快乐家园"的场面。

如此，门楣下栏"出行图"的构图意义，就可能出现两种解读：其一是以上栏"狩猎图"所表现的"原野"景象为"终点"的"出行"，其二是以铺首衔环和左右立柱画像而构成的"快乐家园"为"终点"的"回归"。然而，值得注意的是，对于以铺首衔环和左右立柱画像而构成的"快乐家园"来说，不论对门楣下栏"出行图"构图意义作何种解读，"出行图"所表现的"行为"都与"快乐家园"构成直接的密切的联系，"快乐家园"都将构成"出行图"所描述的"出行"或"回归"之"行为"的"背景"。

从这个意义上看，在陕西神木大保当第23号画像石墓墓门画像所体现的"图像叙述"中，由于门楣画像中"车马出行"题材画面的出现，而在上述"图像叙述"中"注入"了以强调和突出"叙述主体"的"行为"和"行为的目的与意义"的叙述意图，并导致由铺首衔环和左右立柱画像而构成的"快乐家园",与"叙述主体"的"行为"和"行为的目的与意义"的叙述意图,发生直接的联系,于是,作为"生命彼岸"的"快乐家园",便成为上述墓门画像的叙述核心,其生命"归宿"或"回归"的意义异常鲜明。

以上对陕西神木大保当第23号画像石墓墓门画像的分析,虽然属于"个案"的性质,但应该具有某种普遍性的意义。如果对汉画像石(砖)墓门楣画像中"车马出行"画面的构图形式进行总结,或许更能说明问题。

汉画像石(砖)墓门楣画像中以"出行"为内容的画面,在构图上主要呈现出三种形式,其一是单纯的车马出行(见图7—7);其二是在画面的两端即画面车马队伍的"前""后"刻绘"迎宾"和"送行"的形象(见图4—5);其三是画面中间刻绘"房屋"或"楼阁"而左右"车马"向着中间的"房屋"或"楼阁"行进(见图7—8)。在上述三种"车马出行"画面构图形式中,后两种的叙述意图是明确的,画面中"迎宾"和"楼阁"形象的出现,既突出和强调了出行队伍"出行"的形象内涵,又昭示和表现了以"迎宾"和"楼阁"作为"目的地"的象征意义。

图7—7　1973年山东苍山县城前村汉墓前室东壁门楣画像

图7—8　米脂官庄汉墓门楣画像

　　与"房屋"或"楼阁"形象出现在门楣画像之中的构图理念相同的，是上述"房屋"或"楼阁"形象被置于门柱画像之中。大保当第11号墓"右门柱"画像分为上下两层，"双层楼阁"位于上层画面。楼阁正面是两扇粉红色的门扉，门微启，门扉上绘有朱雀，相对起舞。门右侧墙上勾绘井字图案，似为窗牖。檐下左右各有一仙子，上举双臂，身躯弯曲，而右侧仙子有上翘的短尾，脸涂红彩。楼顶左右各立一凤，檐左右各立一凤。楼内有二人对坐。大保当第11号墓"左门柱"上半部分残损（见图7—9），从大保当第23号画像石墓墓门画像左右对称的构图形式上看，不排除"左门柱"上半部分画面亦是"双层楼阁"的可能。

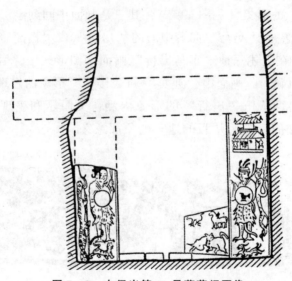

图7—9　大保当第11号墓墓门画像

　　将"双层楼阁"画面置于门柱之上，其于设计上的意图是明确的，那就是将上述"双层楼阁"视为"仙宅"的象征。上述情况说明，在"设计理念"上，大保当第11号、第23号画像石墓都试图通过画像于墓葬各个部位的编排和设置，而达到将墓葬塑造成为"生命彼岸"的"快乐家园"即"仙宅"的目的。因此，不论是否出现"车马出行"题材内容的画像，对于墓葬"设计者"和"墓葬主人"来说，这个"快乐家园"都是生命的归宿。而"车马出行"画像的出现，只是将这种"归宿"由"意义"和"理念"转变为一种具有行为趋向意义的叙述。

四　结论与思考

有学者对两汉时期"室墓制度"的特征进行了概括，总结出汉代"室墓制度"六个方面的特点。① 如果从丧葬文化的角度来审视考古学意义上的汉代"室墓制度"，其最值得关注的特点，则是依据现实生活的经验而构造逝者"生命彼岸"的"生活空间"。有学者认为作为丧葬文化的"汉制"，其核心思想体现在两个方面，一个是"孝道"，一个是"升仙"，② 显然，"孝道"属于礼仪的范畴，而"升仙"则是目的和追求，而衡量"升仙"的目的和追求是否实现，其标志就是"室墓"的构建。因此，"室墓"本身既是逝者于"逝后"的"生活空间"，同时也是逝者由"世俗生命"转化为"超俗生命"即"神仙"的"彼岸世界"。上述情况意味着"室墓"本身已经成为一个艺术象征体，其"依据现实生活的经验而构造"的过程，即是这种"象征体"的艺术叙述过程，因此，"室墓"本身也就成为这种"象征意义"的体现者。如果将逝者由"世俗生命"到"超俗生命"视为一种生命的转化过程，那么"室墓"本身，既是这种转化过程的"起点"，同时也是这种转化过程的"终点"。

画像石（砖）墓作为一个完整的建筑形式，"墓门"相当于建筑形式的"大门"，"车马出行"画面出现在墓门画像之中，其由

① 汉代"室墓制度"的特点：其一，墓葬本身由竖穴式变为横穴式，即进出墓葬的方向由纵向变为横向；其二，墓室空间的扩大，由椁内空间的开通到椁消失，出现高大的拱、券顶，直至出现穹隆顶；其三，祭祀空间的确立；其四，方坟向圆坟的转化；其五，有意识地安排随葬品的摆放位置；其六，仓、灶、井、厕的模型明器组合。参见黄晓芬《汉墓的考古学研究》，岳麓书社 2003 年版；蒋晓春《三峡地区秦汉墓研究》，四川出版集团巴蜀书社 2010 年版，第 235 页。

② 蒋晓春：《三峡地区秦汉墓研究》，四川出版集团巴蜀书社 2010 年版，第 236 页。

"行为趋向"而展示的构图意义，必然与"墓门"及"墓葬"所象征的"彼岸世界"联系在一起。墓门画像中的"车马出行"画面表达了"墓葬主人"向着生命"彼岸世界"的"回归"的愿望和企盼，同时也昭示着这种"回归"的完成和实现。

第八章

牛郎织女神话"话语叙述"
与"图像叙述"研究

一 前言：学术史的回顾与问题的提出

牛郎织女神话存在着不同的叙述形式，即口头承传的话语叙述形式和以星宿的形象为依托的图像叙述形式。以往对牛郎织女神话上述两种表现形式的研究是不平衡的，尤其是后者，因为缺少相关材料，其作为一种叙述形式是否存在，还有待进一步证明。汉画像石相关天文画像的出现，为这一研究提供了不可多得的视觉材料。

汉画像相关天文画像直接以画面构图的方式再现了相关星宿的客观存在，并在这样的再现中融入了神话的人文内涵，从而成为一种以画面构图的形式为载体并能够被视觉所感知的叙述形式。其学术价值在于：其以独特的神话承载和叙述方式，证明了牛郎织女神话"以星宿的形象为依托的图像叙述形式"的存在，同时，又为开辟牛郎织女神话研究的新视野提供了材料上的准备。然而，目前的研究大都停留在对文献材料的补充和佐证上面，以相关画像为研究对象从图像与神话叙事的角度进行的研究还不够充分。

汉画像中表现牛郎织女神话内容或相关星宿的画像有多幅。上述画像以画面构图的形式通过对相关星宿的刻画而承载或表现牛郎织女神话，其承载和表现的手段与方式，既是画像构图上的艺术叙述形式，也是一种神话意义上的叙事方式。因此，从画面构图的角度对上述画像进行图像叙事学意义上的研究，上述画像缘于构图上的特点而呈现出的叙事与结构上的特征，也就具有了神话学上的意义和价值，其所承载的神话审美内涵，亦将构成传统牛郎织女神话的情感基础。从这个意义上看，牛郎织女神话不同的叙述形式，也便可以在神话的意义上进行比较研究。这样的研究促使我们从不同的角度进一步审视牛郎织女神话，从而发现牛郎织女神话独特的叙事结构和由这种叙事结构所构成的独特的情感和情感表达形式。

牛郎织女神话独特的叙事结构，是将现实与理想贯穿起来，在由现实向理想的趋向中，既表现苦闷和忧伤，也表达憧憬和希望。从这个意义上看，牛郎织女神话的叙事结构本身，即带有诗性观照的特点，而由这种叙事结构所构成的情感和情感表达形式，也具有诗性感知的功能，从而使牛郎织女神话的叙事结构以及由这种叙事结构所构成的情感和情感表达形式，能够由神话审美模式向文学的诗性观照方式和诗性感知功能转换。

二　牛郎织女神话两种叙述形式之比较与分析

汉画像中表现牛郎织女神话内容的相关画像有多幅。

其一，河南南阳卧龙区白滩天文星象图（见图 8—1）。

1935 年于河南南阳卧龙区白滩出土一描绘天文星象的画像石，在画像右面上方，画有直线相连的三星，当是河鼓三星；在河鼓三星的下面，绘有一牛，似奔走状；牛前一人，右手前伸，握牵牛绳，左手上举，手中似有赶牛的鞭具。显然，画像牛郎牵牛的画面与河鼓三星的形象是一个整体，是以牛郎牵牛的画面来具体形象地说明或再现河鼓的形象内涵。画像左面下方绘有四星相连呈"门"字形图案，内有一高髻女子拱手跽坐，应是二十八宿北宫玄武的女宿，即婺女（须女）星座。而在画像的中间刻绘白虎星座。①

其二，河南洛阳城外西北角汉墓前室顶脊"天汉图"（见图 7—3）。

1957 年在河南洛阳城外西北角一座汉墓前室顶脊上发现一幅"天汉图"。因这幅"天汉图"描绘在 12 块长方形的墓砖上，故视为 12 幅画面。在 12 幅画面的第 10 幅画面上绘有排成三角形的三

---

① 汤池：《西汉石雕牵牛织女辨》，《文物》1979 年第 2 期。

星，原发掘报告认为其"有点像天秤星（寿星）"。① 夏鼐在《洛阳西汉壁画墓中的星象图》一文中认为："这幅成三角形的星座，当是织女三星。"② 值得注意的是，上述 12 幅画面的第 9 幅画面中间斜绘一排三星，东北与其成直角又绘一排三星。原发掘报告认为上述六星"很像天鹅座（天津）"。夏鼐认为："应将这一幅（按：第 9 幅画面）与下一幅（按：第 10 幅画面）连起来考察。下一幅所绘的是织女星，这一幅中央部分的三星，当是河鼓，另外三星是河鼓的辅星'旗星'。"③。

图 8—1　河南南阳天文星象图

其三，山东长清县孝里镇孝堂山石祠隔梁底面星象图（见图 8—2、图 8—3、图 7—4）。

山东长清县孝里镇孝堂山石祠隔梁底面星象图画面的左右刻绘月轮和日轮。日轮旁有呈三角形的三星，三星之下是坐于织机旁的织女。月轮旁有三星呈直线相连，很像河鼓三星。④ 张衡《西京赋》曰："乃有昆明灵沼，黑水玄阯，……牵牛立其左，织女处其右，日月于是乎出入，象扶桑与濛汜。"孝堂山石刻星象图左右刻绘日轮和月轮，恰是扶桑与濛汜之象，而与日轮旁织女星相对的，正应该是河

---

① 河南省文化局文物队：《洛阳西汉壁画墓发掘报告》，《考古学报》1964 年第 2 期。
② 夏鼐：《洛阳西汉壁画墓中的星象图》，《考古》1965 年第 2 期。
③ 同上。
④ 中国画像石全集编辑委员会：《中国画像石全集·河南汉画像石（6）》，山东美术出版社、河南美术出版社 2000 年版。

鼓星。张衡于《西京赋》中所描绘的正是这样的天象。

图 8—2　山东长清县孝里镇孝堂山石祠隔梁底面星象图

图 8—3　山东长清县孝里镇孝堂山石祠隔梁底面星象图织女三星及织女形象

以口头承传的话语叙述形式所表现的牛郎织女神话，今天只能从相关的文献中寻找到一些片段的记录。如唐韩鄂《岁华纪丽》（卷三）引《风俗通》："织女七夕当渡河，使鹊为桥。"宋陈元靓《岁时广记》（卷二十六）引《淮南子》（今本无）："乌鹊填河成桥而渡织女。"①《艺文类聚》引崔寔《四民月令》载有"七月七日……祈请于河鼓织女，言此二星神当会"诸语。②上述文献材料所载牛郎织女神话片段文字与《古诗十九首》"迢迢牵牛星"不同，都带有描述和记录的性质，因此，上述文字也就比"迢迢牵牛星"更真实也更全面地反映了牛郎织女神话，其描述和记录的性质，也使其有别于"迢迢牵牛星"的"文学"手法而更接近于神话的话语叙述形式。

---

①　上述两则材料转引自袁珂、周明编《中国神话资料萃编》"牛郎织女"条，四川社会科学出版社 1985 年版。

②　（唐）欧阳询：《艺文类聚》卷四，上海古籍出版社 1999 年版，第 75、76 页。

　　对牛郎织女神话上述两种叙述形式进行比较与分析,会发现上述两种叙述形式在神话的男女主人公和神话所要表达的思想、情感等方面是存在差异的。

　　以口头承传的话语叙述形式所表现的牛郎织女神话似重在表现男女主人公于"七夕"相会的事实。唐韩鄂《岁华纪丽》(卷三)引《风俗通》、宋陈元靓《岁时广记》(卷二十六)引《淮南子》所载诸文字,均涉及"鹊桥"和"渡河"之事。而《艺文类聚》(卷四)引崔寔《四民月令》的文字,其所描述和记录的内容,显然已经超出了神话本身而带有民情风俗的性质。这说明,唐韩鄂《岁华纪丽》(卷三)引《风俗通》、宋陈元靓《岁时广记》(卷二十六)引《淮南子》所载"鹊桥""渡河"之事,既是牛郎织女神话的情节,也是相关风俗中人们关注的对象。一种风俗既是社会约定俗成的产物,也体现着社会的价值取向、内含着民众的情感倾向。上述文献所载神话"鹊桥""渡河"之情节,"祈请河鼓织女当会"之愿望,应当是这种价值取向和情感倾向的体现和反映。

　　值得注意的是,以星宿的形象出现并通过画面的叙述形式所表现的牛郎织女神话,在价值取向和情感倾向上却与前者有所不同。

　　在河南南阳卧龙区白滩天文星象图中,画面所刻画的是河鼓与婺女(须女);在山东长清县孝里镇孝堂山石祠隔梁底面星象图中,画面所刻画的则是河鼓与织女。《开元占经》(卷六十一)引《黄帝占》云:"牵牛不与织女星直者,天下阴阳不和。"① 此段话中的"牵牛"所指不是河鼓,而是二十八宿的牛宿。所谓"阴阳不和"正是从二者阴阳互动的态势上认识牵牛与织女的内在联系与关系的。这是从星象学上将牵牛星与织女星以"阴阳"的名义联系起来。需要指出的是,这种阴阳上的联系,也可以进一步融入人文色彩,演化成为男女上的对应和象征关系。曹植《洛神赋》有"叹匏瓜之无匹兮,咏牵牛之独处"的赋文。对此,《文选》李善《注》先引《史记》"牵牛为牺牲,其北织女"句;接着又引《天官星

————————————

① (唐)瞿昙悉达:《开元占经》卷六十一,岳麓书社1994年版,第620页。

占》："牵牛，一名天鼓。不与织女值者，阴阳不和"；再引曹植《九咏注》："牵牛为夫，织女为妇。织女牵牛之星，各处河鼓之旁，七月七日，乃得一会。"① 由此可知《文选》李善《注》将曹植《洛神赋》之"牵牛"解作二十八宿之牛宿。李善的解释是正确的。《史记·天官书》云："牵牛为牺牲。其北河鼓。"《洛神赋》句中的"牵牛"确是二十八宿之牛宿。曹植在《九咏》中亦曾提及牵牛与织女，其云："临回风兮浮汉渚，目牵牛兮眺织女。"② 这是曹植想象自己乘坐"芙蓉车"而远游云汉的景象。显然，文句中的牵牛与织女既是天上的星宿，也是神话中的形象。其接下来"交有际兮会有期，嗟痛吾兮来不时"所表达的失落、惆怅的情感，恰恰是由牛郎织女神话所引发的。联系曹植《洛神赋》"叹匏瓜之无匹兮，咏牵牛之独处"的赋文，知曹植《九咏》中的"牵牛"仍然不是"河鼓"。

由上面的分析可知，对于牛郎织女神话来说，当神话男女主角与星宿联系起来的时候，也就是说当人们或于心灵和情感中对星宿作神话式的观照，或借助画面的叙述形式以星宿的形象再现神话的时候，神话男女主角便出现了所谓的"错位搭配"现象：或河鼓与婺女（须女）、或河鼓与织女、或牵牛与织女。

上述所谓"错位搭配"现象，原则上是一种缘于星宿客观存在的视觉观照的产物，而作为一种画像构图上的艺术表现形式，也是一种神话意义上的叙事方式和结构形式。从这个意义上看，上述现象在神话意义上展示着这样一种审美诉求：对于"以星宿的形象为依托的图像叙述形式"这样一种神话叙述形式来说，神话的男女主角或河鼓与婺女（须女）、或河鼓与织女、或牵牛与织女，是不重要的，重要的是双方在客观上（视觉上）构成一种既相隔又相望的事实。画像在二者中间或以白虎星座相隔绝，或以云汉纹饰象征茫茫的河汉天空，意在衬托或表现"牛郎"与"织女"既相对又相离的情态。

---

① 曹植：《洛神赋》，李善注，载（梁）萧统《文选》卷十九，中华书局 1977 年版，第 271 页。

② 付亚庶：《三曹诗文全集译注》，吉林文史出版社 1997 年版，第 956 页。

　　牛郎织女神话上述两种叙述形式，实际上是一个神话的两个层面，即星宿的层面和基于星宿的话语的层面。对于上述两个层面来说，前者展示给人们的是"牛郎"与"织女"的分离，而后者展示给人们的则是在前一个层面基础上"牛郎"与"织女"的团聚。也就是说，前者所表现的是星宿客观的存在状态，而后者所表现的则是神话接受者的主观的理想和愿望。前者作为客观的存在状态，不因人的思想和情感而改变；而后者作为一种主观的理想和愿望，恰恰是人的思想和情感的产物。

　　牛郎织女神话上述两种叙述形式作为一种艺术表现和艺术再现方式，都具有各自不同的艺术表现方法和艺术再现技巧，并在神话的意义上在思想、情感、观照的角度和出发点等方面构成了不同程度的差异。所以，从这个意义上说，牛郎织女神话上述两种叙述形式实际上又体现了不同的艺术认知体系对同一神话内容的不同的艺术观照：汉画像石画像所表现的只能是相关星宿的客观存在状态，其"局限性"表现在不能按照人的思想和情感对星宿的客观存在状态进行改变；而作为话语叙述形式的牛郎织女神话，却可以在描述星宿的客观存在状态的基础上，进一步表达接受者或传播者的主观的理想和愿望。因此，前者作为客观存在状态，只能做出依据客观存在的艺术表现或艺术再现；而后者所内含的主观的理想和愿望，恰恰是人的思想和情感的产物，其强烈的审美要求，势必做出符合理想与愿望的艺术创造。如此，牛郎织女神话的上述两种叙述形式在对同一神话内容的不同的艺术观照中，构成了不同的艺术摄取角度和不同的艺术表现倾向：前者着重展示给人们的是"牛郎"与"织女"的分离，而后者着重展示给人们的则是在前一个层面基础上"牛郎"与"织女"的团聚。

三　牛郎织女神话两种叙述形式的情感审美特点与艺术叙述结构

　　上文对牛郎织女神话两种叙述形式的提出与分析，目的是促成二者的比较并试图在这种比较中探寻神话所具有的独特的情感审美特点和艺术叙事结构。正如上文所言，牛郎织女神话上述两种叙述形式实际上是一个神话的两个层面，即星宿的层面和基于星宿的话语的层面。以往对牛郎织女神话的研究，大都局限于后者，这里将前者提出并加以研究，不是人为地将牛郎织女神话割裂开来，而是在析出前者的同时，通过前者的艺术观照形式而对牛郎织女神话情感审美特点和艺术叙事结构做出一个更为全面而清晰的认识。

牛郎织女神话"以星宿的形象为依托的图像叙述形式"在神话意义上的价值在于：画像以其自身的艺术形式、运用画面构图的艺术手法、从其独特的艺术视角出发，对牛郎织女神话进行了形象的艺术的表现。正是在这样的艺术表现中，我们发现了在对牛郎织女神话传统诠释中的崭新而独特的一面，并促使我们将牛郎织女神话的两种叙述形式联系起来，在不同的艺术观照中看到了"隐藏"于神话之中、构成神话情节骨架的独特的情感审美特点和艺术叙事结构：神话搭建了主人公"分离"与"团聚"的框架，构成了男女主人公由"分"而"合"再由"合"而"分"的叙事结构。而在这样一个"分"而"合"、"合"而"分"的叙事结构中，"分"总是长久的，"合"则是短暂的；"分"总是绝对的，"合"则是有条件的；"分"体现着不可更改的事实和必然的结果，"合"则是一种未来的有条件的实现。因此，神话的这种叙事结构内含着不同的情感色彩：前者带有不可抗拒的宿命式的忧伤，而后者则隐含着期盼中的喜悦。因此，前者是痛苦的现实，后者则是一种理想、一种愿望。值得注意的是，牛郎织女神话独特的叙事结构，因为内含着丰富的情感，因而能够转化为一种情感和情感表达形式，即由"河汉"的"相隔"而形成的相望、相思、相念之情，必然构成相见、相会、相聚之愿。

由牛郎织女神话的叙事结构所构成的这种情感和情感表达形式，并不是一种孤立的带有"个性化"的东西，其在汉代其他艺术形式中有着颇为典型的体现。

以汉代铜镜铭文为例。湖北襄樊汉代"重圈铭文镜"有"见日之光，长毋相忘"的铭文。① 山东济宁师专西汉墓群出土铜镜，其上面的铭文亦有"见日之光，长不相忘"。② 广西出土汉代"间隔式蟠螭纹镜"的铭文这样写道："相思愿毋绝，愁思悲，顾怨，君不说。"③ 上述三例铜镜铭文，前两例两句八字，仅有一个字不同。第三句在句式上虽然与前两例不同，但在"相思愿毋绝"的内容及情感上却是一致的。上述铜镜铭文在情感的表达上突出一个"思"字，而"思"的结果则是"不相忘"、"愿毋绝"。这种因相思而生发出来的"不相忘"、"愿毋绝"的期盼，显然是建立在相互"分离"和"隔绝"基础上的。上述铜镜铭文在情感和情感表达的形式上，与牛郎织女神话呈现出了一致的地方。

上文所举三枚铜镜，其出土地点，一在湖北襄樊，一在山东济宁，一在广西。地域相距遥远，风俗差异巨大，但铜镜铭文，或句式相同，或虽有不同却意义相近，说明上述铭文句式以及所表达的思想和情感，在汉代已经程式化了。铜镜是日常生活用品，使用者以女性居多，而背面铸以上述铭文，显然带有思想上的某种追求和情感上的某种期许的意义和目的。这样一种美好的追求和期许被铸刻在铜镜上而广为流传，其社会的接受程度和情感的共鸣程度可想而知。

《艺文类聚》（卷四）引《四民月令》七月七日设酒脯时果于筵席之上祈请河鼓织女相会的记载，所反映的当是汉代流传的牛郎织女"七夕"相会的习俗。当某一神话传说以一种习俗节日的形式存在于社会生活中的时候，说明这一神话传说在流传的广度和深度上已经扩展到社会的不同层次以及社会生活的多重层面。从这个意义上看，由牛郎织女神话的叙事结构所构成的情感和情感表达形式，也会随着神话的流传、风俗的崇信和节日的参与而得到普遍的接受。

上述情况或可证明：由分离的忧伤而生成的团聚的愿望，作为一种人生的诉求，早已成为两汉社会带有普遍意义的情感取向。而

---

① 崔新社：《湖北襄樊近年拣选征集的铜镜》，《文物》1986 年第 7 期。
② 济宁市博物馆：《山东济宁师专西汉墓群清理简报》，《文物》1992 年第 9 期。
③ 于凤芝：《广西出土古代铜镜选介》，《文物》1990 年第 1 期。

牛郎织女神话的作用，就是将这种情感取向通过神话情节构成一种典型的叙事结构。这种叙事结构的最大价值，是将其所内含的强烈而丰富的情感"转化"为一种带有审美功能的有序的情感表达形式；它由前、后两个部分构成——前者体现为由"相隔"而构成的外在的距离，并进一步表现为一种由距离而生成的可以被感知的巨大的阻隔力量和困难；后者则表现为由这种距离而产生的个体内在的情感，并进一步表现为建筑在个体心灵之上的情感倾诉。也就是说，前者提供一个情境、一个事件、一个平台，而后者则引发出一场相思、一段倾诉、一出离情别怨的故事。

牛郎织女神话叙事结构以及所构成的情感和情感表达形式，有着两汉时期广泛存在并得到社会认同的情感和情感经验为基础，同时，又有着其他艺术形式的艺术实践，也便使其具有了构成一种文学意义上的审美模式的可能。其艺术的范型特点和艺术的范式作用，在汉代相关文学（诗歌）创作中得到了艺术的尝试与实践。

以汉代辞赋为例。班固《西都赋》云："临乎昆明之池，左牵牛而右织女。"张衡《西京赋》云："乃有昆明灵沼，黑水玄阯。……牵牛立其左，织女处其右。"这些描绘的都是牵牛与织女隔河相对的现实。曹植《九咏》云："临回风兮浮汉渚，目牵牛兮眺织女。"作者乘着狂风飞临"汉渚"之上，凝视牵牛又远眺织女，还是从隔绝的角度去审视牛郎与织女。其《洛神赋》云："叹匏瓜之无匹兮，咏牵牛之独处。"文学的视角仍然关注牛郎与织女被"河汉"隔绝而不能相会团聚的现实，而"叹"与"咏"的内容，已经显露出了"无匹"的惆怅与"独处"的忧伤。

以汉乐府民歌为例。乐府民歌《有所思》"有所思，乃在大海南"的诗句，首先将"思"的对象限定在"大海"的两端，正是这样的隔绝，才引发主人公的相思之情。而《上邪》"我欲与君相知，长命无绝衰"的诗句，则将"离"的情节隐去，重点表达由"思"而"愿"的情感。"古辞"《饮马长城窟行》（青青河畔草）也是一篇这样的诗歌。全诗可以分为三个层次：前八句是第一个层次，中四句是一个层次，后八句是一个层次。前一个层次重在描述夫妻的相思之情和各在异乡的处境；第二个层次是带有叙事性的情感和情境的转换；而最后一个层次则借"烹鲤鱼"、"读素书"等细节，在描写夫妻互慰的情态中进一步表达他们相互之间深厚的情思。诗歌在前一个层次中重复出现"远道"、"他乡"、"异县"这样的表述，构成了"我"与所思之人由"远道"、"他乡"、"异县"而造成的"相隔"的事实，从而为相思情感的抒发和团聚愿望的表达提供了一个具体的因由和契机，并加重了诗歌后一部分的叙事效果，达到强化主人公那种可思恋、可遥望、可梦见，却不能相见、相会、相聚的凄苦形象的作用。

以汉代无名氏创作的"古诗"为例。如果说上述乐府民歌在情感的表现上还属于一种不自觉的艺术创作的话，那么，以"迢迢牵牛星"为代表的汉代"古诗"，则可以看作是一种有意识的艺术实践了。《古诗十九首》"迢迢牵牛星"咏叹"牵牛星"与"河汉女"的爱情故事，双方因"河汉"的隔绝而两地相思，表现出"河汉女"不能与"牵牛星"相聚团圆的痛苦和忧伤。显然，诗歌的作者只是截取了神话中牛郎与织女被"河汉"隔绝而不能相会团聚的部分，而对神话中织女七夕渡河的情节却置之不理。诗中所表达的情感，忧伤中夹杂着无奈。在《古诗十九首》中，表达这种忧伤而无奈之情的诗歌，就有 11 篇之多，这些诗歌或表现新婚后的相思，或表达久别后的牵挂，或抒发离居后的忧伤，在题材、内容和情感上都较为接近。上述诗篇在艺术构思上，大都设置一明一暗两个"支点"：明者即所思之人，亦即诗中的主人公；暗者即被思之人，亦即主人公情感的牵系者。在二者之间，往往横亘着阻隔双方团聚的障碍，或为迢迢河汉，或为天涯海角，或为漫漫长路，或为崇山峻岭，不能逾越，更不能改变，剩下的只有相思的牵系和无奈的忧伤。

以汉代文人创作的诗歌为例。张衡《四愁诗》在艺术构思上同样设置了两个"支点"，但不是一明一暗，而是有意突出所思者的"位置"，如"太山"、"桂林"、"汉阳"、"雁门"，接着叙述相见和团聚的艰难："梁父艰"、"湘水深"、"陇阪长"、"雪纷纷"，从而为后面抒发惆怅心情做了情节上的铺垫。《文选》录张衡《四愁诗》时，还有一段"序文"，内容大致是说张衡有感天下渐弊，郁郁不得志，而作《四愁诗》。上述文字并非原诗序文，但对张衡作《四愁诗》"伤时忧世"初衷的认识，还是可信的。从这样的角度看，《四愁诗》便不是一篇描写男女情感的诗歌，而是有所寓托表达心志之作。因此可以肯定，《四愁诗》在情感和情感表达形式上所形成的特点和所采用的艺术手法，应该是作者有意识的艺术构思的产物。旧题《李少卿与苏李诗》的"良时不再至"、"嘉会难再遇"、"携手上河梁"三篇作品，都是这样的别离之作。旧题《苏子卿诗》的"骨肉缘枝叶"、"黄鹄一远别"、"结发为夫妻"、"烛烛晨明月"四篇作品，也是这样的离别之作。上述诗歌所描写的对象，涉及朋友、同事、兄弟、夫妻，所描写的事件，或为分别，或为相送，所表达的情感，大都是分别时的祝愿、相思时的痛苦和对再会团聚的盼望，无不带有忧伤与凄楚的情调。而上述诗歌在"分离"的问题上大都不曾出现犹豫和异议。这说明，诗歌中所描述的"分离"是必然的和不可抗拒的事情，然而，面对"分离"而产生的忧伤与凄楚的情感却是个性化和私人化的。显然，从某种意义上说，上述诗歌即是这种个性化的私人情感和愿望在不可抗拒和不能改变的现实生活面前矛盾的、痛苦乃至无奈的诗性感知的产物。因此，诗人的诗性视域所容纳的，便往往是分离的事实以及由这样的事实而构成的痛苦与忧伤。

综上所述，神话既反映现实，也内含着理想。牛郎织女神话独特的叙事结构，便是将现实与理想贯穿起来，在由现实向理想的趋向中，既表现了苦闷和忧伤，也表达了憧憬和希望。从这个意义上看，牛郎织女神话叙事结构本身带有诗性观照的特点，而由这种叙事结构所构成的情感和情感表达形式具有诗性感知的功能，从而使牛郎织女神话的叙事结构以及由这种叙事结构所构成的情感和情感表达形式，具有了成为一种文学意义上的审美模式的可能，其艺术上的范型特点和范式作用，已经在汉代的文学创作上产生了较为深远的影响，在由神话审美模式向诗性情感观照方式的文学转换中，已经被人们较为熟练地运用到具体的文学创作之中。

四　牛郎织女神话情感审美特点与 艺术叙述结构的解构与重建

文学的发展自有其历史的承传性，但文学的存在也呈现着时代的特殊性。虽然同样由内在的情感出发而对"牛郎织女"投以强烈的关注，但唐代诗人却在他们的艺术实践中走上了一条"解构"与"重建"之路。

我们检索《全唐诗》，从中选出 45 位诗人的 65 篇诗歌，[①] 上述诗歌均涉及"牛女"、"织女"的内容。经过统计，有下面三个方面的情况值得注意：①在上述 65 篇诗歌中，借牛郎织女神话表达美好祝愿内容的诗歌占 1/3 强，而借牛郎织女神话表达相思忧伤情感的诗歌则占 1/3 弱。②在上述 65 篇诗歌中，有 4 篇诗歌描写了神仙化了的牛郎织女形象。韦渠牟《步虚词》（十六）："玉树杂金花，天河织女家。月邀丹凤舄，风送紫鸾车。雾縠笼绡带，云屏列锦霞。瑶台千万里，不觉往来赊。"[②] 诗中的"织女家"已经与瑶台仙界等同起来，是瑶台仙界的一部分了。杜甫《送孔巢父谢病归游江东兼呈李白》有"蓬莱织女回云车"的诗句。[③] 陈陶《蒲门戍

---

① 《全唐诗》以"七夕"为题的诗歌所在诸卷：卷二、三三、三五、三九、四二、四四、五三、五八、六二、七一、七三、九二、九五、九六、一〇五、一一九、一三〇、一三一、一三九、一六〇、二〇二、二〇七、二七一、二七七、二九八、三二五、三二九、三五七、三九〇、四六二、四六五、四六八、四七〇、四七四、五二七、五三九、五四〇、五四二、五六二、五七七、五七八、五九〇、六五六、六六三、六七一、六七二、六七九、七一七、七四九、七五四、七五五、八一二、八五八；《全唐诗》内容涉及"织女"的诗歌所在诸卷：卷二〇、二三、二八、二九、五一、五六、六九、七七、八六、九五、一一五、一四四、一七九、一八三、一八五、二一六、二二一、二三〇、二六五、三〇一、三〇二、三四〇、三六五、三七二、四一〇、四七〇、四七二、四七八、五二四、五四二、五六七、五六八、五七〇、六〇七、六五二、六八七、六九二、七〇九、七一〇、七一一、七六五、七六二、八〇四、八二七、八六七、八八三；《全唐诗》内容涉及"牛女"的诗歌所在诸卷：卷二六、一九八、二二一、二二四、二二五、三〇五、四〇〇、四二二、四二六、五七三、五九〇、七一七、七四五、七八〇。中华书局 1960 年版。

② 《全唐诗》卷二九，中华书局 1960 年版。

③ 《全唐诗》卷二一六，中华书局 1960 年版。

观海作》一诗更有"即此聘牛女，日祈长寿方"的诗句，将牛郎织女看成掌握长寿仙药的神人。① ③在上述 65 篇诗歌中，有 7 篇诗歌将织女所使用的织机、织机梭，织机的支机石，甚至织女衣都引入了诗歌之中。从某种意义上说，上述诗歌对于织机、支机石、织女衣、织机梭等的描写，已经超出了牛郎织女神话的范畴。

上述三个方面的情况，足已引发下面的思考：

第一，将神话中织女所使用的织机、织机梭，织机的支机石，甚至织女衣引入诗歌之中，并非偶然现象。南朝梁简文帝即有《七夕穿针诗》，《荆楚岁时记》亦有相关记载，② 说明这一习俗在南北朝时已经广为流行。七夕"乞巧"缘于牛郎织女神话中织女的"专业"属性，因此，织女使用的织机、织布的梭，乃至织女的衣服，也就成为人们崇拜的对象，是"巧"的产物和象征。织女支机石的传说应该缘于《荆楚岁时记》所载张骞乘槎寻河源的故事。上述记载虽然没有出现在今本《荆楚岁时记》中，但《天中记》与《太平御览》都有引录，未必不可信。③ 唐人赵璘《因话录》（卷五）："今成都严真观有一石，俗呼为支机石。"明人陆深《蜀都杂钞》记："支机石，在蜀郡西南隅石牛寺之侧，……旁刻'支机石'三篆文，似是唐人书迹。"④ 可知，不管支机石的传说在何时出现，但其在唐代广为流传是没有问题的。上述情况说明，与汉代诗人相比，唐代诗人对牛郎织女神话的关注已经由神话中的"一点"而扩展到"多点"，由于神话本身而超越神话并将目光触及与神话相关联的其他传说故事和民间杂俗的上面。由此势必导致唐代有关牛郎织女神话内容的诗歌创作，在情感、内容和题材等方面得到拓展和突破。

---

① 《全唐诗》卷七四五，中华书局 1960 年版。

② 今本《荆楚岁时记》并无七夕"乞巧"习俗的记载，《初学记》（卷四）"七月七日"条引《荆楚岁时记》有相关文字；亦引梁简文帝《七夕穿针诗》。见《初学记》卷三，中华书局 1962 年版。

③ 《天中记》及《太平御览》所引文字，参见袁珂、周明编《中国神话资料萃编》"牛郎织女"条，四川社会科学出版社 1985 年版，第 115 页。

④ 上述两则材料见袁珂《中国神话传说词典》"支机石"条所引，上海辞书出版社 1985 年版，第 48 页。

第二，在上述 65 篇诗歌中，虽然表现神仙内容的诗歌所占比例很小，但却是值得关注的。神话的仙化，并非简单意义上的神祇形象的仙化，而是神话结构和神祇形象在本质意义上的仙化改造。值得注意的是，一旦牛郎织女神话发生仙化演变，传统牛郎织女神话所确立起来的神话形象和神话体系，都将在神话的仙化过程中遭受不同程度的破坏。正如诗歌中所描绘的那样，作为神仙世界中的神祇形象，牛郎织女不必再凄凉苦守，他们的"家"已经成为"玉树杂金花"式的美丽的神仙世界，而他们也成为怀有仙丹妙药的神仙。显然，从某种意义上看，唐诗中仙化的牛郎织女形象的出现，是对秦汉以来牛郎织女神话所确立的思想价值和道德价值的"颠覆"，同时，也势必构成对传统牛郎织女神话叙事结构和由这种叙事结构所构成的情感表达形式的否定。

第三，在唐诗中，类似《古诗十九首》"迢迢牵牛星"那种借牛郎织女神话单纯描写两相分离而感情沉重伤怨的作品已经不多见。唐代诗人对神话中牛郎织女境遇的诗性观照，不但超越了个体情感的范畴，而且在深入个体内心世界的同时，又能够跳出个体的情感世界而面对普遍的人性和普遍人性的价值取向，并力求在上述层面的诗性考量中，给予一个"哲学意义"上的求解。以沈叔安《七夕赋咏成篇》为例，诗云："皎皎宵月丽秋光，耿耿天津横复长。停梭且复留残纬，拂镜及早更新妆。彩凤齐驾初成辇，雕鹊填河已作梁。虽喜得同今夜枕，还愁重空明日床。"[1] 诗歌前六句描写织女渡河前的焦急与喜悦的心情，而七八句突然一转，今夜"同枕"是"喜"，但明朝"空床"又是"愁"。诗歌的后面两句，与其说是对织女内心情感的描写，不如说是诗人自己的内心独白。而诗人这样的内心独白，并非从织女的个人愁怨出发而回落到个体的私情之上，而是借织女的愁怨表达对人间美好情感的渴望和追求。从这样的意义上看，唐代诗人似乎并不愿意"直面"神话中牛郎织女的境遇，因此，他们才在诗歌中表现了这种矛盾的情感。如李治《七夕宴悬圃二首》："羽盖飞天汉，凤驾越层峦。俱叹三秋阻，共

---

[1]　《全唐诗》卷三三，中华书局 1960 年版。

叙一宵欢。璜亏夜月落，靥碎晓星残。谁能重操杼，纤手濯清澜。"
"霓裳转云路，凤驾俨天潢。亏星凋夜靥，残月落朝璜。促欢今夕
促，长离别后长。轻梭聊驻织，掩泪独悲伤。"① 诗中织女的悲伤
是"共叙一宵欢"的悲伤，是"促欢今夕促"的悲伤。因此，诗
人借织女"一宵欢"、"今夕促"的悲伤而表达了长久欢乐、永远
幸福的渴望。其情感中所具有的普遍人性的价值取向，是鲜明而
实在的。

第四，这种带有普遍人性的价值取向，赋予了诗歌巨大的思想
价值和人文关怀价值。《古诗十九首》有"东城高且长"一诗。这
是一首站在个人的立场上抒发个人私情的作品。诗歌从个体的生命
感悟入手，引出渴望满足个体情欲要求的急迫愿望。从这样的角度
看，"迢迢牵牛星"所表达的思想和情感，也没有超出"个体"的
局限。而唐代诗人却不同。诗人们借诗歌所表达的情感，不但由个
体的私密空间上升到普遍的人性，而且还进一步将这种人性的视角
拉回到现实生活之中，在对现实生活的痛苦而理性的审视中，表达
自己同样痛苦但却是感性的情思。赵璜《七夕诗》云："乌鹊桥头
双扇开，年年一度过河来。莫嫌天上稀相见，犹胜人间去不回。欲
减烟花饶俗世，暂烦云月掩楼台。别时旧路长清浅，岂肯离情似死
灰。"② 诗人在诗中对牛郎织女一年一度的七夕相见，表达了深情却
又复杂而苦涩的感慨：相对于"人间去不回"而言，牛郎织女是幸
福和幸运的，虽然长久等待，但还有短暂的相会。"莫嫌天上稀相
见，犹胜人间去不回"两句，在浅白的描述中，包含了诗人深刻而
苦涩的情怀。卢殷《七夕》也是一篇这样的诗作："河耿月凉时，
牵牛织女期。欢娱方在此，漏刻竟由谁。定不嫌秋驶，唯当乞夜
迟。全胜客子妇，十载泣生离。"③ 而诗人杜荀鹤更将神话中天上的
"织女"拉回到地上人间，在诗人的诗性观照中，我们看到了"织
女"在人世间的凄凉境遇："他乡终日忆吾乡，及到吾乡值乱荒。云
外好山看不见，马头歧路去何忙。无衣织女桑犹小，阙食农夫麦未

---

① 《全唐诗》卷二，中华书局 1960 年版。
② 《全唐诗》卷五四二，中华书局 1960 年版。
③ 《全唐诗》卷四七〇，中华书局 1960 年版。

黄。许大乾坤吟未了，挥鞭回首出陵阳。"①

五　结语

　　与两汉时期不同，"七夕"在唐代已经成为一个包含着乞巧、祭机杼、求子、祈愿、宴饮等相关杂俗的风俗节日。因此，与汉代诗人相比，唐代诗人虽然同样表现出了对牛郎织女神话的关注，但唐代诗人并非孤立地去看待牛郎织女神话和神话中的男女主人公，而是将牛郎织女神话纳入"七夕"的框架之中。这样，牛郎织女神话的叙事结构，也便在"七夕"的整体框架之中被弱化甚至被解构；而由这种叙事结构所构成的情感和情感表达形式，也在这样的改变中逐渐失去了审美的吸引力。唐代诗人的诗性视阈，也便由汉代诗人"狭隘"的神话视角和厚重沉痛的思想情感，转向更加丰富多彩的内心世界和更为宽广复杂的社会生活。可以这样认为，至迟在唐代，牛郎织女神话就已经完成了向内涵丰富、功能多样的节俗形式的演变。值得注意的是，牛郎织女神话的这种演变，又是与唐代社会经济的发展而导致的生活的多样与复杂、思想的活跃与多维联系在一起的，而佛教悲天悯人精神与儒家仁爱思想的普及与融合，又使得唐代诗人具有了一种超越自我的慈悲人性和以我及人的大爱情怀。所有这一切都势必导致唐代诗人在牛郎织女神话中获得更为丰富多彩和复杂多样的感悟和认知。

---

　　① 《全唐诗》卷六九二（《自江西归九华》），中华书局1960年版。

第九章

汉代图像文学"文学性图像叙事"研究
——汉代墓地祠堂画像与《张公神碑歌》的创作

一 前言：学术史的回顾与问题的提出

《张公神碑》载于南宋洪适《隶释》（卷三），其后所附之"歌"，逯钦立《先秦汉魏晋南北朝诗》（汉诗卷十二）作《张公神碑歌》。《张公神碑歌》是对逝者的赞颂之辞，内容除论及逝者生前的功业和对逝者的褒扬之外，还涉及"张公"墓地的一些情况。有理由相信《张公神碑歌》的写作与"张公"墓地祠堂画像存在联系，其部分章节内容是对墓地祠堂画像相关画面的文学性描述。《张公神碑歌》的作者既是一位诗人，同时还是一位了解汉画像构图艺术的艺术家。《张公神碑歌》与汉代图像艺术的联系，使得《张公神碑歌》成为汉代图像文学写作的代表与典范，由此而取得的艺术成就，构成了《张公神碑歌》在汉代文学研究中的重要地位，也彰显出《张公神碑歌》研究的意义与价值。

刘勰《文心雕龙》已论及碑铭，唐封演《封氏闻见记》亦对碑铭有所著录，至赵明诚《金石录》、洪适《隶释》则为两汉碑铭研究之大成，后吴讷《文章辨体》、徐师曾《文体明辨》、姚鼐《古文辞类纂》则均有专论。上述著述于两汉碑铭或著录整理、或金石考论、或文体明辨，成绩斐然。近现代学者多步后尘，或有增益，但少有拓展。近一段时间一些博士、硕士学位论文开始关注汉代碑铭，但研究内容较多重复，或流于肤浅。

两汉碑文一般由散体的"志"或"序"和韵体的"铭"或"颂"两部分组成，亦有在韵文之后再附以"歌"或"诗"以作结者，《张公神碑歌》即属于此。相对于两汉碑文散体的"志"、"序"和韵体的"铭"、"颂"来说，学界对于上述"碑歌"或"碑诗"进行文学意义上的考察和研究，就显得更不充分了。

古时有图画于壁的习俗，或远古神祇，或宗祖考妣，或星宿苍穹，或边荒异物，或古时贤圣，或世俗传说，皆可图于壁、观于前。后人仰观画像，怀先贤之哲思，探上下之邃奥，发远古之幽情，述形神之脉理，莫不可炼于句而成于章，于此，称之为图像文学。汉人喜厚葬，墓室多有画像，石祠亦如此。《张公神碑歌》的写作即与"张公"墓地祠堂画像存在联系，而几近同时的王延寿《鲁灵光殿赋》的写作亦与宫殿壁画有关。二者一诗一赋，堪称汉代图像文学之双璧，然王延寿《鲁灵光殿赋》早有学者关注，《张公神碑歌》却少人问津，实乃缺憾。

本章的研究以《隶释》所载《张公神碑》和《先秦汉魏晋南北朝诗》所载《张公神碑歌》为本，以高文《汉碑集释》相关载录为参证，对"张公"墓地及相关建筑、祠堂画像与《张公神碑歌》创作、祠堂画像与《张公神碑歌》语言特点、汉代碑文与《张公神碑歌》艺术形式等几个方面的问题发表意见［按：下文"碑歌"泛指汉代碑铭韵文"铭"或"颂"之后所附之"歌（诗）"］。

二 《张公神碑》"碑文"与"碑歌"

《张公神碑》之"碑文"：

唯和平元年正月□□，朝歌长郑郴造□，张公建□良□之山，运置綦阳，刊凿涿摩，立左右阙，表神道□，竖碑庙堂之前，到五月□□乃成。长□□之，铭勒神懿光秘后昆。其辞曰：于穆张公，含和泰清。受符皇极，乾刚川灵。何天之休，元亨利贞。无□□贵，神耀洞□。□度□泉，殷商北坰。岳朝綦阳，厥土敞平。芝草茂木，潇潇滋荣。群萌勋□，激川通□。□□怀□，□□□□。□□□庙，克俭损盈。诏命有司，祭以中牲。岁聿再庆，公其飨零。兴来亿载，历数万君。□□□□，□□□太。□□显犹，昭拂英勋。□锡令福，惠此吏民。国无灾寇，屡获丰年。皇帝眉寿，干禄于天。牧守皆升，握台辅辰。长与丞尉，超迁相国。休□烈烈，无□□□。临犁阳营。谒者李君，畏敬公灵。好郑长文，彻奉佐工。悒□殷勤。□□□熹且惶，作歌九章达李君，颂公德芳。其辞曰：……

《张公神碑》之"碑歌"：

綦水汤汤扬清波，东流□折□于河。□□□□□朝歌，县以洁静无秽瑕。公□守相驾蜚鱼，往来悠忽遂熹娱，佑此兆民宁厥居。

出自綦□□□□，松柏郁茂兰公□。□神往来乘浮云，种德收福惠斯民。家饶户富无□贫，疆界家静和睦□。

朝歌荡阴及犁阳，三女所处各殊方。三门鼎列推其乡，时携甥幼归候公。夫人□□□容□，□□□□飨□觞。穆风屑兮起坛旁，乐吏民兮永未央。

鹿呦呦兮□□庭，文乐乐兮□□□。饮清泉兮□□□，见□伏兮不骇惊。唯公德兮之所宁，上陵庙兮助三牲。天时和兮甘露泠，日番□兮无亏倾。

□□蜚兮朱鸟栖，□□荣兮鸣喈喈。□鹄剿兮乳徘徊，给御卵兮献于西。唯公德兮之所怀。

池水□兮钓台粲，四角楼兮临深涧。鱼岌岌兮踊跃见，振鳞尾兮游旰旰。时钓取兮给烹献，唯公德兮之所衍。

栗萧□兮□铺陈，新美萌兮香蕊芬。蕙草生兮满园田，竞苔茗兮给万钱。唯公德兮之所□。

门堂郁兮文耀光，公神赫兮坐东方。明暴视兮俨印印，夫人□女兮列在旁。陈君处北兮从官□，车骑骆驿兮交错重。乘辌轺兮驾蜚龙，骖白鹿兮从仙童，游北岳兮与天通。

玄碑既立双阙建兮，□□□□大路畔兮。亭长阁□□扞难兮，列种槐梓方茂烂兮。天下远近□不见兮，公神日著声洞遍兮。□□乾巛传亿万兮。

《碑歌》第一章是总写。第一、二句中的"綦水"即指"淇水"，诗中说淇水浩浩荡荡折向东方汇入黄河。第三句缺五字，意义不明，但最后两字是"朝歌"，疑前面所缺五字是修饰"朝歌"二字的。《碑歌》第三章有"朝歌荡阴及犁阳"句，涉及朝歌、荡阴（汤阴）、犁阳（黎阳）三地。上述三地呈西、北、东三角形处于古黄河北岸，淇水于中流经。第一章五、六句"公□守相驾蚩鱼，往来悠忽遂熹娱"二句，"公□"疑应为"公神"，指"张公"的神灵驾着"飞鱼"往来于朝歌、荡阴、犁阳三地。因此，本章的三、四句承接一、二句，仍然是对淇水的描写。其意义应该是淇水经过朝歌，洁净无瑕，流泽广布；张公的神灵驾着"飞鱼"往来于朝歌、荡阴、犁阳三地，保佑三地百姓安居乐业。

《碑歌》第二章第一句缺四字，导致意义理解的困难。然"綦"后面应为"水"字，而将"出自綦（水）"四字联系起来，这一句后面的内容似乎应该与"綦水"有联系；第二句最后一字应为"神"字，而将上述两句联系起来看，第一句没有出现的"主语"应该泛指"张公"的墓地及墓地上的建筑。因此，《碑歌》第二章前两句的意思是说："张公"的墓地及墓地上的建筑就在"綦水"的岸边，四周松柏茂盛。第三句的第一字应该是"公"字，三、四句的意思是说："张公"的神灵乘着"浮云"往来于此，播种恩德，收获福瑞，惠及下民。接下来的五、六句在诗意上上承三、四句。第六句最后一字，逯钦立《先秦汉魏晋南北朝诗》认为"当是邻字"。这样，诗歌第二章最后两句的意思也就大致明了了：在"张公"神灵的佑护下，家家丰饶，户户富裕，疆界和平，邦邻友好。

《碑歌》第三章第一句首先交代了三处地点，即朝歌、荡阴、犁阳三地，但后一句的"三女"却较难理解，或即指前句朝歌、荡阴、犁阳三地。《水经注·淇水》（卷九）云："淇水又径南罗川，又历三罗城北，东北与女台水合，水发西北三女台下，东北流注于淇。"故诗句中的"三女"似指女台水的发源地"三女台"。然而，如果将诗句中的"三女"释为女台水的发源地"三女台"的话，那么诗句"三女所处各殊方"中的"各"字又难于理解了。诗句中的"各"字的运用，说明"三女"中的"三"是实指，其与下一句"三门鼎列推其乡"中的"三"同义。而且下一句的"三门"似直接上承"三女"而来，并与后面描绘"张公"的后人经常回到墓地拜祭的诗句构成诗义上的自然联系。

从这个意义上看，诗句中的"三女"亦似实指"张公"的后人，第一句的朝歌、荡阴、犁阳三地即是其后人所居之地。如此，第三章前四句的意义也便通顺了。第三章后四句是对"张公"家人"时携甥幼归候公"的描写，第五句"夫人"二字显示出这一句是对"张公"家人的描写，第六句有"飨"、"觞"二字，似是对拜祭酒食的描写，而七、八两句则是总的颂扬：清风肃穆、吏民欢乐。

《碑歌》第四、五、六、七章，每章皆有对"张公"之"德"的赞誉之语，且句式基本相同，如第四章"唯公德兮之所宁"、第五章"唯公德兮之所怀"、第六章"唯公德兮之所衍"、第七章"唯公德兮之所□"，这说明上述四章在内容上是有联系的。

《碑歌》第四章前四句应该是对祥瑞之兽——鹿的描写，接下来的三句分别描写了"瑞鹿"的情状：花纹美丽、畅饮清泉、宁静祥和。据此，第四句"见□伏兮不骇惊"的缺字或可为"张公"之"公"字。这是说"瑞鹿"见到"张公"并不惊骇，现出祥瑞之象，故而引出第五句"唯公德兮之所宁"。

《碑歌》第五章是对"瑞鸟"的描写。第一句出现"朱鸟"二字，第三句出现"鹄"字，而第一句"朱鸟栖"三字应该与前面的"□□蜚"相对，这样，"蜚"前面所缺二字似应为"凤鸟"。而第二句"□□荣兮鸣喈喈"，后三字写瑞鸟的鸣和之声，前面的第三字又是一个"荣"字，故前面所缺二字应该是对瑞鸟所栖之处（或为"大树"或为"屋脊"）的描写。如此，第五章一、二句是描写凤鸟飞翔、朱鸟栖息、大树繁茂、瑞鸟和鸣的景象。

　　本章的第三句描写"鹄"。"□鹄剿"三字的意义颇为费解。"剿"或为"巢"字之误，则本句诗意亦可通；然而汉画中也有"大树射鸟"的构图，将"□鹄剿"三字与"大树射鸟"构图联系起来，亦可通。依后者，这一诗句的意思是大的鹄鸟被射落而其他幼者还在树上徘徊。第四句中的"御卵"当指上述瑞鸟之卵，是能够使人长寿的仙药；"献于西"似说献给"西王母"。诗歌第八章有"公神赫兮坐东方"句，"坐东方"即是坐东而面西，有向"西方"趋向的意思。西方是"西王母"所在地，也是"月宫"所在地，"张公"的神灵也要到"西方"去，因此"献于西"也可以理解为献给将要到达"西方"的"张公"的神灵。

　　《碑歌》第六章是对"楼台"、"池水"的描写。一池清水，一处钓台。第二句应该是对"钓台"的描写，说它四角高楼，濒临深涧。接下来的二句描写水中游鱼。第五句是对三、四两句的补充，意思是说水中游鱼可以钓取出来作为祭品呈献。

　　《碑歌》第七章是对"园田"的描写。第一句出现了"栗树"与"萧草"，其后"□铺陈"因缺第一字而不知何指，似不应指"园田"中的香草，因第三句"蕙草生兮满园田"已经对"园田"中的香草进行了描写。第二句承接第一句而来，描绘"园田"草木的萌生、美丽和芬芳。本章的第四句难于理解。"竞苔茗兮给万钱"其中"苔"指苔藓，"茗"指香茶。"竞苔茗"似指苔茗竞繁，而"给万钱"则不知何指？古有苔钱之称，"苔茗"与"万钱"联系起来，似带有吉祥富贵之意。

　　上述四章分别描写了"瑞兽"、"瑞鸟"、"池水"、"园田"等鸟兽、树木和场景，而且在每章描写结束之后，都有一句"总结"的诗句，并以"宁"、"怀"、"衍"、"□"四字来概括，见出"碑歌"作者之于情感和艺术上的追求。需要指出的是，第四章"唯公德兮之所宁"接下来的三句"上陵庙兮助三牲"、"天时和兮甘露泠"、"日番□兮无亏倾"，在意义上不能顺利地承续前文，而且上述三句的存在，也构成对诗歌第四、五、六、七章整体结构的"破坏"。

　　《碑歌》第八章是一个带有总结性的描写。《碑歌》第一句"门堂郁兮文耀光"的"门堂"不知何指，如果这一句是对"张公"祠堂的描写，那么接下来的"郁"与"文耀光"的意义也就清楚了，大致是说"张公"的祠堂文采明盛、光辉明亮。第二、三句是对"张公"的描绘。《碑歌》第二句写他的神灵坐东面西，第三句写他的神灵端视前方，神态器宇轩昂。"暴视"形容目光敏锐、炯炯有神；"卬卬"同"昂昂"，形容神态、气质轩昂。第四句写"张公"家属的情况，其中"□女"或上承第三章"三女"、"三门"而同样为"三女"，如此，这一句是说"张公"的夫人及三女恭列在"张公"的两旁。

　　本章第五句"陈君处北兮从官□"难于理解。首先"陈君"何意？其次"官□"因缺一字而不知何解，本章第六句"车骑骆驿兮交错重"是写车骑众多的情况。"骆驿"同"络绎"，而"交错重"的意思演绎了"络绎"的内涵。第六句既然是对车骑众多的情况的描写，那么第五句"陈君处北兮从官□"也应该与"车骑"的情况有关。从这个意义上来推断，第五句的"陈君"之"君"似指已经"故去"的"张公"，而"官□"的意义似与"官道"有关。如此，上述二句是说"故去"的"张公"从"北面"进入"官道"，跟随的车骑络绎不绝。而接下来的二句"乘锐轺兮驾蚩龙"、"骖白鹿兮从仙童"恰是对"张公"神灵"仙游"景象的描绘。

　　那么，"张公"的车骑要往何处去？去的目的为何？第九句"游北岳兮与天通"给予了回答。值得注意的是，"张公"的神灵要"游北岳"而"与天通"，故第五句写"故去"的"张公"从"北面"进入"官道"。两相对照，前文对第五句诗意的推断应该是合理的。

　　《碑歌》第九章是对全诗的一个总结。第一句"玄碑既立双阙建兮"意义明了。第二句"□□□□大路畔兮"缺四字，使得这一句意义难明，但这一句上承前一句而来，这一句后三字又是"大路畔"，所以这一句的"主语"应该是前一句的"玄碑"、"双阙"等墓地建筑。如此，上述两句是说"张公"的墓地立"碑"，又建了"双阙"，正好位于"大路"之畔。第三句"亭长阎□□扞难兮"

的"闇"是指"闇者"，守门之人的职责与"亭长"一样，都是墓地的守护者。故"扜"即"捍"字，他们捍卫墓地，驱逐灾难。第四句"列种槐梓方茂烂兮"是对墓地的总写，因为"方茂烂兮"，所以引出下一句"天下远近□不见兮"的夸赞之语。其中"□不见"当是"无不见"的意思。最后二句"公神日著声洞遍兮"、"□□乾巛传亿万兮"是对"张公"的赞誉之词："张公"神灵声誉日著，播布天地，亿万传诵。

"巛"即"坤"字，而"乾巛"意义难明。《全后汉文》（卷六十三）《张公神道石阙铭》有"乾纲巛灵"句，"乾"与"巛"相对，泛指天地。"□□乾巛传亿万兮"中的"乾巛"也应该是天地的意思。

三　《张公神碑歌》与"张公"
祠堂墓地附属建筑

汉人喜厚葬，墓地之上多有"祠堂"一类的石制建筑。《隶释》（卷三）所载《张公神碑》云："唯和平元年正月□□，朝歌长郑郴造□，张公建□良□之山，运置綦阳，刊凿涿摩，立左右阙，表神道□，竖碑庙堂之前，到五月□□乃成。"知"张公"墓地之上应有"石阙"、"庙堂"等附属建筑。

《张公神碑歌》第八章有"门堂郁兮文耀光"句，其中"门堂"何所指，并不能明确。值得注意的是，第八章"门堂郁兮文耀光"后二句"公神赫兮坐东方"、"明暴视兮俨卬卬"所描述的，是"公神"端坐的形象。这样的形象描述与汉代祠堂后壁画像墓葬主人端坐接受拜祭的构图极为相似。从这样的角度看，第八章"门堂"所指，应该是"张公"墓地上的祠堂。这样的推断与《隶释》（卷三）所载《张公神碑》"竖碑庙堂之前"的内容相符，其中的"庙堂"，应该就是第八章的"门堂"。

为逝者建造祠堂一类的墓地附属建筑，在汉代较为普遍，而且在祠堂一类的墓地附属建筑中大都刻有画像。

《水经注·济水》（卷八）记汉荆州刺史李刚墓云：

> 石阙、祠堂、石室三间，椽架高丈余，镂石作椽瓦屋，施平天造，方井侧荷梁柱，四壁隐起，雕刻为君臣、官属、龟龙、鳞凤之文，飞禽、走兽之像。①

对此，《隶续》（卷十八）更有详细的载记，其云：

> 右荆州刺史李刚石室残画像一轴，高不及咫，长一丈有半。所图车马之上横刻数字云："君为荆州刺史时。"前后导从有驺骑，有步卒，标榜皆湮没。在后一车，碑失其半，止存"东郡"二字。向前一车，车前有榜，唯"郡太守"三字可认。前后亦有驺骑、步卒及没字榜。又一车，仅存马足，泰半无碑。少前六骑，形状结束，胡人也。其上亦刻数字，唯"乌桓"二字可认。汉长水校尉，主乌桓骑，又有护乌桓校尉。此以乌桓为导骑，必二校中李君尝历其一。所图《列女传》三事：其一，三人，车一，马一；无盐丑女，齐宣王，侍郎，凡三榜。车前一榜，无字。其一，四人，三榜，唯梁高行、梁使者二榜有字。此二列女，武梁碑中亦有之。其一，四人，樊姬，楚庄王，孙叔敖，梁郑女，凡四榜。后有一榜而阙其人。②

值得注意的是，上引《水经注·济水》（卷八）有关李刚墓的文字，在描述李刚墓地附属建筑时，提到"石阙、祠堂、石室三间"，其中"石室"何指，并不清楚，而在《隶续》（卷十八）所载文字中，则明确"李刚石室"，并不涉及祠堂。我们以为，此"李刚石室"即是李刚墓地之上的祠堂，"石室"即是"祠堂"，而《水经注》（卷八）所云"石阙、祠堂、石室三间"，应为"石阙、

---

① （后魏）郦道元：《水经注》卷八《济水》，岳麓书社1995年版，第130页。
② （南宋）洪适：《隶释隶续》卷十八，中华书局1986年版，第436页。

祠堂石室三间"。

简单说来，汉代墓地祠堂形制主要有四种：其一，单开间平顶式；其二，单开间悬山顶式；其三，双开间悬山顶式；其四，双开间悬山顶后壁有龛式。汉代祠堂形制至今没有发现"三间"形制的建筑，故推断所谓"祠堂石室三间"当指"祠堂石室"的数量而非一座"祠堂石室"的间数。如嘉祥武氏祠，就是由"武梁祠一"、"前石室二"、"左石室三"、"后石室四"等多间"石室"构成的祠堂群。

以"石室"指"祠堂"，在汉以来是有传统的。江苏徐州大庙晋汉画像石墓前室西壁南面画像边框右侧，刻有一行题记，云："起石室□直五万二千。《孝经》曰：卜其宅兆，而安措之，为家庙以鬼神飨之。"此题记前一句是说建造"石室"所费钱财，后一句引《孝经》语说明建造"石室"的作用与传统，而所引《孝经》"家庙"一词，已说明前句"石室"之"祠堂"的性质。高文《汉碑集释》之《武梁祠堂画像题字（一）》引黄易《修武氏祠堂记略》在记载武氏诸祠修复之前的情况时说："乾隆丙午秋八月，自豫还东，经嘉祥县署，见《志》载：'县南三十里紫云山西，汉太子墓石享堂三座，久没土中，不尽者三尺，石壁刻伏羲以来祥瑞及古忠孝人物，极纤巧。汉碑一通，文字不可辨。'易访得拓取，堂乃武梁，碑乃武斑……九月，亲履其壤，知山名武宅，又曰武翟。历代河徙填淤，石室零落，次第剔出武梁祠堂画像三石。"[①] 上述文字，前言"石享堂三座"，后云"石室零落"，其后句"石室"即指前句"石享堂"，为祠堂。

从上文所引《水经注·济水》和《隶续》（卷十八）李刚墓描述性文字看，李刚墓画像应该是"石室"即祠堂中的画像。在祠堂石壁刻绘画像，在汉代已经成为一种墓葬习俗。

《水经注·济水》（卷八）又引戴延之《西征记》载：

> 焦氏山北数里，汉司隶校尉鲁峻穿山得白蛇、白兔，不葬，

---

① 高文：《汉碑集释》，河南大学出版社1997年版，第105页。

更葬山南，凿而得金，故曰金乡山。山形峻峭，冢前有石祠、石庙，四壁皆青石隐起，自书契以来，忠臣、孝子、贞妇、孔子及弟子七十二人形象，像边皆刻石记之，文字分明。①

所谓"忠臣、孝子、贞妇、孔子及弟子七十二人形象"，当为画像中的人物构图，而"像边皆刻石记之，文字分明"，当是上述形象旁边的"榜题"。从上述文字的记载中可知，上述画像是祠堂中的画像。

《水经注·濊水》（卷三十一）云：

水南道侧，有二石楼，相去六七丈，双峙齐竦，高可丈七八，柱圆围二丈有余，石质青绿，光可以鉴。其上栾栌承拱，雕檐四注，穷巧绮刻，妙绝人工。题言：蜀郡太守，姓王，字子雅，南阳西鄂人，有三女无男，而家累千金。父没当葬，女自相谓曰：先君生我姊妹，无男兄弟，今当安神玄宅，翳灵后土，冥冥绝后，何以彰吾君之德？各出钱五百万，一女筑墓，二女建楼，以表孝思。②

上文所言"石楼"同样属于墓地之上的纪念性建筑，其性质和功用与祠堂应该是相同的。此二石楼"雕檐四注，穷巧绮刻，妙绝人工"，不仅指建筑形式和技巧，也当包括雕刻和画像方面的艺术表现。

又《隶续》（卷十七）云：

右鲁峻石壁残画像：二石，并广三尺，崇二尺。此石上下三横，首行一榜云：祠南郊从大驾出时。次有大车，帐下骑，鲜明骑，小吏骑，凡十六榜。大车之上一榜三字，上两字略有左畔偏旁似是校尉骑字。车前两旁鲜明八骑，步于中者四人。

---

① （后魏）郦道元：《水经注》卷八《济水》，岳麓书社 1995 年版，第 130 页。
② （后魏）郦道元：《水经注》卷三十一《濊水》，岳麓书社 1995 年版，第 464 页。

铃下三十余骑，如鱼鳞然，列两行横车之后。后有骑马二匹，
帐下一骑，小吏持幢四骑。次横，荐士一人，有榜，奏曹书
佐，主簿车，各一榜。有车马，骑史仆射二骑，铃下二骑，各
有榜。第三横，冠剑接武十有五人，人一榜，阙里之先贤也。
次石上横两榜云：君为九江太守。时车前导者八人后骑石损其
半。少前一榜样云：功曹史导。有车马。车前二骑，榜湮灭。
中横但刻云气。下横十有六人，形象标榜与前石同。①

　　上述二画像石属于纵向式构图。前者从上到下共三层画面：首
层画面表现的是车马出行的内容；次层画面表现的仍然是车骑的内
容；第三层画面所表现的似是迎送的场面。后者所描绘的应为墓葬
主人为"九江太守"时出行与迎送的场面。在《隶续》（卷十七）
所载上述文字中，虽然没有此二画像石出于何处（墓室或地上祠
堂）的文字，但画像所描绘的内容，在汉代祠堂画像中均有类似的
构图，故上述画像石很有可能属于祠堂壁石。

　　汉代为逝者立碑较为普遍，但具体情况颇为复杂，"有死者于
生时豫自命之者"、"有子孙立之者"、"有女立之者"、"有弟子立
之者"、"有门生立之者"、"有同岁生立之者"、"有友人同志立之
者"、"有国人立之者"、"有地方官长立之者"、"有故吏民立之
者"、"有宗族故旧门人合立者"、"有乡人姻族合立之者"、"有故
吏之子立之者"、"又有子孙之门人立之者"、"有天子特诏树碑者"
等。②《张公神碑》云："唯和平元年正月□□，朝歌长郑郴造□，
张公建□良□之山，运置綦阳，刊凿涿摩，立左右阙，表神道□，
竖碑庙堂之前，到五月□□乃成。长□□之，铭勒神懿光秘后昆。"
知"张公神碑"乃"朝歌长郑郴"所立。

　　《张公神碑歌》第九章在"玄碑既立"的后面还有"双阙建"
诸字，说明"张公"的墓地既有"碑"还有"双阙"这样的建筑
物。于墓地之上立阙，也是汉代丧葬习俗。

---

① （南宋）洪适：《隶释隶续》卷十七，中华书局1986年版，第433页。
② 参见杨树达《汉代婚丧礼俗考》，上海古籍出版社2000年版，第124—129页。

　　《汉书·霍光传》载："太夫人显改光时所自造茔制而侈大之。起三出阙，筑神道，北临昭零，南出承恩。"① 《后汉书·宦者列传》载侯览"豫作寿冢，石椁双阙"②。上述二人，一为"大司马大将军"，一为权倾一时的大宦官；而前者霍光茔墓，在其生时既已建造，后者侯览也是"豫作寿冢"。《张公神碑歌》中的"张公"似不能与二人相比。

　　《水经注》对汉墓碑阙残存情况多有记述。如《水经注·济水》云："黄水东南流，水南有汉荆州刺史李刚墓。见其碑。有石阙。"③《水经注·颍水》云："别汝又东经蔡冈北。冈上有平阳侯相蔡昭冢。……冢有石阙，阙前有二碑。"④《水经注·洧水》云："（绥水）东南流，径汉宏农太守张伯雅墓。……表二石阙。"⑤《水经注·潩水》云："潩水东经应城南，……彭水注之，俗谓之小潩水，……北流经彭山西。……彭山径其西北，汉安邑长尹俭墓东。冢西有石庙，庙前有两石阙。"⑥

　　上述墓前有阙者，或为"荆州刺史"，或为"平阳侯相"，或为"安邑长尹"，其官职地位虽不能与霍光等人相比，但也是州府大吏。以此观之，《张公神碑歌》中"张公"的官职，当不在其下。而《盐铁论·散不足》则云："今富者积土成山，列树成林，台榭连阁，集观增楼。中者祠堂屏阁，垣阙罘罳。"⑦ 看来《张公神碑歌》中的"张公"至少在"中者"之列。

　　再者，《张公神碑歌》第六章"池水□兮钓台粲"、"四角楼兮临深涧"二句，分别写到"池"、"钓台"、"四角楼"等田园设施及建筑。上述田园设施及建筑是否墓葬附属建筑，值得怀疑。史籍中多有记载墓地附属建筑者，《水经注·洧水》云："（汉宏农太守张伯雅墓）旧引绥水南入茔域，而为池沼。沼在丑地，皆蟾蜍吐

①　（东汉）班固：《汉书》卷六十八《霍光传》，中华书局 1962 年版，第 2950 页。
②　（南宋）范晔：《后汉书》卷七十八《宦者列传》，中华书局 1965 年版，第 2523 页。
③　（后魏）郦道元：《水经注》卷八《济水》，岳麓书社 1995 年版，第 130 页。
④　（后魏）郦道元：《水经注》卷二十二《颍水》，岳麓书社 1995 年版，第 322 页。
⑤　（后魏）郦道元：《水经注》卷二十二《洧水》，岳麓书社 1995 年版，第 323 页。
⑥　（后魏）郦道元：《水经注》卷三十一《潩水》，岳麓书社 1995 年版，第 461 页。
⑦　王利器校注：《盐铁论》卷六《散不足》，中华书局 1992 年版，第 353 页。

水，石隍承溜。池之南，又建石楼。石庙前，又翼列诸兽。"① 从上述记载中可知，汉宏农太守张伯雅墓的"茔域"之内，既有"池沼"，又建有"石楼"，规模颇为壮观，与《张公神碑歌》第六章"池水□兮钓台粲"、"四角楼兮临深涧"二句所描写颇为一致，但后者"钓台"、"四角楼"尤其是"钓台"类建筑，在功用上与墓地附属建筑并不一致，而且"钓台"类建筑又是汉画像中经常出现的形象，所以推断"池水□兮钓台粲"、"四角楼兮临深涧"二句所涉及的"池"、"钓台"、"四角楼"等田园设施及建筑，并非"张公"墓地实有建筑。

综上所述，在墓室或祠堂刻绘画像，在汉代已经成为一种丧葬习俗，具有某种身份、地位或财富的人，在生前或故去之后，都可以在墓室或祠堂中装饰画像。既然"张公"墓地建有碑阙、祠堂一类的附属建筑，说明"张公"并非一般农村土财主，而"神碑"既立，又有"犁阳营谒者李君"前来缅怀，并"作歌九章"以示仰慕，说明"张公"当有较高的身份和地位。如此，在汉代厚葬之风影响下，"张公"墓地之上建有祠堂，祠堂石壁之上刻有画像，是极有可能也不足为过的。沈括《梦溪笔谈》载：济州金乡县发一古冢，乃汉大司徒朱鲔墓。石壁皆刻人物祭器乐架之类。人之衣冠多品，有如今之幞头者巾额皆方，悉如今制，但无脚耳。妇人亦有如今之垂肩冠者，如近年所服角冠，两翼抱面，下垂及肩，略无小异。根据上述文字记载，可以明确上述画像皆属于墓室画像的性质，内容涉及人物活动、祭品陈列、乐舞表演等内容。

《汉书·食货志上》载："至武帝之初七十年间，国家亡事，非遇水旱，则民人给家足，都鄙廪庾尽满，而府库余财。京师之钱累百巨万，贯朽而不可校。太仓之粟陈陈相因，充溢露积于外，腐败不可食。"② 上述记载虽有夸张之嫌，但也能够说明，经过汉初以来的休养生息，汉代社会经济获得了较高程度的发展。《盐铁论·散不足》以古今对比的方式描述了西汉时期（汉昭帝始元六年，公元

---

① （后魏）郦道元：《水经注》卷二十二《洧水》，岳麓书社 1995 年版，第 323 页。
② （东汉）班固：《汉书》卷二十四《食货志上》，中华书局 1962 年版，第 1135 页。

前81年前）社会生活状况，其某些描述可以与上文所引《汉书·食货志上》的记载互为见证。如云："今富者逐驱豲网罝，掩捕麛鷇，耽湎沉酒铺百川。鲜羔□，几胎肩，皮黄口。春鹅秋雏，东葵温韭浚，茈蓼苏，丰□耳菜，毛果虫貉。"又云："今富者连车列骑，骖贰辎轺。""今富者绣绣罗纨，中者素绨冰锦。""今富者银口黄耳，金罍玉钟。中者野王纻器，金错蜀杯。""今富者黼绣帷幄，塗屏错跗。中者锦绨高张，采画丹漆。""今熟食遍列，殽施成市，作业堕怠，食必趣时，杨豚韭卵，狗□马朘，煎鱼切肝，羊淹鸡寒，桐马酪酒，蹇捕胃脯，聊羔豆赐，殽膢雁羹，臭鲍甘瓠，熟粱貊炙。"① 而王符《潜夫论·浮侈》的某些描述亦可为证："今京师贵戚，衣服饮食车舆文饰庐舍，皆过王制，僭上甚矣。从奴仆妾，皆服葛子升越，筩中女布。细緻绮縠，冰纨锦绣。犀象珠玉，虎魄瑇瑁，石山隐饰。"② 以如此之奢华，形成厚葬之风气，自是当然。即如上引《盐铁论·散不足》所云："今富者积土成山，列树成林，台榭连阁，集观增楼。中者祠堂屏阁，垣阙罘罳。"故"世以厚葬为德，薄终为鄙"③。而"京师贵戚，郡县豪家，生不极养，死乃崇丧。或至刻金镂玉，檽梓楩柟良田造茔，黄壤致藏，多埋珍宝，偶人车马造起大冢，广种松柏，庐舍祠堂，崇侈上僭"④。

由此我们可以得出结论：汉代厚葬之风鼎盛，墓地之上奢华的附属建筑以及大量画像，正是汉代厚葬风俗的产物。以此观之，《张公神碑歌》所述"张公"墓地即"茔域"有碑阙、祠堂等附属建筑，在汉代厚葬风俗的背景下来看，是不足为过的。同时，上述情况还能说明，在墓室或祠堂刻绘画像，在汉代已经成为丧葬习俗，具有某种身份、地位或财富的人，在生前或故去之后，都可以在墓葬或祠堂中装饰画像。而"张公"祠堂画像的存在，是完全有可能的。

---

① 王利器校注：《盐铁论》卷六《散不足》，中华书局1992年版，第353页。

② 王符：《潜夫论·浮侈》，见（南宋）范晔《后汉书》卷四十九《王符传》，中华书局1965年版，第1635页。

③ （南宋）范晔：《后汉书》卷一《光武帝记》，中华书局1965年版，第51页。

④ 王符：《潜夫论·浮侈》，见（南宋）范晔《后汉书》卷四十九《王符传》，中华书局1965年版，第1637页。

四　从汉代碑文的"常体"看《张公神碑歌》的"变体"写作

　　汉代碑文（功德碑和墓碑）大体由散体的"志"或"序"及韵体的"铭"或"颂"两部分组成。散体的"志"或"序"也有四言韵文者，而韵文的"铭"或"颂"则多为四言形式。四言韵文的"铭"或"颂"具有庄严典重、肃穆清俊的特点，这是由碑铭的性质和特殊性所决定的，然而这种四言形式的韵文，庄重肃穆有余而缺少灵性和情感，如碑文对象是所钦佩仰慕感动之人，又间以深厚情感或个人私情，再望以作碑铭勒而昭示来者，则四言韵文形式确多束缚和不足，因此，两汉碑文亦有在四言韵文之后再附以"歌"或"诗"以作结者，《张公神碑歌》即属于后者。这样的情况，还可以举出《李翕析里桥郙阁颂》和《景君碑》为例。① 这种有别于汉碑"常体"的写作形式，可以看作是汉碑"常体"中的"变体"。

　　这种"变体"的出现是与碑文主人的功业和碑文作者的情感联系在一起的，对此，赵明诚《金石录》（卷十六）对李翕筑桥建阁的功业及民众感激之情的描述可为证。② "郙阁"故址在今陕西略阳

----

　　① 《李翕析里桥郙阁颂》颂文之后，附骚体"新诗"云："□□□□兮坤兑之间。高山崔□兮水流荡荡。地既□确兮寇为邻。□□□□□□以析分，或失绪业兮至于困贫。危危累卵兮圣朝闵怜。髦艾究□兮幼□□□，□□救倾兮全育□遗，劬劳日稷兮惟惠勤勤。黄邵朱龚兮盖不□□。□□充赢兮百姓欢欣，金曰太平兮文翁复存。"（南宋）洪适：《隶释》（卷四），中华书局1986年版，第54页。《景君碑》"诔"后之"乱"云："考积幽岁，丧至□兮。□□□□，翔议郎兮。再命虎将，绥元元兮。规策矩谟，主忠信兮。羽卫藩屏，抚万民兮。□□□□，恩弥盛兮。宜参鼎□，坚干祯兮。不永麋寿，□臣子兮，仁敦海岱，著《甘棠》兮。刊石勒铭，□不亡兮。"（南宋）洪适：《隶释》卷六，中华书局1986年版，第73页；参见高文《汉碑集释》，河南大学出版社1997年版，第61—65页。

　　② 赵明诚《金石录》卷十六云："郡西狭中道，危难阻峻，缘崖俾阁，两山壁立，隆崇造云。下有不测之谿，陕笮促迫，财容车骑。进不能济，息不得驻，数有颠覆陨隧之害。君勅衡官有秩李瑾、掾仇审，因常縣道徒，□烧破析，刻□□嵬，减高就埤，柙致土石，坚固广大，可以夜涉，四方无雍。行人懽悀，民歌德惠，穆如清风，乃刊斯石。"（北宋）赵明诚：《金石录》卷十六，金文明校正，广西师范大学出版社2005年版，第274页。

县西嘉陵江边，汉时名曰析里。此地上有高崖，下临深涧，崖险流急，稽滞商旅，为郡县所苦。李翕是在汉灵帝建宁三年（公元170年）二月到官，建宁五年（公元172年）即作颂立碑，前后仅隔两年，说明李翕筑桥建阁在当时是一件泽惠民生的好事和大事。这一点也能从《郙阁颂》"后记"中反映出来。《郙阁颂》"后记"罕见地载录了作颂者和书颂者的名字，一方面说明人们对这件事的重视和感激，另一方面也希冀在这种"勒石示后"的千古遗芳中获得一丝沾溉。洪适《隶释》（卷六）所录《景君碑》作《北海相景君碑》。从碑文"后记"部分看，立碑者是"景君"为官北海相时的故吏，仅碑阴刻以名字者就有54人，又云："行三年服者凡87人。"北海相景君卒于汉顺帝汉安二年（公元143年），此碑当立于上述87人服丧结束之后，即汉质帝本初元年（公元146年），碑文"圣典有制，三载已究，当离墓侧，永怀靡既"诸语可为证。上述87人当包括逝者的直系亲属，但绝大部分还应该是故吏属官。上述诸人仅以"故吏属官"的身份而服丧3年，在"逾情越礼"的同时，也能反映出他们与逝者深厚的私情关系。故碑文于"诔"后再以"乱"作结，也是这种深厚情感的反映。《张公神碑歌》创作动机，同样是作者"李君"对"张公"的"畏敬"之情和对"郑郴"之"碑文"于情感上的感悟和认同，然而，与《郙阁颂》和《景君碑》相比，《张公神碑歌》的篇幅更长，达9章61句427字，构思更缜密，描绘更细致，想象更丰富，词语更富丽、准确和生动。这说明《张公神碑歌》在艺术构思、艺术表现和诗歌语言运用等方面，已经非同类"碑歌"可比。

在论及《张公神碑歌》写作形式时，洪适以为"其辞依放《离骚》"①。然而，《张公神碑歌》第一、二章是完整的七言形式；第三章前六句是七言，而最后两句加入"兮"字，并至全歌结束。从这样的情况看，《张公神碑歌》并不是严格地按照骚体的形式来写作的，准确地说，《张公神碑歌》是以"七言"与"骚体"相组合的形式进行创作的。这样一种形式的写作，相信不是作者的率性而

① （南宋）洪适：《隶释》卷十二，中华书局1986年版，第43页。

为，应该是充分艺术构思的结果，同时，也应该看到《张公神碑歌》以七言与骚体相组合的艺术形式的创作，在汉代碑文（碑歌）中并非个案。汉代碑文（碑歌）中有四言与骚体相组合的作品，1973年于天津武清县出土的《鲜于璜碑》即是。此碑有长篇序文（志），并于序后以"颂歌"作结。①此碑是鲜于璜孙辈所立。鲜于璜卒于汉安帝延光四年（公元125年），立此碑时已是汉桓帝延熹八年（公元165年），相隔了40年。40年所积淀的情感浓缩于碑文之中，故碑文在长篇序文（志）之后再附以四言与骚体相组合的"颂歌"作结，是可以理解的。在这一点上，《鲜于璜碑》之"颂歌"的创作与《张公神碑歌》有相同之处。

上述七言或四言与骚体相组合的写作形式，也非汉代碑文（"碑歌"）所独创，如旧说为秦时屠门高所作《琴引》和蔡琰《胡笳十八拍》。后者全诗以骚体写成，但第一、十、十一、十八章则是以骚体为主体、七言与骚体相组合的艺术形式，其中尤以第十章最为典型。从第十章句式构成的角度看，其与《张公神碑歌》并无差异，说明其部分诗章的写作遵循着以骚体为主体、七言与骚体相组合的诗歌艺术形式。

上述七言或四言与骚体相组合的诗歌艺术形式，当源于《诗经》以来杂言体诗歌创作。《诗经》以来杂言体诗歌在句式构成上颇为复杂，既有三言与七言相组合的艺术形式，如《琴歌》："百里奚，五羊皮。忆别时，烹伏雌，炊扊扅。今日富贵忘我为。"也有四言与八言相组合的艺术形式，如传为武王克殷后所作的《支诗》："天之所支，不可坏也，其所坏亦不可支也。"四言与骚体相组合的艺术形式，于先秦时期并不多见，以《岁莫歌》颇为典型："岁已莫矣，而禾不获，忽忽兮若之何。岁已寒矣，而役不罢，惙惙兮如之何。"而《河梁歌》第一句以骚体开篇，最后一句再以骚体结篇，

① 《鲜于璜碑》之"颂歌"云："于铄我祖，膺是懿德，永惟孝思，亦世弘业。昭哉孝嗣，光流万国。秩秩其威，娥娥厥□，此宜蹈鼎，善世令王。如何凤陨，丁此咎凶。国无人兮王庭空，士罔宗兮微言丧。王机怅兮嘉谋荒，旌洪德兮表元功，阐君灵兮示后萌。神有识兮营壇场。"高文：《汉碑集释》，河南大学出版社1997年版，第284—287页。

中间八句则是规整的七言句式，颇为独特。其云："渡河梁兮渡河梁，举兵所伐攻秦王。孟冬十月多雪霜，隆寒道路诚难当。阵兵未济秦师降，诸侯怖惧皆恐惶。声传海内威远邦，称霸穆桓齐楚庄。天下安宁寿考长，悲去归兮河无梁。"《河梁歌》前后骚体而中间七言的七言与骚体相组合的艺术形式，已经与《张公神碑歌》七言与骚体相组合的艺术形式很接近了。

《诗经》以来杂言体诗歌创作，在两汉时期变得丰富起来，同时也发生了一些变异。"汉郊祀歌"中出现多篇以七言为主体的杂言体作品，其中《天门》由三言、四言、五言、六言和七言诗句构成，且最后八句是规整的七言。《天地》由四言、五言和七言诗句构成，而最后八句同样是规整的七言。《景星》则是规整的四言与七言（前四后七）相组合的艺术形式。从"汉郊祀歌"多篇杂言体作品创作实践看，诗歌在句式的艺术构成上具有一定的规律，即诗句字数的多少基本上与诗句前后的顺序相联系，七言诗句大多在整篇诗歌的最后。依《汉书·礼乐志》的记载，"汉郊祀歌"应为司马相如等人创作，其创作行为具有"官方"性质而非私人活动，因此，上述"郊祀歌"在句式的艺术构成上所体现的规律性特点，也就排除了作家于艺术上存在偶然性因素的可能。

值得注意的是，上述杂言体艺术形式，在汉代铜镜铭文（镜歌）中也时有出现。如"规矩宜孙镜"之镜铭（镜歌）即是完整的七言形式："令名之纪七言止，涑治铜华去五宰，铸成错刀天下喜，安汉保□世毋有，长□日进宜孙子。"① 再如西汉晚期"连弧纹铭文镜"之镜铭（镜歌）："日有憙，月有富，乐毋事，宜酒食，居而必安毋忧患，芋（竽）瑟侍，心志讙（欢），乐已茂兮固常然。"② 此镜铭（镜歌）共七句，前四句皆为三言，第四句为七言，五、六句为三言，第七句则是骚体的七言。再如约西汉晚期"光耀七乳纹铜镜"之镜铭（镜歌），则是完整的骚体形式："维镜之旧生兮质刚坚，处于名山兮俟工人，涑取精华兮光耀遵。生高□兮进

----

① 王勤金、李久海、徐良玉：《扬州出土的汉代铭文铜镜》，《文物》1985 年第10 期。
② 徐信印、徐生力：《安康地区出土的古代铜镜》，《文物》1991 年第 5 期。

近亲，昭照焕兮见□身。福熹进兮日以前，食玉英兮饮澧泉，倡乐陈兮见神鲜，葆长命兮寿万年，周复始兮传子孙。”① 而如《张公神碑歌》第九章最后一字以“兮”字收尾的形式，在汉代镜铭（镜歌）中也能看到，如“人像禽兽画像铜镜”之镜铭（镜歌）：“可氏作镜佳且好，朋而日月世少有，刻冶分守悉皆在大吉兮。”②

铜镜属于日常生活用品，其在汉代尤其是东汉时期考古发掘中时有出现这一情况，说明铜镜的使用已经在社会生活中较为普遍。镜铭（镜歌）既是铜镜的一种装饰，也表达了吉祥的祝福与祈盼的意义，其伴随铜镜普遍流行的特点，说明镜铭（镜歌）的内容与形式已经具有了雅俗共赏的流行特性。根据汉代镜铭（镜歌）采用七言、骚体或三言、七言与骚体相组合的杂言体艺术形式来创作这一情况，能够断定上述杂言体艺术形式已经成为汉代韵文（诗歌）较为流行的写作形式。

上述情况能够说明，七言与骚体相组合的诗歌艺术形式脱胎于《诗经》以来的杂言体诗歌创作，也是《诗经》以来杂言体诗歌创作与骚体诗歌创作进一步发展和变异的结果，甚至可以这样认为，《张公神碑歌》是运用当时颇为流行的韵文（诗歌）写作形式而写作的。

五　“张公”墓地祠堂画像为《张公神碑歌》的写作提供了图像素材

《张公神碑》之“碑文”出现“犁阳”、“朝歌”、“綦（淇）水”等地名和水名，又云“朝歌荡阴及犁阳”，上述地域，汉时均属河内郡，“犁阳”、“朝歌”于汉时均在汲县，说明逝者“张公”的墓地当在此，“汲县”很有可能是“张公”祖居之地。《张公神碑》之“碑文”有“惠此吏民，国无灾寇，屡获丰年”诸语，前一句“惠此吏民”是说“张公”的神灵将会佑护“犁阳”、“朝歌”

① 傅嘉仪：《西安市文管处所藏两面汉代铜镜》，《文物》1979 年第 2 期。
② 梅毅：《安徽太湖征集一件汉代铜镜》，《文物》1989 年第 2 期。

的百姓，后二句"国无灾寇，屡获丰年"则又将这种"恩泽"延至更大的范围。汉代墓志铭文中缘于对逝者的哀悼和尊敬，确有夸饰之辞，但如这般将逝者之"恩泽"延至"国家"的范围却并不多见，由此也能肯定上述言辞并非虚语。以此推测，逝者"张公"于生前应该在朝做官或有在朝做官的经历。《张公神碑》"碑文"之"后记"记载了参与祭祀及立碑者的名字与官职，如"犁阳营谒者豫章南昌李朝伯丞"、"左冯翊夏阳赵宠德雅"、"朝歌长颍川阳城郑郴伯林"等，上述诸人或为驻地军队之监官，或为地方之首长，再参以"诏命有司，祭以中牲"之碑文，即可明了"张公"的丧葬及祭祀诸事，带有明显的"官方"色彩，不似以门生、故吏为主的"私人"行事。

汉人喜厚葬，墓地之上多有祠堂一类的石制建筑。《张公神碑》云："唯和平元年正月□□，朝歌长郑郴造□，张公建□良□之山，运置綦阳，刊凿涿摩，立左右阙，表神道□，竖碑庙堂之前，到五月□□乃成。"知"张公"墓地之上应有"石阙"、"庙堂"等附属建筑。"碑歌"第八章有"门堂郁兮文耀光"句，又有"公神赫兮坐东方"、"明暴视兮俨印印"诸句，这样的形象描述与汉代祠堂后壁画像墓葬主人端坐接受拜祭的构图极为相似，从这样的角度看，"门堂"所指，应该是"张公"墓地上的祠堂，并与前面"竖碑庙堂之前"的"庙堂"相应。为逝者建造祠堂一类的墓地附属建筑，在汉代较为流行，而且其中大都刻有画像。以"张公"生前较高的身份和地位，在社会厚葬之风影响下，其墓地之上建有祠堂一类的附属建筑，祠堂石壁之上刻有画像，是不足为过的。

《张公神碑歌》第五、六、七、八章在内容上存在一系列疑问，如"朱鸟"等瑞鸟形象是否墓地生活的鸟类，"池水"、"钓台"、"四角楼"等是否墓地实有建筑，"公神"形象的描摹与刻画的依据是什么，等等。我们认为上述情况与"张公"墓地祠堂画像有关，《张公神碑歌》某些诗章是对"张公"墓地祠堂画像具体构图形式的文学描绘和艺术表现。

《张公神碑歌》第五章是对"瑞鸟"的描写，出现的鸟名有朱鸟和鹄，另外，该章第一句"□□蜚兮朱鸟栖"，根据诗句"蜚"

与"栖"相对的特点，断定"□□"与"朱鸟"同样构成意义上的联系。而与"朱鸟"构成意义上的联系者，最大的可能应该是"凤鸟"。如此，《碑歌》在这一章中应该涉及的是凤鸟、朱鸟和鹄鸟。

值得注意的是，凤鸟是想象出来的神鸟，而"朱雀"与其属"同类"，亦属于神鸟。鹄或即鹤，与凤异类。《艺文类聚》（卷九十）"鸟部上"之"玄鹄"条引《淮南子》云："凤皇曾逝万仞之上，鸿鹄苍鹤，莫不惮焉。"① 虽如此，但古人亦赋予鹄以神异、崇高与祥瑞之象。《艺文类聚》（卷九十）"鸟部上"之"玄鹄"条引《瑞应图》云："玄鹤者，王者知音乐之节则至。"② 又，"黄帝习乐昆仑，以舞众神。玄鹤六翔其右。"③ 又，《艺文类聚》（卷九十）"鸟部上"之"黄鹄"条引《汉书》云："黄鹄下建章宫大液池中，公卿上寿，赐诸侯王列侯宗室金钱。"④

以此观之，《碑歌》在这一章中所描绘的凤鸟、朱鸟和鹄鸟等都是所谓的瑞鸟。而上述瑞鸟形象在汉代墓葬和祠堂画像中经常出现，且在形象的艺术刻画上已经非常成熟。

图9—1是河南南阳卧龙区王庄墓墓室盖顶石"五鹄"画像。⑤ 画像背景象征天空，上有不同星宿和缭绕的云气，其间五只鹄鸟展翅飞翔。

图9—1　河南南阳王庄"五鹄"画像

---

①　（唐）欧阳询：《艺文类聚》卷九十，上海古籍出版社1999年版，第1566页。
②　同上。
③　同上。
④　同上。
⑤　中国画像石全集编辑委员会：《中国画像石全集·河南汉画像石（6）》，山东美术出版社、河南美术出版社2000年版，第157图。

《张公神碑歌》第五章所描绘的凤鸟、朱鸟、鹄鸟等瑞鸟形象，并非静止而孤立的形象，而是描绘了上述瑞鸟具体的情态，如"飞翔"、"栖息"、"鸣叫"、"徘徊"等，而其中"给御卵兮献于西"句，通过"御卵"这一线索，又将上述瑞鸟嘴衔（吐）神卵（不死药）的形象揭示出来。

汉画中鸟衔珠的形象是较多出现的。图9—2是山东滕州马王村出土西汉时期"凤鸟衔珠"画像。画像正面刻绘一挺身站立、羽尾飘扬的凤鸟，鸟嘴衔有一珠，此珠又与其他五珠相连。① 上述鸟衔珠画面是汉画此类画像中的典型构图。图9—3是江苏淮北出土"仙人戏虎"画像局部"双凤珠璧"构图。② 双凤对面而立，双喙合衔一珠，珠下一璧。这一构图形式表现出了鲜明而浓厚的生命吉祥的构图意义。

图9—2　山东滕州西汉时期　　　　图9—3　江苏淮北"仙人戏虎"画像
"凤鸟衔珠"画像　　　　　　　　　局部"双凤珠璧"构图

图9—4是河南方城城关汉画像石墓出土门扉正面画像。③ 左图是东门右扉正面画像，右图是北门北扉正面画像。

东门右扉正面画像上部朱雀形象的口中含有三珠，对这一形象

① 中国画像石全集编辑委员会：《中国画像石全集·山东汉画像石（2）》，山东美术出版社、河南美术出版社2000年版，第194图。
② 高书林：《淮北汉画像石》，天津人民美术出版社2002年版，第276页。
③ 刘玉生：《方城汉画》，香港天马图书有限公司2003年版，第3、9图。

的认识，有学者以为是朱雀正在"引颈下咽"。① 上述认识似有不妥。朱雀衔珠的形象，带有祈求生命长生的意义。北门北扉手持"灵芝"的羽人与朱雀在形象上所构成的联系，已经表现出这一构图形式祈求生命长生的目的和意义。因此，如果将朱雀衔珠的形象理解为"引颈下咽"，那么朱雀"引颈下咽"的构图目的与构图意义也就变得难于理解，而缘于"衔珠"和"羽人"的祈求生命长生的目的和意义也同时变得模糊起来。

东门右扉

北门北扉

（局部）

图9—4　河南方城城关汉画像石墓出土门扉正面画像

正是从这个意义出发，我们认为朱雀衔珠画面所表现的不是"引颈下咽"而是"张嘴吐珠"。图9—4北门北扉正面画像中手持"灵芝"的羽人一手前伸的构图，所表现的正是羽人"接珠"的意义。画面中的"珠"与羽人手中的"灵芝"都是能够使人生命永生

————————

① 刘玉生：《方城汉画》，香港天马图书有限公司2003年版，第3、9图，第7页。

的"不死药"。

图9—5是山东济宁市出土东汉晚期"凤鸟、象、九头人面兽"及"凤鸟羽人"局部画像。① 画像上下四层画面，最上层左侧是一凤鸟，嘴中衔珠，其面前一羽人跪地，双手弯曲前伸，似在接珠，羽人身后又有二羽人跪地，双手作同样动作。图9—6是山东邹城市"大树凤鸟羽人"画像。② 画像上部凤鸟嘴衔连珠，其下有羽人接珠。显然，将上述画面中羽人动作解释为"饲凤"是违背画面构图实际的。

图9—5　山东济宁"凤鸟、象、九头　　图9—6　山东邹城市"大树凤鸟
人面兽"画像局部　　　　　　　　　羽人"画像局部

从《张公神碑歌》第五章所描写的具体情况看，瑞鸟形象并非单纯而孤立的存在，实际上，《碑歌》第五章围绕着瑞鸟形象展开了一个复杂的描述。如"□□蜚兮朱鸟栖"句，表现的瑞鸟飞翔与栖息的情形；"□□荣兮鸣喈喈"句，表现的是瑞鸟鸣叫的情形；而"给御卵兮献于西"句，表现的应该是瑞鸟"衔珠"或"吐珠"以及羽人（仙人）"献珠"的情形。值得注意的是，《碑歌》上述诸句对瑞鸟的描写，都涉及与瑞鸟相联系的其他事物，虽然上述"事物"于《碑歌》中并未单独而明确地表现出来，但却在《碑歌》的具体描述中间接地再现出来。如《碑歌》"□□蜚兮朱鸟栖"、"□□荣兮鸣喈喈"句"栖"与"荣"字所具有的意义和所展示的形象。前者描述的对象是瑞鸟，表现的是瑞鸟栖息的状态，

①　中国画像石全集编辑委员会：《中国画像石全集·山东汉画像石（2）》，山东美术出版社、河南美术出版社2000年版，第11图。

②　同上书，第73图。

更为重要的是，"栖"字对瑞鸟栖息状态的描绘的同时，还暗示出了瑞鸟栖息的地点或对象。

从这个意义上看，《碑歌》第五章对瑞鸟形象的描绘是基于一个"叙述平台"而实现的。这个"叙述平台"虽然在《碑歌》中并没有明确而具体的描绘，但在汉画像中却有着明确而具体的刻画。值得注意的是，这个"叙述平台"在汉画像中多为大树与楼阁：大树、楼阁与瑞鸟、神人等形象构成一个形象群体，展示一种生命旺盛与祥瑞的构图意义。

在更多的情况下，汉画中瑞鸟衔珠形象是与大树的形象构成一个形象整体的。凤鸟立于大树之上，旁有羽人，构成一幅典型的"大树凤鸟羽人"图。前文图2—1（e）是山东邹城市出土东汉晚期"大树凤鸟羽人"画像。画面下部刻绘一大树，大树根部作双虎共头形，枝干粗壮，树冠呈圆形围拢。树冠之上立以巨凤，嘴衔连珠，其下有羽人接珠，其前有羽人饲凤。①

图9—7　山东临沂"大树朱雀羽人"画像

需要指出的是，上述"大树凤鸟羽人"画像，在构图上具有典型意义，相关的构图形式在汉画中多有出现。如山东临沂白庄出土东汉时期"大树朱雀羽人"画像（见图9—7）。画面主体部分是一树干弯曲的大树，树顶立一朱雀，嘴中衔珠，树干之上有翼兽，树下有仙人骑羊。② 图9—8是安徽淮北市时村出土的"大树栖鸟"画像。③ 画像左面一棵大树，树干之上弯曲生长至少10条粗壮的树枝，树枝间露出至少26个鸟头。图2—25是山东临沂出土的"大树飞鸟"

① 中国画像石全集编辑委员会：《中国画像石全集·山东汉画像石（2）》，山东美术出版社、河南美术出版社2000年版，第73图。
② 中国画像石全集编辑委员会：《中国画像石全集·山东汉画像石（3）》，山东美术出版社、河南美术出版社2000年版，第22图。
③ 高书林：《淮北汉画像石》，天津人民美术出版社2002年版，第172页。

画像。① 画像上部为一棵枝繁叶茂的大树，密叶中有众鸟栖息，大树右侧又有数鸟飞来。

图9—8　安徽淮北
"大树栖鸟"画像

在更多的情况下，汉画中瑞鸟、羽人、大树以及楼阁等形象是安排在一个画面中来表现的，而这样的画面构图恰恰与《碑歌》第五章对瑞鸟形象的整体描述相一致。前文图1—11是江苏睢宁墓山一号墓前室南壁画像。② 画像中部为一房屋，内有二人端坐，屋顶有二立鸟，上有群鸟飞翔；房屋的左面是一棵大树，树叶浓密，上有鸟飞翔。

前文图2—12是山东邹城出土"楼阁大树栖鸟"画像。③ 画像上层中部为一多层楼阁，中有人物、乐舞表演；楼阁斜檐上有大鸟、羽人；楼阁左侧有一大树，上有瑞鸟、羽人。

以"楼阙"或"大树"作为"叙述平台"构成一个系统而完整的叙事，在汉代祠堂画像中是最为突出和最具典型特征的构图形式之一。其中大树、楼阙、瑞鸟、羽人等形象往往构成一个形象群体，其基本的构图形式是大树位于画面楼阙之后或楼阙左、右，树上立鸟或鸟于树上飞翔，楼阙之上立鸟或鸟衔连珠，旁有羽人接珠。典型者如武氏祠前石室后壁小龛后壁画像（见图2—4）和宋山小石祠后壁画像（见图2—6）。④

前文图2—18是山东嘉祥宋山出土"楼阁大树"画像。⑤ 两幅画像在构图形式上很相似，其中的大树一在画面的右部，一在画面

　　① 中国画像石全集编辑委员会：《中国画像石全集·山东汉画像石（3）》，山东美术出版社、河南美术出版社2000年版，第50图。
　　② 中国画像石全集编辑委员会：《中国画像石全集·江苏、安徽、浙江汉画像石（4）》，山东美术出版社、河南美术出版社2000年版，第120图。
　　③ 中国画像石全集编辑委员会：《中国画像石全集·山东汉画像石（2）》，山东美术出版社、河南美术出版社2000年版，第69图。
　　④ 中国画像石全集编辑委员会：《中国画像石全集·山东汉画像石（1）》，山东美术出版社、河南美术出版社2000年版，第66、92图。
　　⑤ 中国画像石全集编辑委员会：《中国画像石全集·山东汉画像石（2）》，山东美术出版社、河南美术出版社2000年版，第103、104图。

的左部。楼阁上栖有凤鸟，另有羽人饲凤。大树树干粗壮，枝繁叶茂，上有飞翔或栖息的瑞鸟。

从上文所引画像实例可以看到，瑞鸟形象在汉画像中以其频繁的形象再现而承担着表现生命长在与生命吉祥的意义，而上述瑞鸟形象在汉画中又往往与大树、楼阁、羽人等构成一个形象群体，通过各形象之间的关系和联系，形成一种构图意义上的意义整合，从而将生命长在与生命吉祥的构图意义更充分也更丰富地表现出来。《张公神碑歌》第五章以瑞鸟为主体和中心的描述，在目的与意义上也是为了表达生命长在与生命吉祥的意义，从这个意义上看，《碑歌》第五章以瑞鸟为主体和中心的描述，在目的与意义上与上述画像瑞鸟形象的构图目的与意义是一致的。同时，我们从上述画像楼阁、大树、羽人、栖鸟等形象群体的整体构图上看，上述构图形式在基本艺术要素、基本艺术要素之间的艺术联系以及构成细节等方面，都能够在《碑歌》第五章的诗句中找到具体的描绘和叙述。

《张公神碑歌》第六章是对"张公"墓地茔域的描写，涉及"池塘"、"钓台"、"四角楼"以及"游鱼"和"垂钓"等形象和情景。受厚葬之风影响，汉代墓地茔域的营建已趋奢华，亦有修筑池沼者。张衡《冢赋》云："系以脩隧，怡以沟渎。"说明"脩隧"主要目的是防止水患对墓室及茔域的侵害而非娱乐或观赏。这样看来，如《张公神碑歌》第六章所描写的"张公"墓地茔域既有"池塘"又有"钓台"、"四角楼"的情况，在现实中是很难想象的。而上述情形却可以在汉画像中找到相关的艺术描绘，而且各景物（建筑）之间于画面中所呈现的构图上的艺术联系与《张公神碑歌》第六章的描写也大致吻合。

"钓台"在汉画像中多有描绘。从建筑形式上看，汉画像中的"钓台"建筑有不同的表现形式。其一是独立的"钓台"，类似"水榭"。如图9—9右格画像。画面右格描绘的是池塘垂钓的景象。"钓台"耸立于池塘上，中有二人，一长杆伸出，起钓一鱼，水中有二鱼，另有一人划船。①

图9—9　山东滕州市郊马王村出土西汉哀帝至平帝时期画像

　　汉画像中另一类"钓台"在构图上比较复杂，"钓台"往往与"水榭"一类的建筑构成关联，形成一种"钓台水榭"的"复合"式建筑。如图9—10画面。画面池塘边有一高高耸立的"水榭"，旁有阶梯相连，于"水榭"旁边伸出一"钓台"，上有一人端坐垂钓。② 再如图9—11画面。③ 画面中描绘了两个"钓台"，从画面构图上看，"水榭"与"钓台"是连接在一起的，而第二个"钓台"的柱体向后回弯，又构成了第一个"钓台"的台面。需要指出的是，画面"水榭"与"钓台"的上述建筑形象，应该是上述建筑形象于画面构图上的表现，与现实生活中具体建筑形式存在差异。在构图上，支撑"水榭"的柱体的下半部分，显然已经被第二个"钓台"及池塘水面所遮蔽；而从第一个"钓台"有柱体支撑的情况看，第二个"钓台"应该同样有柱体支撑，画面第二个"钓台"的柱体向后回弯的情况，应该是一种构图上的技术处理。画面"水榭"之中坐有一人，二"钓台"之上各坐一人，上述三人似在垂钓。山东微山两城镇出土水榭画像（见图9—12）在水榭构图上与上述两幅画像大致相同，但画面内容则更为丰富：水榭下的水面上有游鱼游动；一条渔船穿行水中，上面一人摇橹，其他人或张弓射箭，或拉网捕鱼，或执叉叉鱼，或以网罩鱼，皆形象生动。

_____

　　① 中国画像石全集编辑委员会：《中国画像石全集·山东汉画像石（2）》，山东美术出版社、河南美术出版社2000年版，第200图。
　　② 同上书，第87图。
　　③ 同上书，第191图。

图9—10 山东邹城市　　图9—11 山东滕州市　图9—12 山东微山两城镇
　　水榭画像　　　　　　水榭画像　　　　　　水榭画像

　　图9—13是山东微山县两城镇出土"池塘水榭"画像;① 图9—14是山东两城山出土"池塘水榭"画像;② 图9—15是山东枣庄出土"池塘水榭"画像。③

图9—13 山东微山县两　图9—14 山东两城　图9—15 山东枣庄
　城镇水榭画像　　　　山水榭画像　　　　水榭画像

　　上述画像中的"水榭"于画面中皆以"楼"的"正面"出现,其他三面隐于画面之中,并以楼脊相重的画面构图表现出来。如山东微山县两城镇出土"池塘水榭四角楼"画像"楼脊"局部形象(见图9—16)。

图9—16 山东微山县两城镇出土"池塘水榭"画像"楼脊"局部

　　① 中国画像石全集编辑委员会:《中国画像石全集·山东汉画像石(2)》,山东美术出版社、河南美术出版社2000年版,第46图。
　　② 赵承楷、江继甚:《走进汉画》,上海书店出版社2006年版,第82页。
　　③ 同上。

图 9—17　山东微山县两城镇
出土"池塘水榭"画像局部
"亭"的形式。

　　上述"水榭"顶脊的建筑样式，与汉画像中"亭"的顶脊的建筑样式相同。如山东微山县两城镇出土画像中四角亭建筑，其顶脊的建筑样式与汉画中"水榭"顶脊的建筑样式完全相同，却与上文所引汉画像中"多角楼"或"四角楼"顶脊的建筑样式不同（见图 9—17、图 9—18、图 9—19）。① "亭"在建筑形式上比楼阁简单，其四面敞开式的建筑形式，适合于非居住性的休闲或娱乐活动，所以汉画中所表现的建于"池塘"边的"水榭"多采用这种顶脊呈"四角"的

图 9—18　山东微山县两城镇出土画像

　　需要指出的是，《张公神碑歌》第六章"四角楼兮临深涧"句，已经清楚地交代了"四角楼"所在的具体位置。前一句"池水□兮

---

　　① 中国画像石全集编辑委员会：《中国画像石全集·山东汉画像石（2）》，山东美术出版社、河南美术出版社 2000 年版，第 52、53 图。

钓台粲"的缺字，应该是"深"字，这样恰与"四角楼兮临深涧"
句的"深涧"于意义上构成关联，并进一步将前一句的"池水"与
后一句的"深涧"联系起来，表明二者同指一事——池水。如此，
《张公神碑歌》第六章所描述的两个重要建筑——钓台和四角楼，
都应当建于"池水"的旁边。

图 9—19　山东微山县两城镇出土画像

综上所述，《张公神碑歌》第六章是将池水、钓台与四角楼等
景观与建筑物联系在一起来描述的，钓台与四角楼等建筑物以"池
水"这一景观作为存在的基础：池水表现为一种主体景观，而钓台
与四角楼则是以其为基础而存在的建筑形式。正是在这个意义上，
《张公神碑歌》第六章中池水、钓台与四角楼等景观建筑构成了一
个完整的休闲娱乐建筑群体。

"时钓取兮给烹献"、"唯公德兮之所衍"是《张公神碑歌》第
六章最后两句。后一句是"夸饰"之辞，而前一句是对所钓之鱼的
处理情况的描述。《碑歌》第六章最后两句所表现的内容，仍然能
够在汉画像中找到形象的再现。图 9—20 是山东滕州市出土的"池
塘水榭"画像。① 画像右面是"水榭"类的建筑，其下有人网鱼，
其上有人垂钓，三条大鱼已被钓出；画像中央端坐一人，旁有一人
躬身拜见；画像左面所描绘的是庖厨的场面：墙上挂满鱼和肉，一
人操刀在割，中有一人手牵一羊欲宰割。

---

① 中国画像石全集编辑委员会：《中国画像石全集·山东汉画像石（2）》，山东
美术出版社、河南美术出版社 2000 年版，第 187 图。

图 9—20　山东滕州市"池塘水榭"画像

从上述画面构图上看，画像左面墙上所挂之鱼，与画像右面所钓之鱼，已经构成了事实上的联系。需要指出的是，上述画像所表现的内容与《碑歌》第六章最后两句所描述的内容有着惊人的相似之处。

《张公神碑歌》第八章描写了"张公"端视前方的形象，其中"暴视"、"卬卬"等词语的运用，明显带有睹物写实的特点。墓葬主人正襟危坐而接受拜祭的相关画面，是汉代祠堂画像中最为常见的一种构图形式。在武氏祠后壁画像和宋山小石祠后壁画像中，楼阁内身躯肥大而居中端坐者，皆是墓葬主人形象，而且对墓葬主人形象的刻画是画面构图的中心和重点，其身体的肥硕，正襟危坐的姿态，目光、眼神，乃至面部神情，都是画面构图所着重表现的。如安徽灵璧县出土"拜谒殡葬"画像的局部画面（见图 9—21）。①上述祠堂画像墓葬主人形象为理解《张公神碑歌》第八章"张公"形象的塑造提供了图像上的根据。

从汉代祠堂画像布局看，祠堂内壁、屋顶、隔梁等部位皆有画像，而不同部位画像又具有不同的构图和意义。整体上看，祠堂后壁画像最为重要，而后壁"小龛"画像，则应该是祠堂画像的中

---

① 安徽灵璧县出土"拜谒殡葬"画像的局部画面，参见中国画像石全集编辑委员会《中国画像石全集·江苏、安徽、浙江汉画像石（4）》，山东美术出版社、河南美术出版社 2000 年版，第 179 图。

心。"小尭"画像主要人物是墓葬主人，其正襟危坐的形象造型，表现出了作为"受祭者"的重要身份。第八章"门堂郁兮文耀光，公神赫兮坐东方。明暴视兮俨印印，夫人□女兮列在旁"诸句所描写的正是"张公"受祭的情景。上述情况能够说明第八章"门堂"诸句，是按照"张公"祠堂画像"受祭"画面来结构诗句的。

图 9—21   安徽灵璧县出土 "拜谒殡葬" 画像的局部画面

《张公神碑》之碑文与碑歌虽然同时刊刻，但根据碑文"临犁阳营。谒者李君，畏敬公灵。好郑长文，彻奉佐工。……作歌九章"的记载，"李君"之"碑歌"当作于郑郴"碑文"之后。于犁阳立营，使谒者监屯兵，始于汉光武帝。知"李君"作为"犁阳营谒者"只是为官于此地，此前与"张公"不一定熟识，而即便熟识，也不似属下、门生这样的关系，因此，其阅朝歌长郑郴之"碑文"而为"张公"为人所折服，并在瞻仰"张公墓"及"庙堂"之后"作歌九章"是有可能的。如此，《张公神碑歌》的写作与"张公"墓地祠堂画像存在联系也就不足为奇了。

六　从特殊词语的选择与运用看《张公神碑歌》描摹与表现图像的艺术特点

在诗歌写作实践中，描摹性语言的选择与运用跟描摹对象存在多方面的联系，体现着作者诗歌语言运用的独特的艺术构想和艺术追求。由于《张公神碑歌》某些章节涉及对"张公"墓地祠堂画像的描摹和表现，因此其在某些特殊词语的选择与运用上，呈现出缘于图像艺术表现的艺术特点和美学思考。

《张公神碑歌》第六章主要描写池水、钓台和游鱼，其中描写"钓台"所使用的是"粲"字。粲，往往指光彩、色泽之鲜艳、灿烂。《诗经·唐风·葛生》曰"角枕粲兮，锦衾烂兮。"朱熹《诗集传》（卷六）云："粲，烂，华美鲜明之貌。""角枕"为"粲"，是说"角枕"色泽明亮，并因色泽明亮而华贵美丽。这里的"角枕"指兽角做的枕，兽角为骨质，经打磨而光滑明亮，透出华贵和美丽，第六章以"粲"字来形容"钓台"，也是从色彩和光泽的角度来考虑的。

汉代墓地祠堂画像诸项功能之一，是它的缅怀与教育功能。山东嘉祥宋山 1980 年出土汉画像石第二十九石铭文即有表达如上意义的内容，其云："传告后生，勉修孝义，无辱生主。唯诸观者，深加哀怜。"又云："牧马牛羊诸僮，皆良家子，来入堂宅，但观耳，无得刻画。"[①] 显然，祠堂画像的重要功能是需要通过观者的接受过程来实现的，因此，祠堂画像画面构图清晰与否，石质画面色泽鲜亮与否，不仅关系到祠堂画像是否能够被很好地接受，而且还涉及对祠堂主人的尊重及其家族的尊严等问题。

需要指出的是，"李君"既是"碑歌"的作者，也是画像的参观者和接受者，因此，其对"张公"祠堂画像的色彩、光泽以及画像构图和画面线条的清晰程度等问题，应该是特别关注的。第六章使用表现光彩和色泽之鲜艳、明亮的"粲"字来形容和描绘"张公"祠堂画像中"钓台"画面，正是其艺术独到之处。不仅如此，"粲"字的使用不但描摹出"钓台"在光彩和色泽上的特点，而且还表现出"钓台"作为画面建筑形象的清晰与明亮的构图特点和视觉感受，并对祠堂主人及其家族表示了敬意与尊重。

《张公神碑歌》第六章第三句"鱼岌岌兮踊跃见"和第四句"振鳞尾兮游盰盰"是对"池塘"中游鱼的描写，其中"岌岌"与

---

① 济宁地区文物组、嘉祥县文管所：《山东嘉祥宋山 1980 年出土的汉画像石》，《文物》1982 年第 5 期。

"旰旰"的运用颇为独特。《说文解字》曰："岌，山高貌。"岌也泛指高，但这种"高"并非一般意义上的"高"，而具有超乎寻常、不可思议、意想不到的独特的词义色彩。《尔雅·释山》曰："小山岌大山，峘。"这里的岌就是高过的意思，含有"非同一般"这样的词义色彩。以此言及"鱼岌岌兮踊跃见"句，其以"岌岌"形容游鱼"踊跃"之"高"，便是一种"超乎寻常"和"非同一般"的"高"了。

在目前所见汉画像"水榭人物"画面中，表现游鱼高高跃起的画面构图颇为常见。如1976年山东滕州市山亭区驳山头出土"水榭人物"画像，画面池水上有数条游鱼高高跃起（见图9—18）；而早年山东微山县两城镇出土"水榭人物"画像，其中一条游鱼跃起的高度已经与榭檐齐平（见图9—19）。① 上述画面构图表明，画像刻画者是在有意识有目的地塑造游鱼高高跃起的形象，而且游鱼跃起的"超乎寻常"和"非同一般"的"高"是画像刻画者所希望达到的构图效果。以此观之，第六章对游鱼"岌岌兮踊跃见"的描写，其"岌岌"一词的运用恰到好处。"鱼"是汉代墓葬画像中经常刻画的形象，往往承载着吉祥的内涵。目前所见汉画中"水榭人物"画像，一般被认为是祠堂画像。上述画像在构图上除了表现水榭的休闲和娱乐功能外，更着意强调和突出三个方面的构图内容，即密集的水中游鱼，游鱼的高高跃起，及钓鱼、捕鱼、罩鱼、刺鱼等内容的获鱼行为。第六章最后一句是"唯公德兮之所衍"，这里的"衍"字具有丰富、满溢、盛多的意义，而画面中群鱼的岌岌跃起、旰旰盛游，都是丰富、满溢、盛多的表现，也是"公德"丰富、满溢、盛多的象征。以此观之，第六章以"岌岌"形容鱼跃之高，以"旰旰"形容鱼群之盛，其"岌岌"、"旰旰"的选择与运用，显示出作者所具有的以颇为精准的文学语言艺术再现画面形象的艺术功力。

《张公神碑歌》第八章第二句"公神赫兮坐东方"是对"张公"端坐前视形象的描写，其中"赫"字的运用值得揣摩。"赫"

---

① 中国画像石全集编辑委员会：《中国画像石全集·山东汉画像石（2）》，山东美术出版社、河南美术出版社2000年版，第191、44图。

的意义与火有关，本为形容火的炽烈。《说文解字》曰："赫，火赤貌。"《小尔雅·广诂》曰："赫，明也。"火的特点是赤亮而鲜明，瞬间可成盛大之貌，故"赫"的意义又衍生为显耀和盛大。如前所言，一方面，汉墓祠堂画像墓葬主人形象大都位于祠堂后壁画像的中心，其形象往往呈正面端坐姿态，与其他人物形象造型构成差异；另一方面，墓葬主人形象在构图上或身躯肥壮或形体高大，也与其他人物形象在构图上形成差异，这样做的目的是突出墓葬主人形象，使得这一形象在构图上更显清晰、突兀和鲜明。从这样的角度看，"公神赫兮坐东方"中"赫"字的选择与运用是恰当的。更为重要的是，当我们将《张公神碑歌》的创作与祠堂画像联系起来的时候，作者作为"观者"的视觉感受作用对其创作的影响，也就变得重要起来，而"赫"字的选择与运用，既是一种缘于画像构图特点和观者视觉感受的结果，也在读者的心境层面构成了一种视觉上的冲击作用。

《张公神碑歌》第八章第三句"明暴视兮俨卬卬"承前一句"公神赫兮坐东方"而来，也是对"公神"形象的描写，诗句中"暴视"一词的运用值得注意。"暴"应读如"曝"，乃"曝"的古字，本义是晒的意思。《孟子·滕文公上》"秋阳以暴之"即是。所以"暴"也有显露、暴露的意义。从这个意义上看，将"暴"与"视"相连，以"暴"来形容人的目光，其字面的意义，是人的眼睛突出于外、鼓露于外的"看"，而从文学的艺术表现来看，则应该视为一种对人的犀利目光的形容。因此，当我们将《张公神碑歌》的创作与祠堂画像联系起来的时候，"暴视"一词的运用所具有的艺术上的独特性与意义上的生动性，也就显现出来了。第八章第三句以"暴视"一词对"公神"眉目鲜明、目光如炬的描绘，既是一种文学描写上的细节刻画，也是缘于画面构图特点和视觉感受的产物。"暴视"一词的选择与运用，反映出作者以文学的艺术形式对图像艺术进行描摹和表现的高超的艺术技巧和文学修养。

《张公神碑歌》在语言运用上所体现出的上述特点，当取决于《张公神碑歌》的写作与祠堂画像的联系。这一方面进一步说明了"张公"墓地祠堂画像为《张公神碑歌》的写作提供了实物与图像素材，另一方面也促使我们更进一步关注作家如何以文学的艺术形式对图像艺术进行描摹和表现。

七　从"兮"字的运用看《张公神碑歌》艺术构思与艺术技巧

《张公神碑歌》既是墓葬碑文的一部分，又是以"附歌"身份出现的诗歌，其以艺术上的特点和成就，毫无争议地成为这一类诗歌的典范，体现了其在艺术上的重要价值。对此，仅从《张公神碑歌》"兮"字的运用上，即可领略其艺术构思之独到与艺术技巧之精妙。

如前所述，《张公神碑歌》第一、二章是完整的七言形式；第三章前六句是七言，而最后两句加入"兮"字，并直至结束。值得注意的是，"兮"字在《张公神碑歌》诗句中的位置是不同的，第三章最后两句至第八章，"兮"字皆在句中，而第九章"兮"字则在每句句末。《张公神碑歌》中"兮"字的出现及其位置，应该是其创作中一种有意识的艺术行为，是一种诗歌创作艺术技巧的表现，而且这种艺术技巧的运用，又是与整体的艺术构思和情感表达联系在一起的。

《张公神碑歌》第一、二章在内容上重于叙事，前者描写"縈水"和"朝歌"，述说"公神""驾蜚鱼"而"往来悠忽遂熹娱"的情景；后者进一步描写"张公"的故乡和墓地，述说在"公神"的佑护下"家饶户富无□贫"、"畺界家静和睦□"的景象。对于这样一种描述性的诗歌内容，作者以完整的七言形式来表述，不加"兮"字以增强其叙事性。

《张公神碑歌》第三章前六句在内容上同样重于叙事，故诗歌仍然以七言形式来表述。然而，第三章后两句在内容上却突然一变，由叙事转为抒情，故诗句中间始加"兮"字，而"兮"字的加入，使诗句于抒情中又融入感叹和赞美的成分，诗意与情感的表达更为细腻和饱满。更为重要的是，此二句既是本章前六句的收尾，也是《张公神碑歌》前三章的情感总括，同时又承担"领起"后五章情感表现的作用，故而"兮"字的加入，于内容于形式都恰到好处。

接下来的第四、五、六、七、八章，句句以"兮"字前后勾连，孕情感于叙事之中，于叙事之中见情感，一气呵成，不留回旋；叙述既毕，情亦饱满。

《张公神碑歌》第九章既是全篇叙事的结束，也是全篇情感的回位。公神已升，祭拜已毕，玄碑既立，亿载叹诵。诗歌又由前面的叙事与抒情相结合转入叙事与感叹和赞美相融合，并以情感的悠长与深远而结束全诗。缘于此，第九章中的"兮"字也由句中而"移"到了句后，为悠长而深远的情感表达创造了条件。

《张公神碑歌》中"兮"字的出现及其位置，不但与情感抒发联系在一起，还与诗歌内容的安排密切相关，显示出了作者独具匠心的艺术构思。

如前所述，《张公神碑歌》第一、二章在内容上重于叙事，其叙述的视域由蒉水和朝歌而回收至墓地。这样叙事性描写，如果加入"兮"字则显得生硬和突兀。接下来的第四、五、六、七、八章，是作者瞻仰祠堂画像而展开的构想之词，而其中描写的景物，也由"鸣鹿"、"清泉"到"朱鸟"、"钓台"再到"园田"、"门堂"，最后"骖白鹿兮从仙童"、"游北岳兮与天通"，作者内心情感也随着叙述视域的移动而起伏，随着逝者灵魂的飞升而上扬，并构成情感的表达由"平缓"向"高潮"的实现。这样一种情感表现"程序"的完成，是与句中"兮"字的有效运用分不开的：诗句中间加入"兮"字，一方面将七言句所涵容的内容和情感人为地隔断成两个部分，另一方面又通过"兮"字的勾连而将这种内容和情感以迫促和略带亢奋的方式表达出来，既有效地增强了内容的表达力度，也有效地控制了情感的抒发强度，并最后带动情感由"平缓"走向"高潮"。

《张公神碑歌》最后一章在内容上"承接"前一章"骖白鹿兮从仙僮，游北岳兮与天通"二句，既是由"构想"回到"现实"，也是情感由高潮所带来的亢奋而回落到舒缓和深沉。这时，"兮"字由前面的句中而"移"到了句末，诗句也由"七言"而增加到"八言"，"兮"字的移动恰恰使得这种长句式的舒缓的叙事和深沉情感的表达得以完美的实现。

需要指出的是，我们之所以提出"仅从《张公神碑歌》'兮'字的运用上即可领略其艺术构思之独到与艺术技巧之精妙"这样的论断，是因为我们不论在汉代碑文所附"碑歌"，还是汉代其他形式的诗歌创作中，都很少发现如《张公神碑歌》中"兮"字的如上运用和所达到的艺术效果，而且我们在相关诗歌艺术特点或艺术成就的考察与研究中，也很少关注"兮"字的运用在诗歌创作的艺术构思与情感抒发中的重要作用。事实说明，骚体以及骚体与杂言体相组合的诗歌艺术形式，是两汉时期颇为流行的诗歌艺术形式，而《张公神碑歌》在"兮"字运用上独到而精妙的艺术展现，将更充分地证明其在汉代诗歌创作艺术表现上的重要地位。

八　结论与思考：由《张公神碑歌》看汉代 图像文学"文学性图像叙事"

在上文关于《张公神碑歌》几个问题的讨论基础上，我们将对如下问题给予关注并得出意见。

第一，关于《张公神碑歌》与汉代图像文学写作的问题。《张公神碑歌》是作者"犁阳营谒者李君"有感"碑文"并以"张公"祠堂画像为"参照"而构思和写作的。这样一种情态的写作实践，我们还可以在王延寿《鲁灵光殿赋》的写作实践中看到。王延寿乃王逸之子，以王逸大致活动于东汉之安、顺、桓诸帝时期而论，王延寿亦当如此，并可能偏后。张华《博物志》有王延寿"到鲁赋灵光殿，归渡湘水溺死"一说，《后汉书·文苑传》"本传"亦有"后溺水死，时年二十余"的记载，知《博物志》所载或可信。如此，王延寿《鲁灵光殿赋》的写作时间亦可能在顺、桓时期。《张公神碑》于东汉桓帝和平元年（公元150年）正月始建，至五月成。以此观之，《鲁灵光殿赋》与《张公神碑歌》在写作时间上是颇为接近的。二者一赋一诗，前者辞赋宫殿壁画，后者描摹祠堂画像，其图像艺术与文学艺术得到了颇为完美的结合和展现，堪称汉代图像文学之双璧。值得注意的是，关于《鲁灵光殿赋》，《后汉书·文苑传》王延寿"本传"亦云："后蔡邕亦造此赋，未成，及见延寿所为，甚奇之，遂辍翰而已。"以此观之，东汉文人对图像艺术的关注是强烈而迫切的，而以文学的艺术形式对图像艺术做出同样是艺术的描摹和表现，这恰恰是汉代文学的一种重要现象，也是汉代文学研究所不应忽视的重要课题。

第二，关于《张公神碑歌》作为图像文学写作的"文本形象"与"图像艺术要素"之关系的问题。当我们试图将《张公神碑歌》的某些"文本形象"视为一种图像意义上的"艺术要素"的时候，就会发现上述"艺术要素"作为一种单纯的构图艺术表现形式，是可以在祠堂画像中得到艺术再现的。更为重要的是，这种文学意义上的形象联结，又是一种图像意义上的画面联系，因此，其文学意义上的情境单元，也能够转化为一种图像意义上的画面构成。显然，《张公神碑歌》中的某些形象有着"文本"与"图像"的双重身份和特质。

第三，关于《张公神碑歌》作为图像文学写作的语言艺术问题。《张公神碑歌》是一篇以"颂"为写作目的的"歌"，但与普通意义上的"颂歌"不同的是，它是通过艺术地解析图像而达到"颂"的目的，这就决定了《张公神碑歌》在语言运用上不同于一般"颂歌"的特点。从上文的讨论中能够发现，《张公神碑歌》在语言的运用上已经注意到了如何准确而生动地表现画面构图与画面形象的问题，注意到了如何表现画面形象的色彩和光泽的问题，注意到了如何表现画面中动态或静态形象的特征的问题，并在语言的选择与运用上，显示出了作者对文学语言颇为精准的理解和颇为熟练的把握，是对图像描述性质的文学写作的颇为成功的尝试与探索。

第四，关于《张公神碑歌》研究的意义与价值问题。杂言体和以七言为主体的杂言体诗歌艺术表现形式，在两汉时期已经成为一种成熟而普遍的诗歌创作体式。《张公神碑歌》以骚体为主体、七言与骚体相组合的碑歌创作形式，则是这种诗歌创作体式进一步发展与成熟的产物。更为重要的是，《张公神碑歌》的写作及其在艺术上所取得的成就，为我们对汉代"碑歌"的认识与汉代"碑歌"

的研究提供了范例，也为汉代文学研究尤其杂言体诗歌研究开启了一个新的视域。《张公神碑歌》的艺术特点以及所取得的艺术成就，在汉代图像文学研究中具有重要价值，从某种意义上说，我们对《张公神碑歌》写作实践和写作特点的总结，将更加丰富我们对汉代图像文学的了解和认识，并将汉代文学的研究引向更为深入和更加宽广的层面。

第十章

汉画像与汉赋"空间方位叙事"研究

一 前言：学术史的回顾与问题的提出

空间方位叙事是指从空间视觉思维出发的叙事艺术。空间方位叙事既是描绘外部世界的艺术手段，也是观照外部世界的技术方式，它是以具有叙事性质的空间联结形式而展现的。这种带有叙事性质的空间联结形式并非简单意义上的平面或立体的方位联系，而是以叙事主体为中心或基点的前后、左右、上下、天地之间的联通，体现的是人与包括天地在内的周围世界的融通与联系。空间方位叙事的叙事主体既是叙述的出发点，也是叙述的归结点，并以叙事主体的身份而成为叙述的中心或基点。

空间方位叙事在汉以前还处于一个"幼稚"的阶段，至汉呈现出一个渐进的发展过程。汉赋与汉画作为汉代最有代表性的艺术形式，其空间方位叙事艺术的运用，是这一叙事艺术进一步成熟与发展的标志。

学术界对汉赋空间方位叙事艺术的研究并不充分，尤其是对汉代最具代表性的艺术形式——汉赋与汉画空间方位叙事艺术进行比较研究更不多见。本章将对汉赋空间方位叙事艺术之表现、汉画"时间性叙事"与"空间性叙事"之特征与意义、汉赋与汉画空间方位叙事艺术之渊源等问题进行讨论，并在此基础上对相关问题给予回答。

本章对汉赋空间方位叙事的讨论，以费振刚、胡双宝、宗明华辑校《全汉赋》所收作家和所录赋文为对象。《全汉赋》收有汉赋作家 82 人，收录汉赋作品 297 篇，其中完整或相对完整的赋文大约有 161 篇。在上述 161 篇赋文中，大约有 42 篇作品在创作中运用了空间方位叙事方法，涉及汉赋作家 23 人，方位叙事句式 91 句。总体上看，从空间视觉思维出发运用方位叙事方法进行赋文创作的汉赋作家，占《全汉赋》所收作家的 1/4 以上；所涉及的汉赋作品，亦占 161 篇赋文的 1/4 以上。

二　汉赋空间方位叙事艺术形式的总结

以园囿、山川、建筑等作为描绘对象的汉赋作品，行文多触及身边之景象、身外之自然，阔大雄浑，恢宏大气。其上述特点，决定了叙事主体必须具有平面与立体相结合的框架意识，才能在阔大的视觉、超视觉，乃至幻视觉的空间视域中构造其叙事架构。因此，作为一种叙事艺术技巧，从空间视觉思维出发的空间方位叙事已经被汉赋作家运用到具体赋文创作之中，并成为汉赋最为重要的艺术特色之一。

汉赋空间方位叙事主要有如下 10 种形式：

（1）"左右"式；

（2）"前后"式；

（3）"南北"式；

（4）"东西"式；

（5）"阴阳"式；

（6）"上下"式；

（7）"东西南北"式；

（8）"前后左右"式；

（9）"东南西北"式；

（10）"东南西北上下"式。

上述 10 种空间方位叙事形式又可以归纳为 5 种叙事类型：

（1）平面直线型叙事，如"前后"、"左右"、"南北"、"东西"等形式；

（2）立体直线型叙事，如"上下"、"高低"等形式；

（3）平面四方型叙事，如"前后左右"、"东西南北"等形式；

（4）平面圆型叙事，如"东南西北"等形式；

（5）立体圆型叙事，如"东南西北高低"、"上下"等形式。

其中"平面直线型叙事"、"平面四方型叙事"和"立体直线型叙事"是汉赋最为常见的空间方位叙事类型。

值得注意的是，汉赋5种空间方位叙事类型在汉赋创作中的使用频率是有差异的。对上述5种方位叙事类型于42篇汉赋作品91句方位叙事句式中的使用情况做一考察，能够获得如下数据（见表10—1）。根据上述统计数据，汉赋作家从空间视觉思维出发运用空间方位叙事方法而进行赋文创作时，使用最多的方位叙事类型是"平面直线叙事"，其次是"平面四方叙事"，再次是"立体直线叙事"。显然，上述三种方位叙事类型，尤其是"平面直线叙事"是汉赋作家最为常用的方位叙事方法。

表 10—1　　　　汉赋 5 种方位叙事类型于 42 篇汉赋作品
91 句方位叙事句式中的使用情况

方位叙事类型	篇数	作家数	句数
平面直线叙事	20	30	56
立体直线叙事	10	13	14
平面四方叙事	9	15	17
平面圆状叙事	2	3	3
立体圆状叙事	1	1	1

由上述统计数据可知，汉赋作家从空间视觉思维出发运用空间方位叙事方法进行赋文创作，是有所选择和侧重的。不仅如此，西汉与东汉作家在空间方位叙事方法的运用方面，也存在着明显的差异。表10—2是对西汉与东汉作家空间方位叙事方法运用情况的统计；表10—3是对西汉与东汉42篇赋文空间方位叙事类型情况的统计。

表 10—2 西汉与东汉作家空间方位叙事方法运用情况

西汉		东汉	
汉赋作家	6	汉赋作家	17
汉赋篇章	15	汉赋篇章	27
方位句式	35	方位句式	56

表 10—3 西汉与东汉 42 篇赋文空间方位叙事类型运用情况

叙事类型	西汉	东汉	总句数
平面直线叙事	20	36	56
立体直线叙事	4	10	14
平面四方叙事	6	11	17
平面圆状叙事	2	1	3
立体圆状叙事	0	1	1

根据上述统计数据，我们试图得出如下认识：

第一，运用空间方位叙事方法进行赋文创作，东汉赋家远远超于西汉赋家。

第二，在"空间方位叙事类型"于赋文创作的运用上面，东汉赋家同样远远超于西汉赋家。

根据上述统计数据及所得出的认识，我们尝试作出如下判断：

从空间视觉思维出发运用空间方位叙事方法进行赋文创作，从西汉到东汉，可能存在一种由个别到普遍的创作倾向。亦可能存在一种由尝试到成熟的创作过程；还可能存在一种由单纯的叙事技巧到构造赋文空间叙事结构、构成赋文方位叙事体系的创作实践过程。

三 汉赋空间方位叙事艺术的个案分析

枚乘《七发》以"楚太子有疾，而吴客往问之"开篇，接着便以太子与吴客之问答而展开赋文。从篇章整体格局上看，"太子与吴客"构成了赋文的第一级叙事主体。赋文以上述叙事主体为中心构成的叙述整体，又通过"吴客"以"七事"相解而进一步构成七个叙述单元。上述叙述单元在赋文第一级叙事主体所构成的叙述层次基础上，已经构成了赋文第二级叙述层次。在第二级叙述层次中，随着叙述空间的移动，叙事主体也发生了变化，而空间方位叙事恰恰是在赋文第二级叙述层次中得到了展示。

依据在赋文中出现的先后次序，《七发》空间方位叙事有如下 6 种展示：

（1）以"太子"作为叙述中心，构成"越女侍前，齐姬奉后"的平面直线型叙事形式；

（2）以"龙门之桐"作为叙述中心，构成"上有千仞之峰，下临百丈之谿"的立体直线型叙事形式；

（3）以"钟岱之牡，齿至之车"作为叙述中心，构成"前似飞鸟，后类距虚"的平面直线型叙事形式；

（4）以"登景夷之台"作为叙述中心，构成"南望荆山，北望汝海。左江右湖，其乐无有"的平面四方型叙事形式；

（5）以"太子"作为叙述中心，构成"右夏服之劲箭，左乌号之雕弓"的平面直线型叙事形式；

（6）以"广陵曲江"作为叙述中心，构成"荡取南山，背击北岸。覆亏丘陵，平夷西畔"的平面直线型叙事形式。

枚乘《七发》空间方位叙事手法的运用，具有如下两个特点：

（1）空间方位叙事主要出现在赋文第二级叙述层次中，因叙述空间的移动而构成不同的叙述中心，相互之间并没有构成叙事意义上的关联；

（2）不论平面直线型叙事、立体直线型叙事，还是平面四方型叙事，其所展示的叙述空间，或围绕叙述中心而展开，或以叙述中心为基点而确定在可视的范围之内。

值得注意的是，与《七发》相同，《子虚赋》的空间方位叙事同样出现在赋文第二级叙述层次中。司马相如《子虚赋》在"子虚"盛夸楚之云梦"方九百里"的阔大时，运用了立体圆型叙事形式。赋文云："其东则有蕙圃，衡兰芷若……其南则有平原广泽，登降陁靡……其高燥则生葳菥苞荔，薜莎青薠……其卑湿则生藏莨蒹葭……其西则有涌泉清池，激水推移……其北则有阴林，其树楩楠豫章……其上则有鹓雏孔鸾，腾远射干……其下则有白虎玄豹，蟃蜒貙犴。"赋文以"其东"、"其南"、"其西"、"其北"四方构成东南西北平面空间叙述；接下来又在此基础上，即在"其东"、"其南"与"其西"、"其北"两个平面空间叙述模块中，再分别以"其高"、"其卑"和"其上"、"其下"穿插其中而构成立体空间叙述。显然，上述空间方位叙事艺术手法的运用，要比枚乘《七发》复杂得多，而且在枚乘《七发》所展示的"可视域"的叙事空间基础上进一步扩展到"超视域"的叙事空间。这种超视域的空间方位叙事在扬雄《蜀都赋》、张衡《西京赋》中同样得到了较为有效的运用。

扬雄《蜀都赋》开篇仅以十句赋文总写，接着即以"蜀都"为中心而构成"东有巴賨……南则有犍牂潜夷……西有盐泉铁冶……北则有岷山"的"超视域"的平面空间方位叙事。张衡《西京赋》以凭虚公子"先生独不见西京之事欤？请为吾子陈之"开篇，即以"咸阳"为中心，运用平面四方型叙事形式而展开超视域的空间描述："左有崤函重险，桃林之塞。缀以二华，巨灵赑屃，高掌远跖，以流河曲，厥迹犹存。右有陇坻之隘，隔阂华戎。岐梁汧雍，陈宝鸣鸡在焉。于前则终南太一，隆崛崔萃，隐辚郁律。连冈乎嶓冢，抱杜含鄠，欲沣吐镐，爰有蓝田珍玉，是之自出。于后则高陵平原，据渭踞泾。澶漫靡迤，作镇于近。"

张衡《髑髅赋》有别于其京都赋，赋文短小，但空间方位叙事艺术手法多处运用，且灵活多样。《髑髅赋》全文以"张平子"为叙述主体和中心，首先运用平面圆型叙事形式，描述其"南游赤野，北陟幽乡。西经昧谷，东极扶桑"的空间游历过程；接着运用平面直线型叙事形式，描述其"联回轩驾"而"左翔右昂"的情态；再以"髑髅"为叙述中心，运用立体直线型叙事形式，描述其"下居于壤，上负玄霜"的情景；最后以"髑髅"为叙述中心，运用平面四方型叙事形式，发出为其"取耳北坎，求目南离。使东震献足，西坤援腹"的请求。

张衡在《髑髅赋》的创作中运用了四种类型的空间方位叙事形式，分别以不同的叙述主体为中心，在不同的空间转换中完成叙事。显然，空间方位叙事在《髑髅赋》中的运用已经达到了灵活巧妙的艺术程度。这不但说明《髑髅赋》的作者是在有意识、有目的地使用这种叙事形式，而且还说明从空间视觉思维出发运用空间方位叙事构造赋文的方法，已经被熟练地运用到东汉抒情小赋的创作之中，并且在进入"情感性叙事"的领域中得到了充分的艺术表现。

赵壹《穷鸟赋》的创作即是一个成功的范例。《穷鸟赋》"正文"仅28句，但空间方位叙事的运用却多达5次，而且仅局限于平面直线型叙事形式和立体直线型叙事形式，并有精巧的变形。其"正文"云："有一穷鸟，戢翼原野。毕网加上，机窜在下，前见苍隼，后见驱者，缴弹张右，罝罿毙左，飞丸激矢，交集于我。思飞不得，欲鸣不可，举头畏触，摇足恐堕。内独怖急，乍冰乍火。幸赖大贤，我矜我怜，昔济我南，今振我西。鸟也虽顽，犹识密恩，内以书心，外用告天。天平祚贤，归贤永年，且公且候，子子孙孙。"赋文"内以书心，外用告天"句，以"内""外"对用而构成的叙述形式，显然是对平面直线型叙事的精巧变形。

张衡《思玄赋》也是空间方位叙事巧妙运用的一个范例。《思玄赋》文末云："原得远渡以自娱，上下无常穷六区。"所以作者在简单准备之后，开始了他的"远渡"：首先从东方出发"过少皞之穷野兮，问三丘于句芒"；然后进入南国，来到湘水之滨，"指长沙之邪径兮……翩缤处彼湘滨"；接着进入西域，来到生长着"建木"的"都广"；最后北上，来到玄武居住的"太阴"。然而，行文至此，"远渡"并没有结束，而是再一次由身处的"大地"而"上浮"，最后来到"天皇"居住的"琼宫"。

赋文中作者的"远渡"在性质上是一种"超视域"的"远游"。作者以东方、南国、西天、太阴作为方位坐标，构成一个"超视域"的巨大的叙事空间。然而，这样一个叙事空间并不能满足作者"远渡"的愿望，作者的"远渡"是"穷六区"的"远渡"，因此，这样的"远渡"也就超出了实际意义上的"远游"而成为一种上天入地式的精神层面的"玄游"。由这样的"玄游"所构成的叙事空间，也已经扩展到所谓"六合之外"的精神世界，因此，由这样的"玄游"所构成的叙事空间，是一种在"超视域"基础上转化而成的具有"幻视域"性质的想象世界。

同样值得注意的是，空间方位叙事在张衡《髑髅赋》中已经成为结构全篇的叙事手段，而在张衡《思玄赋》的创作中，其赋文主体也已经被作者锁定在立体圆型叙事模式之中。

对于汉赋创作来说，空间方位叙事还能够变异为一种遣词构句的艺术方法。这种艺术方法在汉赋的创作中得以发展成熟，并成为古代散文尤其是俳赋、律赋乃至文赋创作中遣词构句的常用手段。汉赋五种空间方位叙事类型在句式的表现上具有两大特色，其一是"前后"、"左右"、"南北"、"东西"、"上下"、"高低"的方位对向式二元表述；其二是"前后左右"、"东西南北"的方位连贯式四元表述。典型者如司马相如《子虚赋》"左乌号之雕弓，右夏服之劲箭"、孔臧《杨柳赋》"南垂大阳，北被宏阴，西奄梓园，东覆果林"。上述句式的特点，首先是赋句首字"左右"与"南北西东"所构成的"方位对向"与"方位连贯"的表述形式；其次是"二元"与"四元"的句式构成。

这种"方位对向"式的表述形式可以凭借"方位词"的变换而构成"意义对向"式的表述形式。如东方朔《答客难》："绥之则安，动之则苦。""尊之则为将，卑之则为虏。""抗之则在青云之上，抑之则在深泉之下。""用之则为虎，不用则为鼠。"上述赋句首字在意义上皆具有相反或对立的特点，并以赋句首字领起全句，而构成典型的"二元"句式。这种典型的"二元"句式，在汉赋赋文中大量存在。而"方位连贯"式的表述形式同样可以凭借"方位词"的变换而构成"意义连贯"式的表述形式。如扬雄《河东赋》："回安邑，顾龙门，览盐池，登历观。""奋电鞭，骖雷辐，鸣洪钟，建五旗。"《羽猎赋》："发黄龙之穴，窥凤皇之巢，临麒麟之囿，幸神雀之林。""奢云梦，侈梦诸，非华章，是灵台。"上述赋句首字在意义上皆具有或同类或连贯的特点，同样以赋句首字领起全句而构成典型的"四元"句式。这种典型的"四元"句式，在汉赋赋文中也大量存在。

综上所述，可以说枚乘《七发》的创作实践，为空间方位叙事在汉赋创作实践中的运用提供了极具价值的写作经验。自枚乘《七发》以后，空间方位叙事艺术在汉赋创作中获得了更为充分的展示，而且运用更为灵活、方法更为多样、形式更为复杂，并清楚地呈现出四个方面的变化：其一，由"可视域"向"超视域"和"幻视域"的转换；其二，由"二级叙述层次"向"一级叙述层次"的延伸；其三，由局部空间方位叙事向整体空间方位叙事的发展；其四，由单纯叙事形式向复杂构句方法的变异。

四　汉画空间方位叙事艺术的个案分析

从空间视觉思维出发的空间方位叙事艺术，也已经被汉代艺术家运用到汉画的创作中并成为墓葬整体叙事的组成部分。下面关于汉画不同个案的分析，将对上述认识给予支持。

（一）山东邹城市郭里镇卧虎山 M2 石椁墓南椁及南椁内侧画像

图 10—1 是卧虎山 M2 石椁墓南椁画像具体位置示意图。①

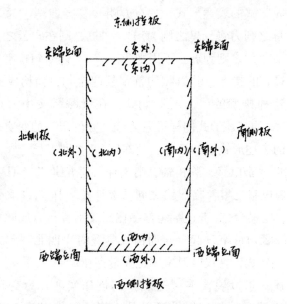

图 10—1　卧虎山 M2 石椁墓南椁画像具体位置

---

① 本章图片多数在前面章节已使用，本章为便于分析，再次附列。——编者注

卧虎山 M2 石椁墓南椁画像具体情况如下。

（1）东挡板外侧画像：画面中分为二，各刻铺首衔环，铺首上立有二虎，铺首下左右下角各蹲坐一犬，画面中间一半身门吏（见图10—2）。

（2）西挡板外侧画像：画面刻绘五只鹤鸟衔鱼，空中另有七只飞鸟（见图10—3）。

（3）东挡板内侧画像：画面下为对舞的凤鸟，口中有连珠，其左右各有一羽人，手持仙树；凤鸟上方为一翼龙，上有仙人乘骑（见图10—4）。

（4）西挡板内侧画像：画面主要形象是两位老者，或手扶鸠杖，或拄杖，右侧似女性老者一手捧两只仙桃；画面上方有一树，树上有鸟；右侧似女性老者的身后立有一人，其上有一飞鸟；两老者中间有似猴状动物（见图10—5）。

（5）南侧板东端立面画像：双翼飞虎（见图10—6a）。

（6）北侧板东端立面画像：长尾青龙（见图10—6b）。

（7）南侧板西端立面画像：飞鸟、石阙、门吏（见图10—6c）。

（8）北侧板西端立面画像：飞鸟、石阙、门吏（见图10—6d）。

（9）南侧板外侧画像：画面分为三格。左格为"豫让刺赵襄子"故事。中格为怪兽口衔长蛇、云神、雷神。右格为群兽相斗（见图10—7）。

（10）北侧板外侧画像：画面分为三格。左格为殿堂、双阙、攀猿、大树、树下系马、车、门吏。中格分为上下两层，上层为鸡首神人、马首神人、武士；下层刻绘其他人物，似传说故事。右格为大树艺术组合画像（见图10—8）。

（11）南侧板内侧画像：画面分为三格。左格为杂技画面。中格分上下两层，上层为建鼓、鼓舞、二人吹箫、宴饮；下层为车马出行。右格分为上下两层，上层为西王母；下层为九尾狐、三足乌、玉兔捣药、凤凰（见图10—9）。

（12）北侧板内侧画像：画面分为三格。左格为双阙。中格分为上下两层，上层为车马出行；下层似"伯乐相马"故事。右格分为上下两层，上层为双层楼房、楼上有凤凰、楼下为跪拜画面；下层为"泗水取鼎图"（见图10—10）。

图10—2　东挡板　　图10—3　东挡板　　图10—4　西挡板　　图10—5　西挡板
　外侧画像　　　　　内侧画像　　　　　外侧画像　　　　　内侧画像

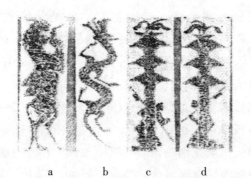

a　　　　b　　　　c　　　　d
图10—6　南北侧板西端、东端立面画像

图10—7　南侧板外侧画像

图10—8　北侧板外侧画像

图 10—9 南侧板内侧画像

图 10—10 北侧板内侧画像

卧虎山 M2 石椁墓南椁及南椁内侧画像之叙事学意义上的讨论，已有另文论述，[①] 这里仅从空间方位叙事的角度得出如下两个方面的认识：第一，西挡板内侧两位拄杖老人的形象是石椁内侧画像的"主体"和内侧整体画像构图意义的"中心"，并构成了以西挡板内侧画像（拄杖老人）为"中心"，以北侧板左格画像为起点，由左而右，再从南侧板左格画像开始，至南侧板右格画像为结点的叙述轨迹。而由于有了"车马出行"画面在内容上的规定作用，画像叙事主体便具有了行为主体的趋向意义，其叙述轨迹的"起点"与"结点"，也就能够转化为行为主体的"始点"与"终点"。值得注意的是，一旦上述转化成功实现，其叙述轨迹伴随着叙述空间的转换便具有了时间的性质和意义。第二，以石椁主人（逝者）为"主体"并以其为"中心"，石椁内侧画像以其不同画面内容而与石椁主人（逝者）构成一种固态的空间关联和空间结构：首先，南北侧板内侧画像与石椁主人（逝者）构成了对应的左与右的平面空间关联；其次，东西挡板内侧画像与石椁主人（逝者）构成了对应的上

① 参见李立《汉画的叙述：结构、轨迹与层次》，《江西社会科学》2007 年第 2 期。

与下的空间结构。这种事实上固态的空间关系的形成，标志着这种叙事形式的空间的性质与意义的确立。

　　需要指出的是，卧虎山 M2 石椁墓南椁及南椁内侧画像所构成的墓葬整体叙事，具有较为典型的"时间性"与"空间性"叙事特点。而 M2 石椁墓南椁固态的空间关联和空间结构之意义，将依靠石椁内侧画像叙述空间的转换来实现。

（二）　马王堆一号墓内棺与帛画

　　马王堆一号墓内棺的帛画所展示的由下到上的叙述轨迹，因为内含着明确的"趋向"意义而能够转化为叙事主体的"趋向"行为，并导致上述叙事主体也同时转化为具有明确趋向意义的行为主体，帛画叙述轨迹"结点"也就成为行为主体的"终点"。值得注意的是，帛画叙事主体向行为主体的转化过程，因为伴随着明确的行为趋向意义，从而导致叙述空间的转换和叙述时间的性质与意义的生成。帛画覆盖于内棺之上，已经显示出帛画与墓主轪侯夫人所构成的直接联系，这种联系缘于帛画置于内棺之上的方向与逝者置于内棺之中的方向相一致的缘故而显得更为紧密，因此，帛画展现了一个"幻视域"的空间。在这里，我们同样看到了墓主轪侯夫人与帛画画面所构成的叙事意义上的固态的空间关联和空间结构。

　　马王堆一号墓有四重棺，三层外棺皆有漆绘，唯独内棺饰以几何图案。上述情况或可说明，内棺仅有几何图案装饰，是因为内棺之上已有帛画，帛画的构图已经展示出人们借助画像而为逝者所构造的另一个世界。从这样的角度思考，马王堆一号墓内棺之上的帛画，在实用的功能和象征性的意义上与卧虎山 M2 石椁墓南椁内侧画像是一致的。如此，我们对马王堆一号墓墓主轪侯夫人与内棺帛画之关系的综合考察与空间方位叙事意义上的研究，也就具有了与卧虎山 M2 石椁墓南椁及南椁内侧画像一样的价值与意义。

（三）　山西离石马茂庄东汉画像石墓 2 号墓与前室画像

　　马茂庄 2 号墓前室画像的构图格局是有规律可循的（见图10—11）。前室画像呈现出或前后左右或东西南北的固态空间关联：其一，东、西壁画像在构图形式与内容上也基本相同并呈对应状态；其二，南壁以中门为界，左、右各两块画像石在构图形式与内容上也基本相同并呈对应状态；其三，北壁以中门为界，左、右画像石在构图形式与内容上也基本相同并呈对应状态。这样，前室画像明显地呈现出前后与左右、东西与南北的平面空间关系，而且这样的平面空间关系还呈现出前后与左右、东西与南北相偶式的独特形态，即同一石壁同一画面西王母与东王公的或南北（左右）或东西（左右）相偶、同一石壁不同画面西王母与东王公的左右（东西）相偶、相对石壁相对画面西王母与东王公的左右（东西）相偶。

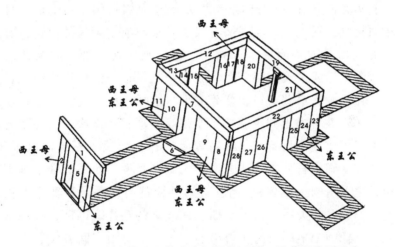

图 10—11　山西离石马茂庄东汉画像石墓 2 号墓画像石分布

马茂庄 2 号墓坐北朝南，由墓门、甬道、前室、双耳室、后室组成；前室平面呈正方形，南与甬道相连，北通后室，东西与耳室相通；后室平面呈长方形，存有火烧后炭化的骨骸，但葬式不详。该墓画像刻绘于墓门、前室四壁和横额石上，后室则不见画像，而恰在后室中发现残存的部分炭化骨骸。墓葬逝者所处之后室虽然不见画像，但墓葬逝者与前室画像同样构成着直接的联系。其根据有二，首先，前室北壁左右画像石各刻画建筑庭院画像，而前室北壁之上的横额石亦通幅刻画建筑庭院画像，显然具有"后室"作为逝者居处的象征意义；其次，前室南、东、西三壁之上的横额石，皆刻画车马出行的画像，而且"上述四条横额画石表现的出行场面，似应从南壁（墓门方向）横额画石的中间起，经西、东两壁再与北壁横额画石相接"①。

显然，上述画像的构图意义已经清楚地说明"后室"在墓葬整体结构中的重要地位。因此，从墓葬整体结构与前室相关画像所构成的关系上看，前室相关画像固态空间关联形式的构图目的与构图意义，都将归向位于后室的墓葬逝者。而上述目的与意义的实现，恰恰取决于前室横额画像所构成的在空间视域转换基础上的动态特征与时间性质。

上文对卧虎山 M2 石椁墓南椁及南椁内侧画像、马王堆一号墓内棺与帛画、马茂庄东汉画像石墓 2 号墓与前室画像的讨论，有三个方面的情况需要明确：首先，上述汉画所在墓葬，或为西汉早期，或为东汉或东汉晚期，在时间上跨越了整个汉代历史时期；其次，上述汉画有墓葬帛画、墓葬壁画与棺画三种形式，除砖画（画像砖）外，在种类上几乎囊括了全部汉画形式；再次，更为重要的是，上述供研究的卧虎山 M2 石椁墓南椁画像属于石椁内侧画像，马茂庄东汉画像石墓 2 号墓画像属于室壁画像，而马王堆帛画则属于棺椁之上覆画（铭旌），而且上述画像都与墓葬及墓葬主人构成了直接的联系与关系，而不是孤立或残破的存在。因此，我们认为以上述画像为个案的讨论所得出的结论，于汉画空间方位叙事艺术之研究具有一定的典型意义。

正是在这个意义上，我们尝试对上述讨论做出如下总结。

第一，汉画承载体的立体结构与实用功能，一方面导致汉画在构图意义上之象征意义的出现，另一方面导致汉画画面与墓葬逝者在构图意义上的直接关联。因此，我们在这里所讨论的汉画构图空间维度表现（叙事），实际上已经囿于画像所在的墓葬整体叙事之中，这意味着汉画的叙述是以墓葬整体叙事为存在的前提和条件的。显然，从叙事的角度看，汉画的叙述同样属于"二级叙述

① 山西省考古研究所：《山西离石马茂庄东汉画像石墓》，《文物》1992 年第 4 期。

层次"。

　　第二，包括汉画在内的墓葬整体叙事，其叙事主体有"本体"与"象征体"两种。前者是墓葬逝者，后者是墓葬逝者于画面构图中象征性的再现者；前者作为叙事主体必须在墓葬整体叙事中出现，而后者作为叙事主体则可以"隐身"或"潜伏"于画面构图之中。如此，缘于叙事主体之"本体"与"象征体"的区别，而形成"时间性叙事"与"空间性叙事"两种不同的叙事形式；又基于叙事主体之"本体"与"象征体"的联系，而构成上述两种不同叙事形式在叙事目的与意义上的互为补充和互为条件的独特关系。前者的叙述表现为在空间视域转换基础上的动态特征与时间性质，其以某种思想、情感或意图的表达与实现为目的，以某种行为或意识上的"趋向"意义为特征；而后者的叙述则表现为空间的关联，呈现出一种固态的结构模式——以叙事主体（本体或象征体）为中心或基点的或前后、或左右、或东西、或南北的平面关联和立体结构。在这里，后者的存在是绝对的和无条件的，但是后者叙事目的与叙事意义将依靠前者来完成和实现。

　　由上面的讨论不难发现，空间方位叙事不仅在汉画构图中存在，而且也在墓葬整体叙事中存在。正是在这个意义上，我们发现了包括汉画在内的墓葬整体叙事与汉赋空间方位叙事的联系：从某种意义上说，汉画的构图与汉赋的构思均要求通过空间维度的艺术表现而实现，这就为空间方位叙事提供了叙述平台。这种叙述平台的确立，将导致汉画与汉赋之叙事主体进一步寻求和建立叙事的基点和中心，同时，也为汉画与汉赋叙事主体"在视觉"、"超视觉"、"幻视觉"的空间方位叙事创造了条件。从另一个角度看，包括汉画在内的墓葬整体叙事之意义，是其"时间性叙事"与"空间性叙事"在叙述目的等方面的一致性特征。正是在这个意义上，我们进一步发现了其与汉赋空间方位叙事的联系：作为汉代最具代表性的艺术形式之一，汉画同样最充分地展示了汉人以自己为中心和基点而与外部世界融通与联系的愿望和要求，同样最充分地表达了人与外部世界之关联和存在的理想方式。虽然这种"外部世界"属于"后生命"意义上的彼岸性质，但仍然处于构想的视域（"超视

域"与"幻视域")之中，仍然需要通过"视域延展"或"视域
转换"而获得。

五　空间方位叙事艺术的历史传统

在上古时期的墓葬及宗教祠神礼仪中，空间方位往往与生命思
考或宗教意识有密切联系，并最终形成某种空间方位意识或空间方
位观照习俗。

湖北江陵雨台山楚墓的墓葬年代跨越春秋战国时期，其墓葬的
南北方位走向带有一定的规律性。据《江陵雨台山楚墓》介绍：
"雨台山楚墓墓向和头向大多数一致。墓南北向居多，东西向较少；
头南向居多，其他向较少（558 座墓，头南向的 369 座，占总数的
66%）。有墓道的墓，墓道大多设在墓室南端。有壁龛的墓，龛的
位置均在墓室南壁即头向一端。"① 江陵雨台山楚墓南北向居多和头
南向居多的现象，应该与葬者宗教信仰有关，而墓室壁龛亦位于墓
室南壁的情况，即可证明上述认识。通过雨台山楚墓带有规律性的
方位走向及头向，亦可推断雨台山先民于生活中以南为重而南北联
通的空间方位意识及空间方位观照习俗。在时间上比江陵雨台山楚
墓更早的商代墓葬，同样体现着带有规律性的方位走向。据《藁城
台西商代遗址》介绍："（其 102 号墓）棺内并列着两具人骨架，
头向东。""（其 36 号墓）一具尸骨居左，头向东，俯身，四肢直
伸；一具尸骨居右，侧身，四肢弯曲，面向另一具尸骨。"② 上述葬
者"头向东"的葬俗，同样与宗教信仰有关，这在后代文献所记载
的东夷族习俗中有所反映。《新五代史》（卷七二）记契丹习俗：
"其大会聚视国事，皆以东向为尊。"《辽史》（卷四九）载契丹族
祭神典礼："设天神地祇位于木叶山，东向。"《金史》（卷三十）
载女真族祭祖习俗："石室之龛于各室之西壁，东向。"而合祭时

---

① 湖北省荆州地区博物馆：《江陵雨台山楚墓》，文物出版社 1984 年版，第 147 页。
② 河北省文管处：《藁城台西商代遗址》，文物出版社 1977 年版，第 23、24 页。

"始祖东向，群主以昭穆南北相向"。这种以东为贵的祀神习俗，在殷商甲骨卜辞中也有所反映。丁山《中国古代宗教与神话考》在论述殷商祀神情况时说："所可注意者，禘□于东西两方者，卜辞最多，而□于南北者较少。"[①] 祀神习俗上的方位观念与生活上的方位意识应该是联系在一起的。以东为贵的祀神习俗，也可能演变为以东为重而东西联通的空间方位意识及空间方位观照习俗。《殷墟妇好墓》在关于殷商早期与晚期房址方位走向问题的讨论中，就有过如下总结："考古发掘表明，在殷墟，东西向的房址多见于早期，南北向的房屋盛行于晚期。"[②]

需要指出的是，这种空间方位意识或空间方位观照习俗，还不属于空间方位叙事，但它却是构成空间方位叙事的基础。空间方位叙事得以生成的标志，是叙事主体的出现和以叙事主体为中心或基点而构成规律性的空间方位联结，并在这种联结中表达某种思想、情感或意图。我们虽然不能明确空间方位叙事得以生成的确切时间，但我们却可以肯定这种"以叙事主体为中心或基点而构成规律性的空间方位联结"形式，早在我国考古学上的仰韶文化时期就已经出现了。

在河南濮阳西水坡仰韶文化遗址 45 号墓主人骨架两侧蚌塑龙虎图案中（见图 10—12），龙位于墓主东侧，虎位于墓主西侧，其方位与后来四灵中龙、虎的方位相同。在 45 号墓主人骨架北侧，还有蚌塑三角形图案，其东侧横置两根人的胫骨。有学者认为"这毫无疑问是北斗的图象"。如此，"墓中的蚌塑龙虎就只能作为星象来解释。这样，本来孤立的龙虎图象由于北斗的存在而被自然地联系成了整体"[③]。

古人将赤道、黄道附近的二十八宿分为四陆，四陆与四灵相配而成四宫。古人又将北天不没的区域称为中宫，而北斗恰在其中。如此而论，濮阳西水坡 45 号墓蚌塑龙虎北斗图案所表现的正是北天中宫与东西二宫的形象。墓主人骨架位于北斗之上、东西二宫之

---

① 丁山：《中国古代宗教与神话考》，龙门联合书局 1961 年版，第 150 页。

② 中国社会科学院考古研究所：《殷墟妇好墓》，文物出版社 1980 年版，第 6 页。

③ 冯时：《河南濮阳西水坡 45 号墓的天文学研究》，《文物》1990 年第 3 期。

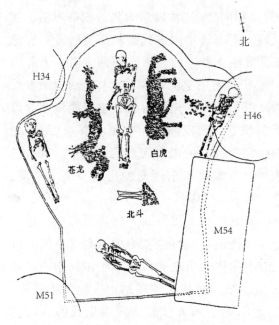

中的埋葬形式，已经构成一种"超视域"甚至"幻视域"的象征图景。在上述象征图景中，龙虎以二灵身份而成东西二陆之实并与墓葬主人构成空间方位上的联结：墓葬主人居于北天中宫之下，处于东西二陆之中，受到龙虎二灵之佑。显然，在这样一个立体的空间方位联结的结构体系中，墓葬主人得到了最为尊崇的对待和最为安全的保护。

图 10—12　河南濮阳西水坡 45 号墓墓主人骨架与两侧蚌壳摆塑的龙虎

对此，湖北随县曾侯乙墓 E66 衣箱龙虎北斗图案设计可为进一步说明（见图 10—13）。E66 衣箱盖面中间是一"斗"字，其外围依照顺时针方向写有二十八宿名称，并在东西二宫两侧绘有龙虎图像。上述二十八宿北斗龙虎图案与西水坡 45 号墓蚌塑龙虎北斗图案，在构图形式与构图意义上颇为一致。

有学者认为曾侯乙墓 E66 衣箱所盛衣服是供曾侯乙"晚上于后宫居息时所穿"[1]。如果上述推断正确，则意味着 E66 衣箱龙虎北斗图案的象征图景，是与曾侯乙晚间居处构成关联的。因此，E66 衣箱龙虎北斗图案的象征意义与西水坡 45 号墓蚌塑龙虎北斗图案的象征意义是相同的。

上述象征体系是依靠具有叙事性质的空间方位联结形式而展现的。墓葬主人既是叙述的出发点，也是叙述的归结点，并以叙事主体的身份而成为叙述的中心或基点。这种带有叙事性质的空间方位

---

① 刘信芳：《曾侯乙墓衣箱礼俗试探》，《考古》1992 年第 10 期。

联结形式，并非简单意义上的平面或立体方位联系，而是以叙事主体为中心和基点的前后、左右、上下、天地之间的联通，体现的是人与包括天地在内的周围世界的联系与构想。

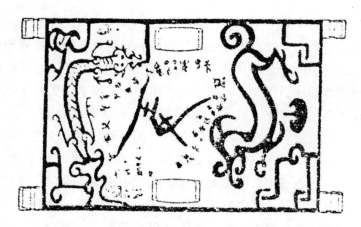

图10—13　湖北随县曾侯乙墓E66衣箱龙虎北斗图案

　　上述"带有叙事性质的空间方位联结形式"的确立，说明古代先民从很早的时候就已经运用这种"空间方位联结形式"来观察和认识自身以外的世界。更为重要的是，古代先民在对外部世界的认识中并没有将"自己"抛开，而是将"自己"置于外部世界——自然和宇宙的中心和佑护之下，并以自身为"基点"对外部世界进行由低到高、由里到外的有序的认识。其重要意义体现在对人的主体性的把握和人与外部世界融通与联系的主动性的强调上。它能够最大限度地调动和发挥人自身的有限能力和无限潜能，既可以将"自己"置于"在视域"的空间，又可以以其为基础而扩展到"超视域"甚至"幻视域"的空间。这种空间视域的转换，不但具有时间性质和空间性质，而且还伴随着超时空的构想性质。

　　当我们将这种"带有叙事性质的空间方位联结形式"视为一种有效的空间方位叙事形式时，我们便能够对这种空间方位联结形式的特点做出总结：其一是它的由叙事主体为中心的空间关联而构成的"在视域"意义上的空间方位叙事形式；其二是它的以"在视域"为基础而能够向"超视域"甚至"幻视域"扩充的延展性；其三是它的在"视域延展"过程中所开拓的想象空间和所伴随的象征性质。

　　作为汉代最具代表性的艺术形式之一，汉赋与汉画最充分地展示了汉人以自己为中心和基点而与外部世界融通与联系的愿望和要求。因此，这种古老而传统的"带有叙事性质的空间方位联结形式"也便能够成为汉代艺术家通过构图和赋文而表达人与天地自然之关联和存在的理想方式。它的意义与价值表现在以下几个方面。其一，其以叙事主体为中心而构成的"在视域"意义上的空间方位叙事形式，可以成为汉赋与汉画空间方位叙事艺术最基本的形式；其二，其以"在视域"为基础而能够向"超视域"甚至"幻视域"扩充的延展性特征，可以导致汉赋与汉画在不同视域之间以空间转换为特征的艺术观照方式和艺术表现形式的形成；其三，上述带有叙事性质的空间方位联结形式在"视域延展"过程中所开拓的想象空间和所伴随的象征性质，具有天然的艺术特质，从而使空间方位叙事形式在汉赋与汉画创作过程中的艺术转换成为可能。

　　这样的讨论证实了我们于上文所提出的观点：作为一种"描绘外部世界的艺术手段"的空间方位叙事所具有的非艺术性特点——以"观照外部世界的技术方式"为表现形式的源于生活的本质与内涵。它启发我们将这种空间方位叙事艺术与古代先民认识自然世界的独特而传统的方法与习惯联系起来，促使我们坚定这样的认识：作为某种艺术观照方式和艺术表现手法的空间方位叙事艺术，既是一种观照外部世界的技术方式，又更鲜明地表现为一种认知方式、一种生活原则、一种存在理想，即一种文化模式。因为在这种技术方式中积淀着古代先民缘于生命的原始自然观、世界观和前宗教时期的情感与信仰，并在后世的发展与演变中构成民族传统文化的有机组成部分。这种文化模式源于生活而指导生活，并构成传统的生活方式而体现在已经成为历史的存在中，因此，这种文化模式也就具有其源于生活的实用特征、源于历史的传统特点和源于地域的东方色彩，时至今日，我们仍然能够感受到它的鲜活的实用价值和传统的历史意义。

正是在上述意义上，我们在肯定汉代艺术家将传统空间方位叙事在汉赋与汉画的创作中进行艺术转换所做出的努力和贡献的同时，还看到了空间方位叙事作为一种文化模式对两汉时人和汉代社会生活所具有的意义与价值：空间方位叙事从人出发并以人为目的，体现了人的主体性特点和主动性原则，并以寻求人于宇宙自然中的合适存在为目标和宗旨——在人的层面与意义上寻求和获得人与外部世界的和谐存在。

值得注意的是，空间方位叙事作为一种文化模式而于两汉时人和汉代社会生活所具有的上述意义与价值，不仅在包括汉画在内的汉代墓葬整体叙事中表现出来，而且在汉赋空间方位叙事的艺术表现中也同样存在，并构成汉赋空间方位叙事艺术之传统东方文化特点。其深厚的历史积淀与文化内涵，使这种“艺术形式”更具独特魅力，并影响到艺术家对赋文的构思和画面的设计。

六　汉代庄园与庄园生活为空间方位叙事艺术提供了进一步发展的条件

当我们得出空间方位叙事艺术在汉画和汉赋的创作中已经得到成熟运用这一结论，并对空间方位叙事艺术的传统渊源、它的特点以及所具有的意义与价值等问题做出进一步的探寻与评估以后，空间方位叙事艺术在汉以前图像艺术及相关文本创作中的运用情况，也就成为需要解决的问题了。由于材料方面的限制，这里姑且暂时回避汉以前图像艺术的考察，而仅以屈原、宋玉、荀卿的主要辞赋作品和包括《史记》在内的重要散文作品为例，做出我们的分析和认识。

表10—4的内容是屈原、宋玉、荀卿主要辞赋作品于空间方位叙事运用情况的统计。表10—5的内容是包括《史记》在内的重要散文作品于空间方位叙事运用情况的统计。

表 10—4　屈原、宋玉、荀卿主要辞赋作品于空间方位叙事运用情况

作者	篇名	例句
屈原	《离骚》	朝搴阰之木兰兮，夕揽洲之宿莽。/进不入以离忧兮，退将复修吾初服。/朝发轫于苍梧兮，夕余至乎县圃。/前望舒使先驱兮，后飞廉使奔属。/夕归次于穷石兮，朝濯发乎洧盘。/朝发轫于天津兮，夕余至乎西极。
宋玉	《九辩》	左朱雀之茇茇兮，右苍龙之躣躣。
	《钓赋》	左挟鱼罶，右执槁竿。
	《笛赋》	其阴则积雪凝霜，雾露生焉；其东则朱天皓日，素朝明焉；其南则盛夏清微，春阳荣焉；其西则凉风游旋，吸逮存焉。
荀卿	《赋篇》	下覆百姓，上饰帝王。

表 10—5　《史记》等重要散文作品于空间方位叙事的运用情况

篇名	例句
《尚书·尧典》	寅宾出日，平秩东作。日中，星鸟，以殷仲春。……申命羲叔，宅南交……平秩南讹。敬致。日永，星火，以正仲夏。……分命和仲，宅西，曰昧谷。寅饯纳日，平秩西成。宵中，星虚，以殷仲秋。……申命和叔，宅朔方，曰幽都。平在朔易。日短，星昴，以正仲冬。
《尚书·舜典》	岁二月，东巡守，至于岱宗，柴。……五月南巡守，至于南岳，如岱礼。八月西巡守，至于西岳，如初。十有一月朔巡守，至于北岳，如西礼。
《礼记·王制》	岁二月，东巡守，至于岱宗。……五月南巡守，至于南岳。……八月西巡守，至于西岳。……十有一月北巡守，至于北岳。
《说卦》	万物出乎震，震，东方也。齐乎巽，巽，东南也；……离也者，明也，万物皆相见，南方之卦也，……坤也者，地也，……兑，正秋也，万物之所说也，……战乎乾，乾，西北之卦也，……坎者水也，正北方之卦也，……艮，东北之卦也，万物之所成终而成始也……
《史记·天官书》	中宫天极星……东宫苍龙……南宫朱鸟……西宫咸池……北宫玄武。
《史记·封禅书》	岁二月，东巡狩，至于岱宗……五月南巡狩至南岳……八月巡狩至西岳……十一月巡狩北岳。

根据上述统计我们可分析如下。

第一，空间方位叙事艺术在屈原、宋玉、荀卿的辞赋作品中都有所运用，但荀卿《赋篇》仅出现"上下式"句式，其他再无；《离骚》"前望舒使先驱兮，后飞廉使奔属"之"前后式"较为典型，且仅一句，而"朝夕"句式则运用频繁，屈原其他作品亦大致如此；在宋玉作品中，除"前后式"外，还出现了"左右式"。值得注意的是，在宋玉《笛赋》中更出现了较为复杂的"东南西北式"。

第二，空间方位叙事在包括《史记》在内的重要散文作品中的运用较为单纯，主要以"东南西北"的"平面圆状叙事"为主，较少变化。但《说卦》中将方位与卦象相配，已经构成一个颇为完整而系统的空间方位（叙事）模式。

据此我们可得出如下结论。

第一，空间方位叙事在汉以前具有代表性的辞赋作品和其他散文形式的运用情况能够说明，空间方位叙事艺术在汉以前还处于一个"幼稚"的阶段。

第二，将空间方位叙事在屈原、宋玉、荀卿的辞赋作品中运用情况与汉赋做一比较会发现，其呈现出一个渐进的发展和成熟的过程。

第三，空间方位叙事在包括《史记》在内的重要散文作品中主要表现为"东南西北"式的"平面圆状叙事"形式，其叙事背景是"超视域"的天空，《礼记·王制》、《史记·封禅书》的方位叙事，显然承其而来。上述方位叙事的形成，应该与古代"天圆地方"的宇宙构想有关，并进而成为一种惯常的叙述模式而被运用到"在视域"的叙述中。值得注意的是，这样一种叙述形式虽然在汉赋中仍然存在，但已经少有出现。与此相反，这种叙述形式在汉画中则出现频繁。

综上所述，空间方位叙事艺术在汉以前还处于一个"幼稚"的阶段，而汉画与汉赋作为汉代最有代表性的艺术表现形式，其空间方位叙事艺术的成熟运用，是这一叙事艺术进一步发展的结果。

我们所面临的问题正在这里：空间方位叙事艺术缘何在两汉时期获得进一步发展？汉代社会生活为空间方位叙事艺术的进一步发

展提供了什么重要条件？

　　构成空间方位叙事的"要件"有二，其一是叙述主体的确立；其二是视域空间的构成。上述两个方面的建构，都离不开艺术家的亲自参与：在具体叙述中，艺术家或直接以叙述主体的身份出现，或创造不同的叙述主体而构成叙事的基本条件，其目的是以上述叙述主体为中心而建构一种"在视域"、"超视域"、"幻视域"的叙述空间，并进而完成叙事。显然，在上述具体叙述过程中，确立叙述主体和构成视域空间的基础与条件，是艺术家的"真实存在"和艺术家根据其"真实存在"而生成的"空间感悟"。

　　正是在这个意义上，我们认为：决定空间方位叙事艺术在两汉时期获得进一步发展的重要条件，是汉代社会提供给艺术家的存在环境，亦即导致汉代艺术家独特"空间感悟"的"空间存在"。于是，我们的目光也就自然锁定在两汉时期的庄园和庄园生活上。

　　从汉画像石表现建筑的画像看，汉代宫殿或大型建筑，大都呈现"四合院"式的庭院式布局。从西汉未央宫遗址、西汉礼制建筑遗址的考古发掘看，其建筑形式均为院落式布局。① 以地处"百越地区"的崇安汉城为例。"崇安汉城……呈中轴线对称布局，由大门、庭院、殿堂、厢房、天井、回廊等组成了封闭的群体。"②"（崇安汉城）中轴分明，左右对称，平面布局严谨，空间高低错落有致，与秦咸阳宫的有关宫殿建筑遗址的布局相当接近。"③

　　不仅如此，汉代庄园一类的较小型建筑，也同样呈现"四合院"式的庭院式布局。

　　图 10—14 是山东曲阜城关镇出土庭院画像。④ 画像中建筑群四周有围墙，入口有双阙和大门，大门后正堂前有庭院，整个建筑群由前到后分为几重院落。房屋均建在高台之上，方正有形。

---

　　① 中国社会科学院考古研究所：《汉长安未央宫》上下册，中国大百科全书出版社1996年版；中国社会科学院考古研究所：《西汉礼制建筑遗址》，文物出版社2003年版。

　　② 吴春明：《崇安汉城的年代和族属》，《考古》1988年第12期。

　　③ 林蔚文：《崇安汉城的外来文化因素及其评估》，《考古》1993年第2期。

　　④ 中国画像石全集编辑委员会：《中国汉画像石全集·山东汉画像石（2）》，山东美术出版社、河南美术出版社2000年版，第25图。

图 10—15 是江苏睢宁房屋宴饮画像。[①] 画面上层是一房屋式建筑，中层刻绘栏杆。上述房屋、栏杆形象反映了"四合院"式整体建筑内局部建筑的情况，画面布局依中轴线展开，栏杆以中轴线分为左右，中间似为通道，通道尽头即是位于中轴线上的房屋，房屋周正四方。

图 10—14 山东曲阜城关镇庭院画像　　图 10—15 江苏睢宁房屋宴饮画像

不仅如此，就目前所知，汉代一般的闾里住宅，在建筑形式上也呈现出"四合院"式的庭院式布局。位于河南内黄三杨庄黄河故道汉代聚落遗址所探明的四处宅院遗存，在庭院布局上基本相同，均为封闭型的二进院，坐北朝南，占地面积也大体相当，有正房（主房或堂屋）、西厢房、东厢房、门房等建筑，大门前有活动场所，有独立的水井，院后似有厕所，庭院四周植有树木，树木之外是农田。[②]

具体如已经探明的两处宅院的平面布局示意图（见图 10—16、图 10—17）。

---

① 中国画像石全集编辑委员会：《中国汉画像石全集·江苏、安徽、浙江汉画像石（4）》，山东美术出版社、河南美术出版社 2000 年版，第 122 图。

② 参见刘海旺《首次发现的汉代农业闾里遗址：中国河南内黄三杨庄汉代聚落遗址初识》，载《法国汉学》丛书编辑委员会《考古发掘与历史复原》，中华书局 2006 年版。

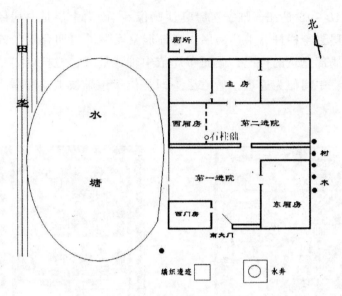

图 10—16　第二处宅院平面布局示意图

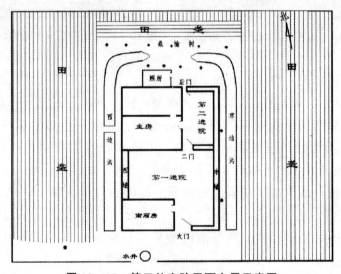

图 10—17　第三处宅院平面布局示意图

　　综上所述，汉代不论宫殿或大型建筑、庄园一类的较小型建筑，还是普通闾里住宅，乃至建筑群内的房屋，大都依中轴线布局，故而方正有形，错落有致。在汉代，"平面布局的中轴线，左右均衡对称的原则已是被广泛地应用着"①。

　　汉代建筑"中轴线"的确立，是左右均衡对称建筑原则形成的根本原因。因此，可以这样认为，左右均衡、前后齐整、上下观照，既是以人为中心和出发点的建筑原则，也反映了以人为中心和出发点的生活理念。汉代建筑"四合院"式的庭院式布局，虽然将人的意识囿于围墙之内，但围墙之内的高台式建筑和楼阁，却又能够将人的视野从房屋和庭院扩展开来，从而导致院内的局部空间与庭院外广阔视域的区别与联系。汉代建筑左右均衡对称的建筑原则，在构成建筑群或错落有致或方正有形之特点的同时，也自然使居者生成左右、前后、上下的均衡与齐整、补充与观照的方位观念与空间意识。这是汉画与汉赋空间方位叙事艺术成熟运用的根本原因。

　　之所以做出这样的判断，是因为包括汉画和汉赋在内的汉代艺术，都与这种庭院式的庄园与庄园生活有着密切的联系。图10—18是四川郫县一号石棺画像。② 画面所表现的是典型的庭院式庄园生活：右侧上层是一间厨房，下层一驾马车正要进入大门；大门里是内院，上有建于高台的楼房，楼下厅内是宾主宴饮的场面，厅外则是乐舞、杂技等艺术表演。图10—19是河南南阳宛城区出土"讲经"画像石画面。③ 画面右侧扶几端坐者为经学大师，其左七人依次跽坐听讲。

图10—18　四川郫县一号石棺画像

---

① 祁英涛：《西安的几处汉代建筑遗址》，《文物》1957年第5期。
② 中国画像石全集编辑委员会：《中国汉画像石全集·四川汉画像石（7）》，山东美术出版社、河南美术出版社2000年版，第122图。
③ 中国画像石全集编辑委员会：《中国汉画像石全集·河南汉画像石（6）》，山东美术出版社、河南美术出版社2000年版，第169图。

图 10—19　河南南阳"讲经"画像

上述画像所表现的或为乐舞杂技或为讲习经学，其内容既涉及艺术表演，也包括文化活动，其地点或在庄园庭院之中或在庄园楼阁之内。显而易见，庭院式的庄园生活是汉代文化艺术得以表现和存在的基础。正是在这个意义上产生了关于汉赋作家创作地点与创作环境的思考：没有理由否认汉赋作家就是在这种"四合院"式的庭院与庭院的建筑中展开他们的构思、完成他们的创作的。于是，我们为空间方位叙事艺术能够于两汉时期系统化演进寻找到了重要根据。

综上所述，当我们试图对空间方位叙事所具有的意义与价值进行更进一步的讨论时，其意义与价值的深远与巨大令我们惊讶。空间方位叙事既是一种观照外部世界的技术方式，也是一种描绘外部世界的艺术技巧，对于文学创作来说，它还能够变异为一种遣词构句的艺术方法。这种艺术方法在汉赋的创作中得以发展成熟，进而成为中国古代散文尤其是后世俳赋、律赋乃至文赋创作中遣词构句的常用手段。

七　结论与思考

汉画与汉赋在叙事宗旨和叙事目的的共同要求，而导致从空间视觉思维出发的空间方位叙事艺术被运用到汉画与汉赋艺术创作中，并在叙事形式、叙事特征和叙事功能等方面构成区别之中的联系。作为汉代最具代表性的艺术形式，汉画与汉赋毕竟属于不同的艺术类型，具有不同的艺术观照方式和不同的艺术表达形式。通过讨论，一方面我们发现了从空间视觉思维出发的空间方位叙事艺术在汉画与汉赋创作中的运用以及所构成的联系和它们的"共性特征"，另一方面我们也看到了二者的不同以及所体现出来的"个性特点"。更为重要的是，我们还在这种比较研究中看到了作为一种"描绘外部世界的艺术手段"的空间方位叙事所具有的非艺术性特点——以"观照外部世界的技术方式"为表现形式的源于生活的本质与内涵。从某种意义上说，我们对包括汉画在内的墓葬整体叙事所做的讨论的目的与意义即在于此。当我们将目光转向空间方位叙事艺术的渊源问题时，这样的认识也就变得清晰和明确起来。

当我们探寻空间方位叙事的传统渊源时，历史将我们带到了久远的史前时代；当我们进一步探寻空间方位叙事何以能够成为汉赋与汉画所共同遵循和运用的艺术观照方式和艺术表现形式时，历史又将我们带到了汉代庄园和庄园生活。这种跨越数千年的历史存在向我们展示了古代先民认识自然与世界的方式与方法，揭示了其独特的意义与价值。因此，我们在这里再一次强调"空间方位叙事既是一种观照外部世界的技术方式，也是一种描绘外部世界的艺术技巧"这一论断，是想进一步申明我们的如下观点：作为古代先民对宇宙自然的认识——空间方位叙事是一种带有积极性和进取性的认知方式。这种认知方式从"人"出发并以"人"为目的，因此，它充分体现了"人"的主体性特点和主动性原则，并以寻求"人"于宇宙自然中的合适存在和理想生活为目标和宗旨。这种认识强调人与天地自然的融通与联系，它是后世阴阳哲学思想的源头，也是《周易》卦象天地阴阳之辩证发展思想的源头，还是《周易》哲学以阴阳为核心之宇宙自然认知模式的源头。这种认知方式源于生活而指导生活，并构成传统的生活方式而体现在已经成为历史的存在中，因此，这种认知方式也就具有其缘于生活的鲜活性特征和缘于历史的传统性特点。时至今日，我们仍然能够感受到它鲜活的实用价值和传统的历史意义。

第十一章

汉画像历史故事画像与同名历史
故事文本叙事的比较研究
——以汉画像"荆轲刺秦王"
历史故事画像为例

一 前言：目前所见汉画像历史
故事画像具体存在情况

（一）汉画像历史故事画像数量、种类及地域分布情况

研究者所能够确认的汉画像历史故事画像材料共 222 份。[①] 具体情况见表 11—1 至表 11—5 所作统计。

表 11—1　　　　　山东地域历史故事画像数量情况统计

位序	故事名称	数量
1	孔子见老子	27
2	周公辅成王	17
3	升鼎故事	14

① 上述 222 份画像材料历史故事构图内容的确定，皆依据所引文献之考释，研究者并无涉及。研究者对于上述 222 份画像材料历史故事名称做了适当调整和改动，其原则如下：对题目文字过长者适当修改，在符合原意的基础上缩减文字并使之更为简洁明了；对同一历史故事但题目表述存在差异者，以通行的题目进行统一命名。"升鼎故事"画像以"升鼎"为主体构图形式，但存在"泗水升鼎"、"得鼎"、"升鼎"等不同名称，且故事内容和性质可能存在差异，为方便研究，研究者皆以"升鼎故事"予以统一；在上述 222 份历史故事画像材料中，涉及部分古帝王画像，上述画像皆以单一人物形象出现，且皆有"榜题"，对此均将其纳入历史故事范畴之中，并以"××故事"命名。

续表

位序	故事名称	数量
4	孔门弟子	7
5	邢渠哺父	6
6	二桃杀三士	5
7	荆轲刺秦王	4
8	九女复仇	4
9	楚昭贞姜	4
10	公孙子都暗射颍考叔	4
11	丁兰刻木	3
12	虞舜涂廪	3
13	闵子骞御车失棰	3
14	管仲射小白	3
15	骊姬故事	3
16	老莱子娱亲	2
17	季札挂剑	2
18	蔺相如完璧归赵	2
19	鲁义姑姊	2
20	赵宣孟舍食灵辄	2
21	伯榆伤亲	2
22	豫让刺赵襄子	2
23	聂政故事	2
24	齐丑女钟离春	2
25	秋胡洁妇	2
26	京师节女	1
27	齐义继母	1
28	梁节姑娣	1
29	梁高行割鼻拒婚	1

续表

位序	故事名称	数量
30	义浆杨公	1
31	孝孙原谷	1
32	孝乌故事	1
33	孝子魏汤	1
34	三州孝人	1
35	"骑都尉"金日磾	1
36	章孝母故事	1
37	董永佣耕	1
38	赵苟故事	1
39	孝义朱明	1
40	要离刺庆忌	1
41	曹子劫桓	1
42	专诸刺王僚	1
43	高渐离击筑刺秦王	1
44	赵氏孤儿	1
45	齐桓公伐卫卫姬请罪故事	1
46	李善抚孤	1
47	晋灵公欲杀赵盾	1
48	周文王及其子十人	1
49	曾母投杼	1
50	魏须贾谢罪于范雎	1
51	隋珠故事	1
52	仓颉造字	1
53	苏武故事	1
54	管叔故事	1
55	孙武故事	1

续表

位序	故事名称	数量
56	扁鹊故事	1
57	吴王故事	1
58	楚王故事	1
总计	58	160

表11—2　　江苏、安徽、浙江地域历史故事画像数量情况统计

位序	故事名称	数量
1	荆轲刺秦王	3
2	二桃杀三士	2
3	高祖斩蛇	1
4	老莱子娱亲	1
5	曾母投杼	1
6	泗水捞鼎	1
7	孔子见老子	1
总计	7	10

表11—3　　陕西、山西地域历史故事画像数量情况统计

位序	故事名称	数量
1	完璧归赵	3
2	窃符救赵	1
3	周穆王故事	1
4	二桃杀三士	1
5	孔子见老子	1
6	周公辅成王	1
7	荆轲刺秦王	1
总计	7	9

表 11—4　　　　　　　河南地域历史故事画像数量情况统计

位序	故事名称	数量
1	二桃杀三士	10
2	升鼎故事	3
3	聂政自屠	2
4	晋灵公欲杀赵盾	2
5	魏须贾谢罪于范雎	1
6	荆轲刺秦王	1
7	晏子见齐景公	1
8	启母化熊	1
9	鸿门宴故事	1
10	孙子六博	1
11	孔子问童子	1
总计	11	24

表 11—5　　　　　　　四川地域历史故事画像数量情况统计

位序	故事名称	数量
1	荆轲刺秦王	4
2	升鼎故事	3
3	董永侍父	2
4	完璧归赵	1
5	高祖斩蛇	1
6	张良椎秦王	1
7	师旷鼓琴	1
8	季札挂剑	1
9	晏子不死君难	1
10	孔子见老子	1
11	神农故事	1

续表

位序	故事名称	数量
12	仓颉故事	1
13	秋胡戏妻	1
总计	13	19

在 222 份汉画像历史故事画像材料中，排除图像构图内容重复和无法明确者，共获得历史故事画像 70 份，涉及 70 种以图像构图的形式所表现的历史故事。① 上述 70 种历史故事中以"孔子见老子"、"二桃杀三士"、"升鼎故事"、"周公辅成王"最为突出。相关情况见表 11—6、表 11—7 所示。

表 11—6　　　　　汉画像 70 种历史故事数量情况统计

位序	故事名称	数量（份）
1	孔子见老子	30
2	周公辅成王	18
3	升鼎故事	21
4	孔门弟子	7
5	邢渠哺父	6
6	二桃杀三士	28
7	荆轲刺秦王	13
8	九女复仇	4
9	楚昭贞姜	4
10	公孙子都暗射颍考叔	4

---

① 在上述 222 份历史故事画像材料之外，尚有数十份画像材料在构图上存在如下特点：同一画面中人物形象较多，肢体语言丰富，且相互之间表现出明确的较为复杂的叙事联系，很有可能同样是某种历史故事的图像叙述，只是无法将其与已被认知的历史故事相对应而命名，上述情况说明，上述 222 份历史故事画像材料或仅是汉画像历史故事画像材料的一部分。

位序	故事名称	数量（份）
11	丁兰刻木	3
12	虞舜涂廪	3
13	闵子骞御车失棰	3
14	管仲射小白	3
15	骊姬害太子申生	3
16	老莱子娱亲	3
17	季札挂剑	3
18	蔺相如完璧归赵	6
19	鲁义姑姊	2
20	赵宣孟舍食灵辄	2
21	伯榆伤亲	2
22	豫让刺赵襄子	2
23	聂政刺韩王	4
24	齐丑女钟离春	2
25	秋胡洁妇	3
26	京师节女	1
27	齐义继母	1
28	梁节姑娣	1
29	梁高行割鼻拒婚	1
30	义浆杨公	1
31	孝孙原谷	1
32	孝乌故事	1
33	孝子魏汤	1
34	三州孝人	1
35	"骑都尉"金日磾	1
36	章孝母故事	1

续表

位序	故事名称	数量（份）
37	董永佣耕	3
38	赵苟故事	1
39	孝义朱明	1
40	要离刺庆忌	1
41	曹子劫桓	1
42	专诸刺王僚	1
43	高渐离击筑刺秦王	1
44	赵氏孤儿	1
45	齐桓公伐卫卫姬请罪故事	1
46	李善抚孤	1
47	晋灵公欲杀赵盾	1
48	周文王及其子十人	1
49	曾母投杼	2
50	魏须贾谢罪于范睢	1
51	隋珠故事	1
52	仓颉造字	1
53	苏武故事	1
54	管叔故事	1
55	孙武故事	1
56	扁鹊故事	1
57	吴王故事	1
58	楚王故事	1
59	高祖斩蛇	2
60	窃符救赵	1
61	周穆王故事	1
62	晏子见齐景公	1

续表

位序	故事名称	数量（份）
63	启母化熊	1
64	鸿门宴	1
65	孙子六博	1
66	孔子问童子	1
67	张良椎秦王	1
68	师旷鼓琴	1
69	晏子不死君难	1
70	神农故事	1
总计	70	222

表 11—7   **汉画像 70 种历史故事数量前十名排序**

位序	故事名称	数量
1	孔子见老子	30
2	二桃杀三士	28
3	升鼎故事	21
4	周公辅成王	18
5	荆轲刺秦王	13
6	孔门弟子	7
7	邢渠哺父	6
	蔺相如完璧归赵	
8	九女复仇	4
	楚昭贞姜	
	公孙子都暗射颍考叔	
	聂政刺韩王	

续表

位序	故事名称	数量
9	丁兰刻木	3
	虞舜涂廪	
	闵子骞御车失棰	
	管仲射小白	
	骊姬害太子申生	
	老莱子娱亲	
	季札挂剑	
	秋胡洁妇	
	董永佣耕	
10	鲁义姑姊	2
	赵宣孟舍食灵辄	
	伯榆伤亲	
	豫让刺赵襄子	
	齐丑女钟离春	
	曾母投杼	
	高祖斩蛇	

　　对上述222份历史故事画像材料所属地域情况进行考察，具体情况即如表11—8、表11—9所示。①

---

① 上述220份历史故事画像材料"来源文献"在典型性、实时性和覆盖面等方面都还存在一定的问题，主要表现在除《中国画像石全集》和《中国画像砖全集》之外，其他"来源文献"的选取和获得皆带有笔者"个人色彩"及"偶然性特点"，而且上述"来源文献"不能代表目前汉画像考古发掘或发现的最新状态。显然，上述问题将对"汉画像历史故事画像存在情况的一般性认识"论题的研究造成一定的影响，是故，本论题的任何结论都将缘于新材料的出现和加入而面临补充、修正，乃至重估的可能。

表 11—8　　　　　**历史故事画像材料不同地域数量情况比较**

故事名称 ＼ 地区	山东	江苏、安徽、浙江	陕西、山西	河南	四川	单项故事画像材料数量（份）
孔子见老子	27	1	1		1	30
周公辅成王	17	1				18
升鼎故事	14	1		3	3	21
孔门弟子	7					7
邢渠哺父	6					6
二桃杀三士	5	2	1	10		18
荆轲刺秦王	4	3	1	1	4	13
九女复仇	4					4
楚昭贞姜	4					4
公孙子都暗射颍考叔	4					4
丁兰刻木	3					3
虞舜涂廪	3					3
闵子骞御车失棰	3					3
管仲射小白	3					3
骊姬故事	3					3
老莱子娱亲	2	1				3
季札挂剑	2				1	3
蔺相如完璧归赵	2		3		1	6
鲁义姑姊	2					2
赵宣孟舍食灵辄	2					2
伯榆伤亲	2					2
豫让刺赵襄子	2					2
聂政刺韩王	2			2		4
齐丑女钟离春	2					2
秋胡洁妇	2				1	3
京师节女	1					1

续表

故事名称 \ 地区	山东	江苏、安徽、浙江	陕西、山西	河南	四川	单项故事画像材料数量（份）
齐义继母	1					1
梁节姑娣	1					1
梁高行割鼻拒婚	1					1
义浆杨公	1					1
孝孙原谷	1					1
孝乌故事	1					1
孝子魏汤	1					1
三州孝人	1					1
"骑都尉"金日磾	1					1
章孝母故事	1					1
董永佣耕					2	3
赵苟故事	1					1
孝义朱明	1					1
要离刺庆忌	1					1
曹子劫桓	1					1
专诸刺王僚	1					1
高渐离击筑刺秦王	1					1
赵氏孤儿	1					1
齐桓公伐卫卫姬请罪故事	1					1
李善抚孤	1					1
晋灵公欲杀赵盾	1			2		3
周文王及其子十人	1					1
曾母投杼	1	1				2
魏须贾谢罪于范雎	1			1		2
隋珠故事	1					1

续表

故事名称 ＼ 地区	山东	江苏、安徽、浙江	陕西、山西	河南	四川	单项故事画像材料数量（份）
仓颉造字	1				1	2
苏武故事	1					1
管叔故事	1					1
孙武故事	1					1
扁鹊故事	1					1
吴王故事	1					1
楚王故事	1					1
高祖斩蛇		1			1	2
窃符救赵			1			1
周穆王故事			1			1
晏子见齐景公				1		1
启母化熊				1		1
鸿门宴故事				1		1
孙子六博				1		1
孔子问童子				1		1
张良椎秦王					1	1
师旷鼓琴					1	1
晏子不死君难					1	1
神农故事					1	1
不同地域"种类"（个）总计	58	7	7	11	13	总计：70
不同地域"数量"（份）总计	160	10	9	24	19	总计：222

表 11—9　　　　　　各地域历史故事画像材料数量情况比较

名称	地域	数量（份）	种类（个）
历史故事	山东	160	58
	河南	24	11
	四川	19	13
	陕西、山西	9	7
	江苏、安徽、浙江	10	7
总计		222	70

　　根据上文的统计，我们尝试得出如下结论：①在 222 份历史故事画像材料所属地域情况的考察中，山东地域历史故事画像材料在数量上最多，相应的历史故事种类也最多。在山东地域历史故事画像材料中，以墓地祠堂、石阙为载体的画像材料最为丰富，是构成山东地域历史故事画像材料最多并与其他地域造成较大差异情况的一个重要原因。①②山东地域以祠堂、石阙为载体的历史故事画像共 47 类，与山东地域相比，其他地域同类题材历史故事画像相对较少。上述情况说明，根据目前所能掌握的画像材料，以相同题材历史故事画像为例，山东地域以祠堂、石阙为载体的历史故事画像中，50% 的同类题材历史故事，在其他地域画像材料中没有出现。③缘于载体的不同，山东地域以祠堂、石阙为载体的历史故事画像与以墓室壁、石、砖、石棺壁为载体的历史故事画像，在选题与刊刻、性质与功用等方面存在较大差异，前者在性质与功用上具有更为鲜明的伦理道德色彩，并进而表现出较强的说教目的，故在选题与刊刻上呈现出某种人为的痕迹和规律而整一的风格，而后者则表现出更为多样的特点。④在 222 份历史故事画像材料中，属于河南、四川、江苏、安徽、浙江、陕西、山西地域的历史故事画像材

---

　　①　根据研究者的统计，在山东地域 160 份历史故事画像材料中，以祠堂和石阙为载体的历史故事画像材料共 86 份，以墓室壁、石、砖为载体（其中"载体情况明确"画像材料 19 份、"载体情况不明"画像材料 54 份、"民间收藏"画像材料 1 份）的历史故事画像材料 73 份。

料，其载体主要以墓室壁、石、砖、石棺壁为主。根据目前所了解的汉画像墓考古情况，"山东与其相邻的苏北和皖北，是唯一保存和发现祠堂画像石的地区"①。显然，上述情况应该成为评估其他地域历史故事画像材料在数量上较少的原因的主要因素。

（二）222 份汉画像历史故事画像材料出处及其他说明

第一类，汉画像石历史故事题材画像。

1. 山东

（1）周公辅成王：黄圣卿东阙南面画像。《山东》1—7。②

（2）孔子见老子：黄圣卿东阙北面画像。《山东》1—10。

（3）孔子见老子：功曹阙北面画像。《山东》1—14。

（4）孔子与项橐：武氏西阙正阙身北面画像。《山东》1—16。

（5）孔子见老子：武氏西阙正阙身南面画像。《山东》1—17。

（6）周公辅成王：武氏西阙子阙身南面画像。《山东》1—19。

（7）周公辅成王：武氏东阙子阙身北面画像。《山东》1—31。

（8）周公辅成王：孝堂山石祠东壁画像。《山东》1—42。

（9）虞舜涂廪：孝堂山石祠东壁画像。《山东》1—42。

（10）孔子见老子：孝堂山石祠后壁画像。《山东》1—44。

（11）刺史刘道锡打捞南越尉陀鼎：孝堂山石祠隔梁东面画像。《山东》1—45。

（12）九女复仇：孝堂山石祠隔梁西面画像。《山东》1—46。

（13）曾母投杼：武梁祠西壁画像。《山东》1—49。巫鸿《武梁祠》图 127。

（14）闵子骞御车失棰：武梁祠西壁画像。《山东》1—49。巫鸿《武梁祠》图 128。

（15）老莱子娱亲：武梁祠西壁画像。《山东》1—49。巫鸿《武梁祠》图 129。

（16）丁兰刻木：武梁祠西壁画像。《山东》1—49。巫鸿《武

---

① 蒋英炬、杨爱国：《汉代画像石与画像砖》，文物出版社 2001 年版，第 83 页。

② "《山东》"指中国画像石全集编辑委员会《中国画像石全集·山东汉画像石》，其中"1—10"，"1"指第一册，"10"指该画像位置。下同此例。

梁祠》图130。

（17）曹子劫桓：武梁祠西壁画像。《山东》1—49。巫鸿《武梁祠》图146。

（18）专诸刺王僚：武梁祠西壁画像。《山东》1—49。巫鸿《武梁祠》图147。

（19）荆轲刺秦王：武梁祠西壁画像。《山东》1—49。巫鸿《武梁祠》图148。

（20）京师节女：武梁祠东壁画像。《山东》1—50。巫鸿《武梁祠》图125。

（21）齐义继母：武梁祠东壁画像。《山东》1—50。巫鸿《武梁祠》图124。

（22）梁节姑娣：武梁祠东壁画像。《山东》1—50。巫鸿《武梁祠》图123。

（23）楚昭贞姜：武梁祠东壁画像。《山东》1—50。巫鸿《武梁祠》图122。

（24）孝孙原谷：武梁祠东壁画像。《山东》1—50。巫鸿《武梁祠》图143。

（25）"赵□屠"（或以为"赵盾故事"）：武梁祠东壁画像。《山东》1—50。巫鸿《武梁祠》图142。

（26）孝乌故事：武梁祠东壁画像。《山东》1—50。巫鸿《武梁祠》图141。

（27）孝子魏汤：武梁祠东壁画像。《山东》1—50。巫鸿《武梁祠》图140。

（28）义浆杨公：武梁祠东壁画像。《山东》1—50。巫鸿《武梁祠》图139。

（29）三州孝人：武梁祠东壁画像。《山东》1—50。巫鸿《武梁祠》图138。

（30）要离刺庆忌：武梁祠东壁画像。《山东》1—50。巫鸿《武梁祠》图149。

（31）豫让刺赵襄子：武梁祠东壁画像。《山东》1—50。巫鸿《武梁祠》图150。

（32）聂政刺韩王：武梁祠东壁画像。《山东》1—50。巫鸿《武梁祠》图 151。

（33）齐丑女钟离春：武梁祠东壁画像。《山东》1—50。巫鸿《武梁祠》图 126。

（34）楚昭贞姜：武梁祠后壁画像。《山东》1—51。巫鸿《武梁祠》图 122。

（35）鲁义姑姊：武梁祠后壁画像。《山东》1—51。巫鸿《武梁祠》图 121。

（36）秋胡洁妇：武梁祠后壁画像。《山东》1—51。巫鸿《武梁祠》图 120。

（37）梁高行：武梁祠后壁画像。《山东》1—51。巫鸿《武梁祠》图 119。

（38）"骑都尉"金日磾：武梁祠后壁画像。《山东》1—51。巫鸿《武梁祠》图 137。

（39）李善抚孤：武梁祠后壁画像。《山东》1—51。巫鸿《武梁祠》图 136。

（40）孝义朱明：武梁祠后壁画像。《山东》1—51。巫鸿《武梁祠》图 135。

（41）章孝母：武梁祠后壁画像。《山东》1—51。巫鸿《武梁祠》图 134。

（42）董永佣耕：武梁祠后壁画像。《山东》1—51。巫鸿《武梁祠》图 133。

（43）邢渠哺父：武梁祠后壁画像。《山东》1—51。巫鸿《武梁祠》图 132。

（44）伯榆伤亲：武梁祠后壁画像。《山东》1—51。巫鸿《武梁祠》图 131。

（45）蔺相如完璧归赵：武梁祠后壁画像。《山东》1—51。巫鸿《武梁祠》图 144。

（46）魏须贾谢罪于范雎：武梁祠后壁画像。《山东》1—51。巫鸿《武梁祠》图 145。

（47）孔门弟子：武氏祠前石室西壁上石画像。《山东》1—55。

（48）九女复仇（？）：武氏祠前石室西壁下石画像。《山东》1—56。

（49）孔门弟子：武氏祠前石室东壁上石画像。《山东》1—57。

（50）赵宣孟舍食灵辄：武氏祠前石室东壁下石画像。《山东》1—58。

（51）邢渠哺父：武氏祠前石室东壁下石画像。《山东》1—58。巫鸿《武梁祠》图132—5。

（52）闵子骞御车失棰：武氏祠前石室东壁下石画像。《山东》1—58。

（53）鲁义姑姊：武氏祠前石室东壁下石画像。《山东》1—58。巫鸿《武梁祠》图121—3。

（54）周文王及其子十人：武氏祠前石室东壁下石画像。《山东》1—58。

（55）老莱子娱亲：武氏祠前石室东壁下石画像。《山东》1—58。巫鸿《武梁祠》图129—3。

（56）伯游孝亲：武氏祠前石室东壁下石画像。《山东》1—58。巫鸿《武梁祠》图131—3。

（57）孔子见老子：武氏祠前石室后壁东段承檐石画像。《山东》1—59。

（58）孔门弟子：武氏祠前石室后壁西段承檐石画像。《山东》1—60。

（59）荆轲刺秦王：武氏祠前石室后壁小龛西侧画像。《山东》1—62。

（60）丁兰刻木：武氏祠前石室后壁小龛东壁画像。《山东》1—65。巫鸿《武梁祠》图130—4。

（61）邢渠哺父：武氏祠前石室后壁小龛东壁画像。《山东》1—65。巫鸿《武梁祠》图132—4。

（62）管仲射公子小白：武氏祠前石室隔梁东面画像。《山东》1—70。

（63）高渐离击筑刺秦王、鲁秋胡洁妇、丑女钟离春：武氏祠前石室隔梁西面画像。《山东》1—71。

（64）孔门弟子：武氏祠左石室西壁上石画像。《山东》1—74。

（65）九女复仇（？）：武氏祠左石室西壁下石画像。《山东》1—75。

（66）孔门弟子：武氏祠左石室东壁上石画像。《山东》1—76。

（67）泗水捞鼎：武氏祠左石室东壁下石画像。《山东》1—77。

（68）孔门弟子：武氏祠左石室后壁承檐枋东段画像。《山东》1—78。

（69）管仲射公子小白：武氏祠左石室后壁小龛西侧画像。《山东》1—80。

（70）荆轲刺秦王：武氏祠左石室后壁小龛西侧画像。《山东》1—80。

（71）隋珠故事：武氏祠左石室后壁小龛东侧画像。《山东》1—81。

（72）赵宣子舍食灵辄：武氏祠左石室后壁小龛东侧画像。《山东》1—81。

（73）人物故事：武氏祠左石室后壁小龛东侧画像。《山东》1—81。

（74）吴季札挂剑徐君墓：武氏祠左石室后壁小龛西壁画像。《山东》1—82。

（75）邢渠哺父：武氏祠左石室后壁小龛西壁画像。《山东》1—82。巫鸿《武梁祠》图132—3。

（76）丁兰刻木：武氏祠左石室后壁小龛西壁画像。《山东》1—82。巫鸿《武梁祠》图130—3。

（77）梁高行割鼻拒婚：武氏祠左石室后壁小龛西壁画像。《山东》1—82。

（78）赵氏孤儿：武氏祠左石室后壁小龛西壁画像。《山东》1—82。

（79）周公辅成王：武氏祠左石室后壁小龛西壁画像。《山东》1—82。

（80）虞舜登梯涂廪：武氏祠左石室后壁小龛东壁画像。《山东》1—83。

（81）二桃杀三士：武氏祠左石室后壁小龛东壁画像。《山东》1—83。

（82）闵子骞御车失棰：武氏祠左石室隔梁东面画像。《山东》1—85。

（83）周公辅成王：宋山小石祠西壁画像。《山东》1—91。

（84）骊姬害晋太子申生：宋山小石祠西壁画像。《山东》1—91。

（85）升鼎故事：安丘汉墓中室南壁西侧方柱东面画像。《山东》1—139。

（86）孔子见老子：安丘汉墓中室南壁横额左段画像。《山东》1—141。

（87）仓颉造字：沂南汉墓中室南壁东侧画像。《山东》1—210。

（88）齐桓公伐卫，卫姬请罪故事：沂南汉墓中室南壁西侧画像。《山东》1—211。

（89）"苏武"、"管叔"：沂南汉墓中室南壁西侧画像。《山东》1—211。

（90）蔺相如完璧归赵：沂南汉墓中室北壁东侧画像。《山东》1—212。

（91）周公辅成王：沂南汉墓中室北壁中柱画像。《山东》1—213。

（92）人物故事（有榜无题，内容不详）：沂南汉墓中室北壁西侧画像。《山东》1—214。

（93）人物故事（内容不详）：沂南汉墓中室北壁西侧画像。《山东》1—215。

（94）晋灵公欲杀赵盾：沂南汉墓中室东壁南侧画像。《山东》1—216。

（95）人物故事（三榜无题，内容不详）：沂南汉墓中室东壁南侧画像。《山东》1—216。

（96）孔子见老子：沂南汉墓中室西壁南侧画像。《山东》1—217。

（97）人物故事（二榜无题，内容不详）：沂南汉墓中室西壁南侧画像。《山东》1—217。

（98）聂政刺韩相侠累：沂南汉墓中室西壁北侧画像。《山东》1—218。

（99）荆轲刺秦王：沂南汉墓中室西壁北侧画像。《山东》1—218。

（100）孔子见老子：大汶口墓门楣东段画像。《山东》1—228。

（101）赵苟故事：大汶口墓前室西壁横额画像。《山东》1—230。

（102）邢渠哺父：大汶口墓前室西壁横额画像。《山东》1—230。

（103）骊姬计杀申生：大汶口墓前室西壁横额画像。《山东》1—230。

（104）舜涂廪故事：大汶口墓前室隔梁东面画像。《山东》1—232。

（105）老子：1981年兖州农机学校出土。《山东》2—18。

（106）孙武：1981年兖州农机学校出土。《山东》2—18。

（107）泗水升鼎：早年济宁城南出土。《山东》2—21。

（108）扁鹊故事：早年微山县两城镇出土。《山东》2—46。

（109）孔子见老子：70年代微山县微山岛沟南村出土。《山东》2—55。

（110）泗水捞鼎：1990年邹城市郭里乡高李村出土。《山东》2—60。

（111）孔门弟子：1993年邹城市面粉厂出土。《山东》2—67。

（112）季札挂剑：1978年嘉祥县满硐乡宋山出土。《山东》2—95。

（113）二桃杀三士：1978年嘉祥县满硐乡宋山出土。《山东》2—95。

（114）公孙子都暗射颍考叔：1978年嘉祥县满硐乡宋山出土。《山东》2—96。

（115）孔子见老子：1978年嘉祥县满硐乡宋山出土。《山东》2—97。

（116）孔子见老子：1978 年嘉祥县满硐乡宋山出土。《山东》2—99。

（117）公孙子都暗射颍考叔：1978 年嘉祥县满硐乡宋山出土。《山东》2—100。

（118）管仲射小白：1978 年嘉祥县满硐乡宋山出土。《山东》2—100。

（119）孔子见老子：1978 年嘉祥县满硐乡宋山出土。《山东》2—101。

（120）骊姬故事：1978 年嘉祥县满硐乡宋山出土。《山东》2—101。

（121）二桃杀三士：嘉祥县城东南店子村出土。《山东》2—109。

（122）周公辅成王：早年嘉祥县蔡氏园出土。《山东》2—110。

（123）吴王故事：1983 年嘉祥县纸坊镇敬老院出土。《山东》2—112。

（124）周公辅成王：1983 年嘉祥县纸坊镇敬老院出土。《山东》2—112。

（125）楚王故事：1983 年嘉祥县纸坊镇敬老院出土。《山东》2—113。

（126）泗水升鼎：1983 年嘉祥县纸坊镇敬老院出土。《山东》2—113。

（127）孔子见老子：1983 年嘉祥县纸坊镇敬老院出土。《山东》2—113。

（128）周公辅成王：1983 年嘉祥县纸坊镇敬老院出土。《山东》2—114。

（129）孔子见老子：1983 年嘉祥县纸坊镇敬老院出土。《山东》2—115。

（130）泗水升鼎：1983 年嘉祥县纸坊镇敬老院出土。《山东》2—115。

（131）周公辅成王：早年嘉祥县刘村洪福院出土。《山东》2—122。

（132）泗水升鼎：早年嘉祥县刘村洪福院出土。《山东》2—123。

（133）孔子见老子：1977年嘉祥县城西南齐山出土。《山东》2—131。

（134）周公辅成王：1969年嘉祥县城南南武山出土。《山东》2—133。

（135）公孙子都暗射颍考叔：1969年嘉祥县城南南武山出土。《山东》2—133。

（136）周公辅成王：1981年嘉祥县城东北五老洼出土。《山东》2—135。

（137）泗水升鼎：1981年嘉祥县城东北五老洼出土。《山东》2—135。

（138）泗水升鼎：1981年嘉祥县城东北五老洼出土。《山东》2—137。

（139）孔子见老子：1981年嘉祥县城东北五老洼出土。《山东》2—137。

（140）周公辅成王：1981年嘉祥县城东北五老洼出土。《山东》2—137。

（141）泗水升鼎：1981年嘉祥县城东北五老洼出土。《山东》2—139。

（142）周公辅成王：1981年嘉祥县城东北五老洼出土。《山东》2—139。

（143）孔子见老子：1981年嘉祥县城东北五老洼出土。《山东》2—139。

（144）周公辅成王：1982年滕州市官桥镇后掌大出土。《山东》2—176。

（145）二桃杀三士：1982年滕州市官桥镇后掌大出土。《山东》2—176。

（146）人物故事：1982年滕州市官桥镇后掌大出土。《山东》2—176。

（147）人物故事：1982年滕州市官桥镇后掌大出土。《山东》

2—176。

（148）人物故事：1982 年滕州市官桥镇后掌大出土。《山东》2—177。

（149）升鼎故事：1982 年滕州市官桥镇后掌大出土。《山东》2—177。顾森《中国汉画像拓片精品集》引图，第 63 页。

（150）孔子见老子：1982 年滕州市官桥镇后掌大出土。《山东》2—177。

（151）泗水升鼎：1982 年滕州市官桥镇后掌大出土。《山东》2—177。

（152）孔子见老子：1982 年滕州市官桥镇车站村出土。《山东》2—203。

（153）七女故事：1993 年山东省莒县东莞镇东莞村出土。《山东》3—138。

（154）二桃杀三士：1993 年山东省莒县东莞镇东莞村出土《山东》3—139。

（155）公孙子都暗射颍考叔：1993 年山东省莒县东莞镇东莞村出土。《山东》3—140（139 背面）。

（156）人物故事：1993 年山东省莒县东莞镇东莞村出土。《山东》3—140（139 背面）。

（157）周公辅成王：1993 年山东省莒县东莞镇东莞村出土。《山东》3—141。

（158）泗水升鼎：山东省泰安市出土。《山东》3—211。

（159）孔子见老子：2000 年山东嘉祥出土。赵承楷、江继甚《走进汉画》"孔子见老子"引图 1，第 11 页。

（160）孔子见老子：1980 年山东嘉祥满硐乡宋山出土。赵承楷、江继甚《走进汉画》"孔子见老子"引图 3，第 13 页。

（161）孔子见老子：1986 年山东嘉祥五宅山出土。赵承楷、江继甚《走进汉画》"孔子见老子"引图 4，第 14 页。

（162）孔子见老子：民间藏品，资料不详。赵承楷、江继甚《走进汉画》"孔子见老子"引图 5，第 15 页。

（163）豫让刺赵襄子：山东苍山县兰陵镇出土。临沂市博物馆

《临沂汉画像石》图143。

（164）孔子见老子：山东郯城县庙山乡出土。临沂市博物馆
《临沂汉画像石》图256。

（165）孔子见老子：山东东阿县邓庙汉画像石墓。陈昆麟等
《山东东阿县邓庙汉画像石墓》，《考古》2007年第3期，图二九。

2．江苏、安徽、浙江

（1）高祖斩蛇：1973年海宁市长安镇海宁中学出土。《江苏安
徽浙江》4—225。

（2）荆轲刺秦王：1973年海宁市长安镇海宁中学出土。《江苏
安徽浙江》4—232。

（3）老莱子娱亲：1973年海宁市长安镇海宁中学出土。黄雅
峰《海宁汉画像石墓研究》第39页。

（4）二桃杀三士：江苏徐州。顾森《中国汉画像拓片精品集》
引图，第164页。

（5）曾母投杼：江苏泗洪曹庙出土东汉画像石。尤振尧《江苏
泗洪曹庙东汉画像石》，《文物》1986年第4期，图三。

（6）荆轲刺秦王：江苏泗阳打鼓墩樊氏画像石墓。淮阳市博物
馆、泗阳县图书馆《江苏泗阳打鼓墩樊氏画像石墓》，《考古》1992
年第9期，图七：1。

（7）泗水捞鼎：江苏徐州大庙晋汉画像石墓。《江苏徐州大庙晋
汉画像石墓》，《文物》2003年第4期，图三。

3．陕西、山西

（1）窃符救赵：1981年10月陕西省绥德县出土。《陕西山西》
5—122。

（2）完璧归赵：1977年7月陕西省绥德县征集。《陕西山西》
5—151。

（3）周穆王故事：1955年5月陕西绥德县征集。《陕西山西》
5—153。

（4）二桃杀三士：1974年10月陕西绥德县出土。《陕西山西》
5—155。

（5）完璧归赵：1975年4月陕西绥德县出土。《陕西山西》

5—156。

（6）完璧归赵：1975年4月陕西绥德县出土。《陕西山西》5—161。

（7）孔子见老子：1955年5月陕西绥德县刘家沟出土。《陕西山西》5—185。

（8）周公辅成王：1975年陕西子洲县淮宁湾出土。《陕西山西》5—191。

（9）荆轲刺秦王：1996年陕西神木大保当乡出土。《陕西山西》5—225。

4.河南

（1）程婴杵臼，獒咬赵盾：1962年河南南阳卧龙区杨官寺墓出土。《河南》6—1。

（2）聂政自屠：1972年河南唐河针织厂墓出土。《河南》6—12。

（3）范雎受袍：1972年河南唐河针织厂墓出土。《河南》6—13。

（4）聂政自屠：1972年河南唐河针织厂墓出土。《河南》6—14。

（5）荆轲刺秦王：1972年河南唐河针织厂墓出土。《河南》6—15。

（6）晏子见齐景公：1972年河南唐河针织厂墓出土。《河南》6—17。

（7）启母化熊：河南登封太室山南麓启母阙背面。《河南》6—106。

（8）人物故事：1933年河南南阳阮堂出土。《河南》6—201。

（9）二桃杀三士：1975年河南南阳市区出土。《河南》6—211。

（10）二桃杀三士：1975年河南南阳市区出土。《河南》6—218。

（11）二桃杀三士：河南方城县城关镇出土。刘玉生《方城汉画》图142。

（12）二桃杀三士：河南方城县博望镇出土。刘玉生《方城汉画》图143。

（13）二桃杀三士：河南方城县广阳镇出土。刘玉生《方城汉画》图 144。

（14）二桃杀三士：河南方城县博望镇出土。刘玉生《方城汉画》图 145。

（15）鸿门宴故事：河南南阳。南阳汉画馆《南阳汉代画像石刻·续编》第 48 图。

（16）二桃杀三士：河南南阳。河南省博物馆《南阳汉画像石概述》图九。《文物》1973 年第 6 期。

（17）二桃杀三士：河南南阳英庄汉画像石墓。南阳地区文物工作队、南阳县文化馆《河南南阳英庄汉画像石墓》图十九：1。

5. 四川

（1）荆轲刺秦王：四川乐山市凌云山麻浩一号崖墓出土。《四川》7—1。

（2）董永侍父：乐山柿子湾崖墓。《四川》7—17。

（3）荆轲刺秦王：1975 年四川合川县沙坪乡濮岩寺石室墓出土。《四川》7—60。

（4）完璧归赵：1975 年四川合川县沙坪乡濮岩寺石室墓出土。《四川》7—61。

（5）董永侍父：四川渠县蒲家湾出土。《四川》7—68。

（6）荆轲刺秦：四川渠县王家坪出土。《四川》7—76。

（7）高祖斩蛇：四川雅安市姚桥乡出土。《四川》7—84。

（8）张良椎秦王：四川雅安市姚桥乡出土。《四川》7—85。

（9）师旷鼓琴：四川雅安市姚桥乡出土。《四川》7—86。

（10）季札挂剑：四川雅安市姚桥乡出土。《四川》7—88。

（11）晏子临盟不死君难：四川雅安市姚桥乡出土。《四川》7—89。

（12）孔子见老子：四川新津崖墓。《四川》7—200。

（13）神农、仓颉故事：四川新津崖墓。《四川》7—200。

（14）秋胡戏妻：四川彭山崖墓。《四川》7—202。

（15）得鼎故事：四川泸州十一号石棺。高文《四川汉代石棺画像集》，图 174。

（16）荆轲刺秦：四川江安二号魏晋石棺。高文《四川汉代石棺画像集》，图219。

（17）泗水捞鼎：四川江安二号魏晋石棺。高文《四川汉代石棺画像集》，图219。

第二类，汉画像砖历史故事题材画像。

1. 河南

（1）二桃杀三士：新野樊集出土。《河南画像砖》102图。

（2）二桃杀三士：新野樊集出土。赵成甫《南阳汉代画像砖》图153、154。

（3）泗水捞鼎：新野樊集出土。《河南画像砖》106图。

（4）泗水捞鼎：新野出土。《河南画像砖》107图。

（5）泗水捞鼎：河南南阳出土。赵成甫《南阳汉代画像砖》，图139。

（6）孙自（子）六博：河南郑州。张秀清《郑州汉画像砖概述》，《考古与文物》1987年第2期，图一：6。

（7）狗咬赵盾：河南郑州。张秀清《郑州汉画像砖概述》，《考古与文物》1987年第2期，图一：2。

（8）孔子问童子：河南郑州。张秀清《郑州汉画像砖概述》，《考古与文物》1987年第2期，图一：5。

2. 四川

泗水捞鼎：1986年四川彭州市义和乡搜集。《四川汉画像砖》154图。顾森《中国汉画像拓片精品集》引图，第46页。

3. 其他地区

（1）荆轲刺秦王：1974年江苏高淳固城出土。《全国其他地区汉画像砖》20图。

（2）二桃杀三士：1974年江苏高淳固城出土。《全国其他地区汉画像砖》29图。

（3）孔子见老子：1974年江苏高淳固城出土。南京市博物馆《江苏高淳固城东汉画像砖墓》图七。

二 15 份"荆轲刺秦王"历史故事画像材料

汉画像"荆轲刺秦王"画像凭借图像的形式描绘历史故事的方式，已经属于叙事学意义上的图像叙述性质。汉画像"荆轲刺秦王"画像以再现"荆轲刺秦王"历史故事中"庭上刺杀与搏斗"的惊险场面为主要构图内容，但却与《战国策》、《史记》、《燕丹子》等传世文献所载相关情节存在差异。对上述差异点如何认识，学术界并无深入的讨论。从叙事学意义上审视"荆轲刺秦王"画像，其图像叙述不可能独立完成和存在，其画面构图必然是由已知的历史或文学叙述为基础。从这个意义上说，"荆轲刺秦王"画像所呈现出的差异点，或许存在历史或文学叙述的根据，只是这些根据已经超出了现有历史或文学的认知经验。

供研究的"荆轲刺秦王"画像材料共 15 份，分别来自今山东、河南、四川、陕西、江苏、浙江地域所属汉画像墓。上述 15 份汉画像"荆轲刺秦王"画像材料所属墓葬、构图情况、所属墓葬时代、图片原始出处等情况如图 11—1 至图 11—15。

图 11—1 为武梁祠西壁画像，第四层右起第三部分。自右至左：一人头戴高冠双臂上举，呈弓箭步，被人从身后紧紧抱住，榜题"荆轲"；其前地上一盒，盒盖敞开，露出樊於期的人头，榜题"樊於期头"；其前一人伏地叩头，榜题"秦舞阳"；中间一柱，一柄短剑，剑柄丝带飘扬，刺入柱中剑尖透出；柱后一人向左奔跑，并回头手执荆轲，榜题"秦王"。东汉桓帝元嘉元年（公元 151 年）。[①]

图 11—2 为武氏祠前石室后壁小龛西侧画像。第二层：右一奋勇的武士被人拦腰抱住，榜题"荆轲"。其足旁一人匍匐于地，榜题

---

① 图片来源：中国画像石全集编辑委员会《山东汉画像石（1）》图 49。巫鸿《武梁祠》引图 148。

"秦舞阳"。其后一卫士执刀、盾。秦舞阳前置一盒，半启，内盛一人头，当为樊於期的头。中间一柱横贯一带缨匕首。柱右有一割断的衣袖。左边一人惊慌奔逃，榻座前有丢弃的双履，当为秦王。其左有扑倒于地的两卫士。东汉灵帝建宁元年（公元168年）。①

图 11—1　原始编号：1

图 11—2　原始编号：2

图 11—3 为武氏祠左石室后壁小龛西侧画像。第二层：画面中间刻一柱，柱左为荆轲，被人从后面紧紧抱住，双腿叉开，上臂上扬，匕首已刺穿铜柱；柱右侧身而立者当为秦王，一截断袖跌落；其身后一武士；地上一人仰面跌倒，其前一盒打开，露出人头。东汉桓帝建和二年（公元148年）。②

---

① 图片来源：《山东汉画像石（1）》图62。
② 图片来源：《山东汉画像石（1）》图80。

图 11—3　原始编号：3

图 11—4　原始编号：4

图 11—4 为沂南汉墓中室西壁北侧画像。下层：中立一斗二升的木柱，柱身上穿一匕首。柱左一人右向立，左手前伸右手正拔剑。柱右一人袒上身，佩剑左向行，双手执梃，其下置一启开的盒。东汉晚期（公元 147—220 年）。①

图 11—5 为 1973 年海宁市长安镇海宁中学出土。画像石位于前室东壁北侧第二层。画面刻荆轲刺秦王未中，被卫士抱住，秦王绕柱而逃，御医高举药囊将投，地上放有盛樊於期头的方匣，秦舞阳则匍匐在地。东汉晚期（公元 147—220 年）。②

图 11—6 为江苏泗阳打鼓墩樊氏画像石墓。第五石侧面图：秦王居右，粗眉长髯，头扎漆布帻冠，坐在矮足的床榻上。床榻右置一兽足盘，盘内盛二鱼。厅内帷帐结缩起来。榻前立一根圆柱，柱上插进一把带缨的匕首，秦王正欲起身躲避。柱子左前跪

---

① 图片来源：《山东汉画像石（1）》图 218。
② 图片来源：《江苏安徽浙江汉画像石（4）》图 232，摹本引自黄雅峰《海宁汉画像石墓研究》图版 78。

着一个瘦小的人物，面朝秦王，双手向后示意，面前似一卷展开
的简策。其后立一身体魁梧的男子，即荆轲。头扎发结，袖口高
挽，双脚弓张，两手交叉在腹前，双目怒视秦王。东汉晚期至曹
魏时期。①

图11—5　原始编号：5

图11—6　原始编号：6

　　图11—7为画像砖。1974年江苏高淳固城出土。画面共八人，
右边有一柱，柱左第一人为荆轲，两手扬起，头发甩开，地上仰卧
一人，为吓倒了的秦舞阳。三名秦大臣，惊慌失措，紧紧跟随，伺
机阻止。柱右为秦王，长剑高举过顶，大步躲避并四处观望。一武
士在秦王右方，正执剑欲上前相助。东汉时期。②

————————

　　①　图片来源：淮阳市博物馆、泗阳县图书馆《江苏泗阳打鼓墩樊氏画像石墓》，
《考古》1992年第9期，图七：1。
　　②　图片来源：中国画像砖全集编辑委员会《全国其他地区汉画像砖》图20。

图 11—7　原始编号：7

图 11—8 为 1996 年陕西神木大保当乡出土，门楣画像。下层中部：荆轲怒发上指，跨步躬身，剑刺秦王未中而击穿铜柱，头戴通天冠的秦王"负剑拔之，奋袖超屏风而走"，侍医夏无且为阻拦荆轲，急中将其拦腰抱住，置樊於期首级的函盖已经打开，须发五官清晰可见。"奉行图跪拜"的秦舞阳趴在地上瑟瑟发抖。秦宫中的侍卫被这突发的事件吓得束手无策惊慌倒退。东汉时期（公元 25—220 年）。①

图 11—8　原始编号：8

图 11—9　原始编号：9

图 11—9 为 1972 年河南唐河针织厂墓出土，北主室北壁东端。自右至左为荆轲、秦王、秦舞阳。荆轲拔剑刺向秦王，秦王抽身站起，横剑还击。秦舞阳大惊失色。西汉时期（公元前 206—公元 8 年）。②

---

①　图片来源：《陕西山西汉画像石（5）》图 225。本图与图 4—32 相同。为便于分析，此处再次附列。——编者注
②　图片来源：《河南汉画像石（6）》图 15。

图 11—10 为四川乐山市凌云山麻浩一号崖墓出土，享堂壁。左侧是两个卫士正做惊审状。右为秦王，一袖已断，回首做击荆轲状，手中所执物不明。荆轲怒发飘扬。中间是铜柱，柱上旋绕之物是匕首。最右侧俯伏在地的是秦舞阳，面前是樊於期的头和匣。东汉时期（公元 25—220 年）。①

图 11—10　原始编号：10

图 11—11 为 1975 年四川合川县沙坪乡濮岩寺石室墓出土，后室门楣横额。自右起：第一组右一人正拉弓射虎。第二组右为秦王，正举剑，中为一柱，上有匕首，柱右一小人，应为秦舞阳，柱左一武士正抱荆轲。第三组右为仙人持尊，其后有三足鸟、九尾狐，可能是去拜望西王母。东汉时期（公元 25—220 年）。②

图 11—11　原始编号：11

图 11—12 为四川渠县王家坪出土，无名阙楼部背面。右侧一武士为夏无且正抱住荆轲，中间一柱，其下方一人正跪拜，为秦舞阳。左侧为秦王，戴冠披肩，左腿直立，右脚翘起，右手执刀，作搏斗状。最左侧一矮小武士手执剑盾赶来。东汉（公元 25—220 年）。③

----

① 图片来源：《四川汉画像石（7）》图 1。
② 图片来源：《四川汉画像石（7）》图 60。
③ 图片来源：《四川汉画像石（7）》图 76。

图 11—12　原始编号：12

图 11—13 为四川江安二号魏晋石棺。画面左侧刻一柱，匕首掷入柱上，柱右侧为荆轲，怒发冲冠，柱左侧为秦王，割袖而逃，正举刀自卫。魏晋时期。①

图 11—13　原始编号：13

图 11—14 为山东微山南阳镇出土，疑为地上享堂画像石。画像共分上中下三层，上层画面左刻"管仲射小白"历史故事，右侧画面刻"荆轲刺秦王"故事。"荆轲刺秦王"故事在构图上分为两个部分，左侧部分左面站立者应为"秦王"，其面前二人跪地，手中执物，应是荆轲、秦舞阳献图；右侧部分中间立柱，柱上插有匕首，柱左一人侧身站立，横剑胸前，应为"秦王"，柱右一人弓步做投掷匕首状，其左手被人缚住，应为荆轲，荆轲身后矮小者应为秦舞阳，柱下有木匣露出头颅。东汉时期。②

————————

①　图片来源：高文《四川汉代石棺画像集》引图。
②　图片来源：微山县文物管理所《山东微山县近年出土的汉画像石》，《考古》
2006 年第 2 期。

图 11—14　原始编号：14

　　图 11—15 为山东阳谷县八里庙汉画像石墓 1 号墓，画像十二幅，分为四层，第一层刻孔子见老子；第二层刻荆轲刺秦王，画面中间为一檐柱，上有横插匕首，荆轲在柱右，被一人抱住，秦王在柱左，一手举剑做转身逃避状，其身前有一人掩护，身后有两个持盾和兵器的卫士；第三层刻角抵百戏；第四层刻连理树，树下有马和车。东汉桓、灵之间。①

图 11—15　原始编号：15

三　"荆轲刺秦王"画像构图与传世文献所载同名历史故事存在差异

　　上述 15 份画像所属墓葬及时间情况较为复杂，西汉时期的画像材料仅有 1 份，东汉时期的 12 份，1 份画像材料为东汉晚期至曹

---

　　①　图片来源：聊城地区博物馆《山东阳谷县八里庙汉画像石墓》，《文物》1989 年第 8 期。

魏时期，1份画像材料为魏晋时期。显然，在上述画像材料中属于
东汉时期的画像材料占有多数。具体情况如表11—10所示。

表11—10　　　　15份"荆轲刺秦王"画像所属墓葬及时间

画像编号	出土地点	时间
9	河南唐河	西汉（公元前206年—公元8年）
3	山东嘉祥	东汉桓帝建和二年（公元148年）
1	山东嘉祥	东汉桓帝元嘉元年（公元151年）
15	山东阳谷	东汉桓、灵之间
2	山东嘉祥	东汉灵帝建宁元年（公元168年）
5	浙江海宁	东汉晚期（公元147—220年）
4	山东沂南	东汉晚期（公元147—220年）
7	江苏高淳	东汉时期（公元25—220年）
8	陕西神木	东汉时期（公元25—220年）
10	四川乐山	东汉时期（公元25—220年）
11	四川合川	东汉时期（公元25—220年）
12	四川渠县	东汉时期（公元25—220年）
14	山东微山	东汉时期（公元25—220年）
6	江苏泗阳	东汉晚期至曹魏时期
13	四川江安	魏晋时期

根据15份"荆轲刺秦王"画像整体构图情况，我们尝试将画
像内容分解为"荆轲"、"秦王"、"立柱"、"秦舞阳"、"夏无且"、
"樊於期头函"六个构图要素，然后进一步考察上述构图要素于构
图意义上的表现，并以"构图要素表现形式"命名，从而获得21
项构图要素表现形式。具体情况如表11—11所示。

表 11—11　15 份"荆轲刺秦王"画像构图要素与构图要素表现形式

构图要素	构图要素表现形式
荆轲	头戴高冠
	束发飘扬
	弓箭步
	双臂上举
	袒露上身
	佩剑双手执梃
	刺秦王
	被人从后抱住
	被人缚住左手
	双手交叉腹前站立
秦王	坐榻上欲躲避
	站立或奔跑
	断袖
	双履
	拔剑搏斗
	执刀搏斗
立柱	中置立柱
	匕首贯柱
秦舞阳	伏地
夏无且	高举药囊
樊於期头函	函盖打开

据此，进一步将上述构图要素表现形式与传世文献所载同名历

史故事相关内容相对应。① 具体情况如表11—12所示。

表11—12　　"荆轲刺秦王"画像材料构图要素表现形式
与同名历史故事相关内容相对应情况

构图要素 / 构图要素表现形式	立柱		荆轲										秦王						秦舞阳	夏无且	樊於期头函
	中置立柱	匕首贯柱	头戴高冠	束发飘扬	弓箭步	双臂上举	袒露上身	佩剑双手执梃	刺秦王	被人从后抱住	被人缚住左手	双手交叉腹前	坐榻上欲躲避	站立或奔跑	断袖	双履	拔剑搏斗	执刀搏斗	伏地	高举药囊	函盖打开
战国策	●								●					●	●		●		●	●	●
史记	●								●					●	●		●		●	●	●
燕丹子	●								●					●			●			●	●

综上所述可总结如下。

第一，在21项构图要素表现形式中，有8项能够与同名历史故事相关内容相对应：①"中置立柱"；②"（荆轲）刺秦王"；③"（秦王）站立或奔跑"；④"（秦王）拔剑搏斗"；⑤"（秦王）断袖"；⑥"（夏无且）高举药囊"；⑦"（秦舞阳）伏地"；⑧"（盛樊於期头）函盖打开"。

---

① 传世文献所载"荆轲刺秦王"历史事件或传说故事如下：（1）《战国策·燕三》，（西汉）刘向集录，范祥雍笺证，范邦瑾协校：《战国策笺证》卷三十一，上海古籍出版社2011年版，第1786—1792页。（2）《史记·刺客列传》，（汉）司马迁：《史记》卷八十六，中华书局1959年版，第2534—2535页。（3）佚名著，程毅中点校：《燕丹子》，中华书局1985年版。

第二，另有 13 项无法与同名历史故事相关内容相对应：① "匕首贯柱"；② "（荆轲）头戴高冠"；③ "（荆轲）束发飘扬"；④ "（荆轲）弓箭步"；⑤ "（荆轲）双臂上举"；⑥ "（荆轲）袒露上身"；⑦ "（荆轲）佩剑双手执梃"；⑧ "（荆轲）被人从后抱住"；⑨ "（荆轲）被人缚住左手"；⑩ "（荆轲）双手交叉腹前"；⑪ "（秦王）坐榻上欲躲避"；⑫ "（秦王）双履"；⑬ "（秦王）执刀搏斗"。

综上所述可分析如下。

第一，传世文献所载 "荆轲刺秦王" 历史故事大致可以分为三个部分：①荆轲刺杀秦王前准备活动；②庭上刺杀与搏斗；③荆轲被杀及秦王复仇。据此，与 "荆轲刺秦王" 历史故事相关内容相对应的 8 项构图要素表现形式，都能够被涵盖在 "庭上刺杀与搏斗" 这部分内容之内。然而，需要注意的是，其中 "（秦舞阳）伏地"、"（盛樊於期头）函盖打开" 构图要素表现形式，因其叙事意义上内涵丰富，而呈现出与其他 6 项构图要素表现形式不同的特点和作用：上述构图要素表现形式并不属于 "庭上刺杀与搏斗" 这部分内容中的 "主要人物" 的 "关键行为"，但是却牵涉到 "荆轲刺杀秦王前准备活动" 这部分内容的部分重要情节。

第二，与同名历史故事相关内容无法对应的 13 项构图要素表现形式，同样都能够被涵盖在 "庭上刺杀与搏斗" 这部分内容之中。如果将上述图像要素表现形式与同名历史故事相关内容联系起来，在特点和作用等方面似乎更为独特，主要反映在如下几个方面：①部分构图要素表现形式属于人物形象描摹和刻画，如 "（荆轲）头戴高冠"、"（荆轲）袒露上身"、"（荆轲）双手交叉腹前"；②部分构图要素表现形式属于事物的静态描摹或动态刻画，如 "（秦王）双履"、"匕首贯柱"；③部分构图要素表现形式既属于人物形象描摹和刻画，又具有动作描写和行为表现的特点，而以后者为重，如 "（荆轲）弓箭步"、"（荆轲）束发飘扬"、"（荆轲）双臂上举"、"（荆轲）佩剑双手执梃"、"（秦王）坐榻上欲躲避"；④部分构图要素表现形式完全属于动作表现的性质，且全部集中在 "庭上刺杀与搏斗" 这部分内容之内，并以前者为重，如 "（荆轲）

被人从后抱住"、"（荆轲）被人缚住左手"、"（秦王）执刀搏斗"。

综上我们认识如下。

第一，如果将"与历史故事相关内容相对应的 8 项构图要素表现形式"串联起来并转化为叙事上的意义联结，则势必出现如下三个方面的图像叙述情况：①上述构图要素表现形式能够粗线条地线性展现"庭上刺杀与搏斗"这部分内容；②同时，又能够将"荆轲刺杀秦王前准备活动"的某些重要情节叠加进画面叙述之中；③从而既表现了"庭上刺杀与搏斗"这部分内容，又能够将事件的来龙去脉展示出来。

第二，从构图方式的角度看，这种图像叙述具有如下特点：①尝试以"线性展现"和"多重叠加"对这种图像叙述进行命名；②所谓"线性展现"是指将"同一时间"和"同一地点"所发生的事件在同一画面构成中同时表现的图像叙述，而"多重叠加"则是指将"不同时间"和"不同地点"所发生的事件叠加到一个"线性展现"的图像叙述；③上述两种图像叙述形式虽然在"荆轲刺秦王"画像中都有充分的表现，但却呈现出由单纯的线性展现向线性展现与多重叠加相组合的构图方式发展、演变的趋势，而后一方面已经成为东汉时期"荆轲刺秦王"画像主要图像叙述形式；④如果我们注意到表现"线性展现"的构图要素表现形式最为丰富的情况，就会发现"线性展现"仍然是"荆轲刺秦王"画像最为重要的图像叙述形式；⑤据此而论，总体上看，"荆轲刺秦王"画像的叙述原则，应该是以再现"庭上刺杀与搏斗"这部分内容为主，同时也试图兼顾"荆轲刺杀行动前准备活动"的某些重要情节，以期在特定而有限的图像空间中容纳和表现更多和更为完整的叙述内容的目的。

第三，与同名历史故事相关内容无法对应的 13 项构图要素表现形式，皆与"线性展现"图像叙述形式有关。上述情况说明"荆轲刺秦王"画像在运用"线性展现"图像叙述形式表现"庭上刺杀与搏斗"这部分内容时，主要运用了"与同名历史故事相关内容无法对应的构图要素表现形式"，从而导致画像图像叙述中既出现了人们所熟悉的内容，也出现了不为人们所熟悉的内容。

综上结论如下：总体上看，"荆轲刺秦王"画像图像叙述原则，是再现"庭上刺杀与搏斗"这部分内容，同时也兼顾"刺杀行动前准备活动"的某些重要情节，但是画像在再现"庭上刺杀与搏斗"这部分内容时，由于成功地运用了"与同名历史故事相关内容无法对应的构图要素表现形式"，从而导致与传世文献所载同名历史故事"差异点"的出现。

四 "荆轲刺秦王"画像差异点再现了与同名历史故事截然不同的情节内容

如前所述，与传世文献所载同名历史故事相比较，"荆轲刺秦王"画像在表现"庭上刺杀和搏斗"这部分内容时，既出现了人们所熟悉的内容，也出现了不为人们所熟悉的内容，而后一方面集中表现在"与同名历史故事相关内容无法对应的构图要素表现形式"上面。如此而言，上述"差异点"或许就是"荆轲刺秦王"画像图像叙述最为独特之处。对此，有必要对上述构图要素表现形式做进一步分析。

我们尝试将传世文献所载"荆轲刺秦王"历史故事的文献范围，由《战国策》、《史记》、《燕丹子》扩展到更大的范围，再将"荆轲刺秦王"画像21项构图要素表现形式与上述文献所载同名历史故事的相关情节以"情节单元"的名义进行整合，于是共获得"情节单元"34项。① 在此基础上考察"与同名历史故事相关内容无

① 上述传世文献所载"荆轲刺秦王"历史故事主要情节包括：（1）《战国策·燕策》所载相关情节（略）；（2）《史记·刺客列传》所载相关情节（略）；（3）《燕丹子》所载相关情节（略）；（4）《淮南子·泰族训》："荆轲西刺秦王，高渐离、宋意为击筑而歌于易水之上。闻者莫不瞋目裂眦，发植穿冠。"（《诸子集成》七《淮南子》卷二十，中华书局1954年版，第365页）；（5）王充《论衡·儒增篇》："儒书言：'荆轲为燕太子刺秦王，操匕首之剑，刺之不得。秦王拔剑击之。轲以匕首擿秦王，不中，中铜柱，入尺。'欲言匕首之利，荆轲势盛，投锐利之刃个，陷坚强之柱，荆轲之勇，故增益其事也。夫言入铜柱，实也，言其入尺，增之也。夫铜虽不若匕首坚纲，入之不若数寸，殆不能入尺。以入尺言之，设中秦王，匕首洞过乎？"（《诸子集成》七《论衡》，（接下页）

法对应的构图要素表现形式"与同名历史故事相关情节相对应的情况。其结果如表 11—13 所示。

表 11—13　"荆轲刺秦王"画像材料 21 项构图要素表现形式与
传世文献所载同名历史故事主要情节相对应情况

情节单元	《汉画像》	《战国策》	《史记》	《燕丹子》	《淮南子》	《儒书》	《秦零陵令上书》	《狱中上书》	《景十三王传》	《新书》
易水送别		●	●	●	●				●	
荆轲头戴高冠	●									
荆轲奉樊於期头函	●	●	●	●	●			●		
秦舞阳奉匣	●	●	●	●						
荆轲奏图	●	●	●	●						
秦王发图		●	●	●						
荆轲欲刺秦王	●	●	●	●		●	●		●	
秦王欲听琴曲				●						
琴女鼓琴而歌				●						
秦王坐榻上欲躲避	●									

（接上页注①）中华书局 1954 年版，第 81 页）；（6）《文选·吴都赋》刘渊林注引《秦零陵令上书》："荆轲挟匕首，卒刺陛下。陛下以神武扶揄长剑以自救。"（（梁）萧统编，（唐）李善注：《文选》卷五，中华书局 1977 年版，第 89 页上）；（7）邹阳《狱中上书自明》："故樊於期逃秦之燕，藉荆轲首以奉丹事。"（（梁）萧统编，（唐）李善注：《文选》卷三九，中华书局 1977 年版，第 548 页上）；（8）《汉书·景十三王传》："故高渐离击筑易水之上，荆轲为之低而不食。"（《汉书》卷五十三，中华书局 1962 年版，第 2422、2423 页）；（9）贾谊《新书·淮难》："燕太子丹富故，然使荆轲杀秦王政。今陛下将尊不德之人，与之众，积之财，此非有白公、子胥之报于广都之中者。即疑有鱄诸、荆轲起于两柱之间，其策安便哉。"（（明）程荣：《汉魏丛书》卷四，吉林大学出版社 1992 年版，第 480 页上）。

续表

情节单元	《汉画像》	《战国策》	《史记》	《燕丹子》	《淮南子》	《儒书》	《秦零陵令上书》	《狱中上书》	《景十三王传》	《新书》
秦王丢弃双履	●									
荆轲束发飘扬	●									
秦王引身而起	●	●	●	●						
秦王袖绝	●	●	●							
秦王拔剑搏斗	●	●	●	●		●	●			
秦王执刀搏斗	●									
立柱	●	●	●	●		●				●
秦王环柱走	●	●	●	●		●				
荆轲逐秦王	●	●	●	●						
荆轲弓箭步	●									
荆轲双臂上举	●									
荆轲袒露上身	●									
荆轲佩剑双手执梴	●									
荆轲被人从后抱住	●									
荆轲被人缚住左手	●									
荆轲双手交叉腹前	●									
秦王以手搏荆轲		●	●	●						
夏无且掷药囊	●	●	●							

续表

情节单元	《汉画像》	《战国策》	《史记》	《燕丹子》	《淮南子》	《儒书》	《秦零陵令上书》	《狱中上书》	《景十三王传》	《新书》
秦王拔剑击荆轲	●	●	●	●			●			
荆轲以匕首掷秦王	●	●	●	●						
匕首击中桐柱	●	●	●							
匕首入铜柱				●						
匕首贯柱	●									
秦王复击荆轲		●	●	●						

综上所述可总结如下。

第一，在"与同名历史故事相关内容无法对应的构图要素表现形式"中，以"匕首贯柱"、"（荆轲）弓箭步"、"（荆轲）被人从后面抱住"和"（荆轲）被人缚住左手"4 项构图要素表现形式最值得关注，原因是上述"4 项构图要素表现形式"在 15 份"荆轲刺秦王"画像 21 项构图要素表现形式中呈现出最大的覆盖面（具体情况即如表 11—14、表 11—15 所示）：①在 15 份"荆轲刺秦王"画像中，有 13 份画像呈现"匕首贯柱"形式，占 87%，而"编号 7"立柱之上有物横插，是否匕首，则因图像漫漶而难于辨认，如果将其视为"匕首"，则在 15 份画像材料中同样有 14 份画像材料呈现"匕首贯柱"形式；②有 11 份画像呈现"弓箭步"形式，占 73%；③有 10 份画像呈现"被人从后抱住"和"被人缚住左手"形式，占 67%。

第二，根据表 11—14、表 11—15 统计情况，进一步联系 15 份"荆轲刺秦王"画像材料，上述"4 项构图要素表现形式"在"编号 3、1、15、2、8、10、11、12、5、14"10 份画像材料中存在

（具体情况如表 11—16 所示）。这种情况意味着在上述 10 份画像图像叙述中，"4 项构图要素表现形式"存在着叙事意义上的联结。也就是说，"（荆轲）被人从后面抱住"或"（荆轲）被人缚住左手"，与"（荆轲）弓箭步"和"匕首贯柱"之间，存在叙事意义上的因果关联，前者的"存在"是后者"出现"的前提。①

　　第三，"荆轲刺秦王"上述"4 项构图要素表现形式"存在叙事意义上的因果关联的事实，为其他构图要素表现形式与这种"因果关联"存在联系的认识提供了根据。对于"编号 3、1、15、2、8、10、11、12、5、14"10 份画像材料来说，每一份画像都将被这种"因果关联"所"主宰"，并将这种"因果关联"扩大至其他构图要素表现形式中。如此，画像个案中的每一项构图要素表现形式，都会在这种"因果关联"中找到自己应有的"图像叙述"的"位置"。

　　第四，显然，以"4 项构图要素表现形式"为主而联合"其他构图要素表现形式"所构成的图像叙述形式，事实上已经形成了既体现着"共性特征"又呈现出不同的"个性色彩"的"情节链条"。从"编号 3、1、15、2、8、10、11、12、5、14"10 份"荆轲刺秦王"画像构图的角度看，这种"联结形式"已经呈现出画像艺术设计意义上的规律性特征。正是这种画像艺术设计意义上的规律性特征，显示出了"荆轲刺秦王"画像图像叙述的意义和价值。

---

　　①　在"庭上刺杀和搏斗"这部分内容中，《战国策·燕三》和《史记·刺客列传》所载基本相同，根据《战国策·燕三》所载文字，"图穷而匕首见"之后，荆轲"因左手把秦王之袖，而右手持匕首揕抗之。未至身，秦王惊，自引而起，绝袖"。之后，秦王拔剑不得，环柱而走，荆轲则"逐秦王"。再后，秦王得到"王负剑"的提醒，"遂拔以击荆轲，断其左股"。而"荆轲废，乃引其匕首提秦王"。显然，在上述情节中荆轲是在"断其左股"而"废"的情况下，才"引其匕首提秦王"的，说明荆轲"引其匕首提秦王"是在无法"逐秦王"的困境之下"不得已而为之"的举动。以上述传世文献所载相关情节比勘画像构图，"荆轲刺秦王"画像所出现的"匕首贯柱"构图要素表现形式，应该同样是"荆轲无法逐秦王的困境之下不得已而为之的举动"，只是造成这种"困境"的原因，不是被秦王"断其左股"，而是"被人从后抱住"或"被人缚住左手"。

表 11—14　　"荆轲刺秦王"画像 21 项构图要素表现形式
在 15 份画像中的存在（数量）情况

画像编号	立柱		荆轲									秦王							秦舞阳	夏无且	樊於期头函
	中置立柱	匕首贯柱	头戴高冠	束发飘扬	弓箭步	双臂上举	袒露上身	佩剑双手执梃	刺秦王	被人从后抱住	被人缚住左手	双手交叉腹前	坐榻上欲躲避	站立或奔跑	断袖	丢弃的双履	拔剑搏斗	执刀搏斗	伏地	高举药囊	函盖打开
9									●					●			●				
3	●	●		●	●	●			●					●				●			
1	●	●	●		●					●				●					●		●
15	●	●		●	●					●				●			●		●		●
2	●	●	●		●					●				●	●				●		●
8	●	●		●	●					●				●	●		●		●		●
10	●	●		●	●					●				●	●		●		●		●
11	●	●				●				●				●			●				
12	●	●			●	●				●					●		●		●	●	●
7	●			●	●									●			●				
14	●	●		●	●					●				●			●		●		●
4	●	●						●											●		●
5	●	●		●	●								●	●					●		●
6	●	●				●					●	●									
13	●	●		●			●			●					●	●		●			
数量	14	13	2	8	11	4	1	1	2	9	1	1	1	11	5	1	8	2	9	1	9

表 11—15　　　　　21 项构图要素表现形式中 9 项构图
要素表现形式存在情况

位序	构图要素表现形式	出现次数	百分比
1	中置立柱	14	93
2	匕首贯柱	13	87
3	（秦王）站立或奔跑	11	73
4	（荆轲）弓箭步	11	73
5	（荆轲）被人从后抱住或被人缚住左手	10	67
6	（秦舞阳）伏地	9	60
	（樊於期头函）函盖打开	9	
7	（荆轲）束发飘扬	8	53
	（秦王）拔剑搏斗	8	

表 11—16　　　　　　4 项构图要素表现形式存在情况

画像编号	柱	荆轲									秦王		
	匕首贯柱	头戴高冠	束发飘扬	弓箭步	双臂上举	袒露上身	佩剑双手执梃	被人从后抱住	被人缚住左手	双手交叉腹前	坐榻上欲躲避	丢弃的双履	执刀搏斗
3	●			●				●					
1	●			●				●					
15	●			●				●					
2	●			●				●					
8	●			●				●					
10	●			●				●					
11	●			●				●					
12	●			●				●					
5	●			●				●					
14	●			●					●				

综上所述结论如下：“荆轲刺秦王”画像以“4 项构图要素表现形式”为主而联合“其他构图要素表现形式”所构成的叙事意义上的“情节链条”，再现了与传世文献所载同名历史故事截然不同的情节内容。“荆轲刺秦王”画像图像叙述意义上的独特之处即在此。

五   “荆轲刺秦王”画像差异点的意义和价值已经超越了画像图像叙述本身

如前所述，“荆轲刺秦王”画像图像叙述的独特之处，是再现了与传世文献所载同名历史故事截然不同的情节内容。相信这种独特之处所具有的意义和价值，已经超越了画像图像叙述本身。对此，如下三个方面的情况能够说明问题。

第一，传世文献所载“荆轲刺秦王”历史故事中“侍医夏无且以其所奉药囊提轲”的关键作用，在“荆轲刺秦王”画像图像叙述中被有意淡化甚至抹杀。

根据《战国策·燕三》和《史记·刺客列传》所载文字，“图穷而匕首见”之后，“荆轲”之所以能够“逐秦王”而没有遇到阻拦，原因在于“群臣侍殿上者不得持尺兵”而“诸郎中执兵皆陈殿下，非有诏不得上”。如此，危急关头，“秦王”一方出现两种情况：一是“秦王”迫不得已“乃以手共搏之”；二是“侍医夏无且以其所奉药囊提轲”。而《战国策》和《史记》叙述上述情节时“是时”二字的使用，已经说明“夏无且”投掷药囊的举动是关键时刻的关键行为。正是“夏无且”上述举动，妨碍了“荆轲”从而延缓了追逐的速度，给“秦王”赢得了“环柱走”的时间，从而为“秦王”的“负剑”和“拔剑”制造了难得机会，也导致“荆轲”继“图穷而匕首见”失败后的第二次刺杀失手。对此，“秦王”心知肚明，“而赐夏无且黄金二百镒”并送以“无且爱我”的赞语。据此而论，在传世文献所载“荆轲刺秦王”历史故事中，“侍医夏无且以其所奉药囊提轲”的情节至关重要，并导致“夏无且”成为“荆轲刺秦王”历史故事中“秦王”方面唯一一位“助战秦王”而“抗衡荆轲”的英雄人物。基于此，再看 15 份“荆轲刺秦王”画像材料，仅有"编号 5"画像中出现"（夏无且）高举药囊"的构图要素表现形式，而与之相对应的，是有 10 份"荆轲刺秦王"画像材料出现"（荆轲）被人从后面抱住"或"（荆轲）被人缚住左手"构图要素表现形式。需要指出的是，"编号 5"画像中出现"（夏无且）高举药囊"构图要素表现形式的存在，说明"荆轲刺秦王"历史故事中"侍医夏无且以其所奉药囊提轲"情节，在"荆轲刺秦王"画像图像叙述中并没有被遗忘，但是从"编号 5"画像中"（荆轲）被人从后面抱住"仍然与"（夏无且）高举药囊"同时出现的情况看，后者似乎被有意地淡化或漠视。

显然，上述情况的存在显示出"荆轲刺秦王"画像图像叙述所表现的明确的历史认知：妨碍"荆轲"从而延缓"荆轲"追逐"秦王"的关键人物和关键举动，并非"侍医夏无且"和"以其所奉药囊提轲"，而是"（荆轲）被人从后抱住"和"（荆轲）被人缚住左手"。在"荆轲刺秦王"画像图像叙述中"侍医夏无且"的关键作用已被有意淡化甚至抹杀。

第二，传世文献所载"荆轲刺秦王"历史故事中"匕首中柱"或"决耳入铜柱"情节，在"荆轲刺秦王"画像图像叙述中被以更为精彩的形式所再现，其"匕首贯柱"的表现使得上述行为（贯）和行为对象（柱）产生了鲜明的象征意义和缘于道德判断的强烈的情感震撼。

传世文献所载同名历史故事在关于"荆轲投掷匕首"情节上面存在两种描述形式，前一种描述形式是"中柱"、"中桐柱"或"铜柱"，后一种描述形式则是"决耳入铜柱"。[①] 上述两种描述形式在叙事意义上具有不同的性质，前者不论"柱"的性质如何，"中柱"的描写却是一致的，而"中柱"即投掷的匕首为"柱"所挡的意义也是清楚的；后者则以"铜柱"代替"柱"或"桐柱"，再以"决耳入铜柱"描写"匕首"超强的力度，显然"入铜柱"是后者描述的重点和关键。

---

① 根据《战国策·燕三》所载文字："荆轲废，乃引其匕首提秦王，不中，中柱。"而《史记·刺客列传》则云："中桐柱"，汲古阁本则作"铜柱"。《正义》引《燕丹子》亦云："荆轲拔匕首掷秦王，决耳入铜柱，火出。"

　　两相比较，两种不同性质的叙述形式所呈现的形象表现，以及在上述形象表现中所内含的情感截然不同。前一种叙述形式呈现出了历史叙事的平实的写实特点，于是，"匕首为柱所挡"的"中柱"情节，也就缘于写实特点而带有了无奈和悲观的情绪；值得注意的是，后一种叙述形式以"铜柱"代替"柱"或"桐柱"，再以"决耳入铜柱"描写"匕首"超强的力度，已然对前者无奈悲观的情绪有所减缓和慰藉，但是后者突破认知常识的夸张叙述，却违背了历史叙事的写实原则，自然也就带有"失信"的风险，联系《论衡·儒增篇》的质疑，后者对前者悲观失望情绪有所减缓和慰藉的作用，也缘于文学意义上的"戏说"性质而变得微不足道。与传世文献所载同名历史故事相比，"荆轲刺秦王"画像"匕首贯柱"的图像叙述，表明此"柱"并非"铜柱"。而"贯柱"与"中柱"和"决耳入铜柱"比较，在遵循历史叙事写实原则的基础上，在形象的表现色彩和表现力度上则更胜一筹，又摆脱了"戏说"的弊病。如此而言，"荆轲刺秦王"画像图像叙述既具有历史叙事的平实而谨严的特点，又能够将文学叙述的表现性恰到好处地呈现出来，可谓兼而得之。

　　具体说来，"贯柱"在表现色彩和表现力度上更胜一筹，主要体现在"匕首"与"立柱"精彩却又符合认知常识的和谐表现上：一方面，如前所述，"匕首贯柱"之"柱"非"铜柱"，故而"贯柱"本身既体现出不可思议性，却又处于认知常识的可能性之中。缘于此，画像"匕首贯柱"并"剑缨向后飞扬"的形象刻画，才具有了"中柱"或"决耳入铜柱"所无可比拟的强烈的视觉冲击力和情感震撼力。另一方面，"匕首贯柱"且"剑缨向后飞扬"的形象表现，虽然表现了"匕首"迅疾的飞行速度和超强的攻击力度，但也将这种摧枯拉朽的力量的源头和制造者凸显出来，为"荆轲"英雄形象的塑造和表现提供了帮助，而作为"受体"的"立柱"，其遭受"攻击"和"创伤"的形象，也自然叠加进"秦王"的影子。由于"秦王"形象与"立柱"在情感和意象上的移位，使得遭受"攻击"和"创伤"的"立柱"平添了鲜明的象征意义和缘于道德判断的情感色彩。

　　第三，作为具有叙事学意义上的图像叙述模式，"荆轲刺秦王"

画像独特的图像叙述形式在东汉尤其东汉晚期出现了区域性和跨区域性的呈现。

从"图像叙述模式"的角度进一步审视"荆轲刺秦王"画像独特的图像叙述形式，会发现具备上述"图像叙述模式"的画像材料在东汉尤其东汉晚期出现了区域性和跨区域性的呈现。从画像所属墓葬地域情况和时间背景两个方面审视 10 份"荆轲刺秦王"画像材料，其结果即如表 11—17、表 11—18 所示。

表 11—17　　　　10 份"荆轲刺秦王"画像材料所属
墓葬地域及时间背景情况（一）

画像编号	出土地点	时间
3	山东嘉祥	东汉桓帝建和二年（公元 148 年）
1	山东嘉祥	东汉桓帝元嘉元年（公元 151 年）
15	山东阳谷	东汉桓、灵之间
2	山东嘉祥	东汉灵帝建宁元年（公元 168 年）
5	浙江海宁	东汉晚期（公元 147—220 年）
8	陕西神木	东汉时期（公元 25—220 年）
10	四川乐山	东汉时期（公元 25—220 年）
11	四川合川	东汉时期（公元 25—220 年）
12	四川渠县	东汉时期（公元 25—220 年）
14	山东微山	东汉时期（公元 25—220 年）

表 11—18　　　　10 份"荆轲刺秦王"画像材料所属
墓葬地域及时间背景情况（二）

画像编号	出土地点		时间
3		嘉祥	东汉桓帝建和二年（公元 148 年）
1	山东		东汉桓帝元嘉元年（公元 151 年）
2			东汉灵帝建宁元年（公元 168 年）
15		阳谷	东汉桓、灵之间
14		微山	东汉时期（公元 25—220 年）

画像编号	出土地点		时间
5	浙江	海宁	东汉晚期（公元 147—220 年）
8	陕西	神木	东汉时期（公元 25—220 年）
10	四川	乐山	东汉时期（公元 25—220 年）
11		合川	东汉时期（公元 25—220 年）
12		渠县	东汉时期（公元 25—220 年）

　　综上所述，可总结如下：①从 10 份画像材料时间背景看，能够明确为东汉桓、灵时期画像材料共 4 份，东汉晚期画像材料 1 份，上述画像材料与时间背景为东汉时期画像材料在数量上对等。由此能够明确，具备上述"图像叙述模式"的 10 份"荆轲刺秦王"画像材料，其时间背景皆呈现为东汉时期，并可能集中出现于东汉晚期或即"桓灵时期"。②从 10 份画像材料地域背景看，有 5 份出自山东，另外 3 份出自四川。出自山东者以"嘉祥"为中心而集中于山东的西南部区域，出自四川者在地域背景上似乎没有出现山东的区域性特点，但仍然以成都平原的"乐山"和四川东部区域为主。由此能够明确：具备上述"图像叙述模式"的 10 份"荆轲刺秦王"画像材料，其地域背景首先呈现出区域性特点，并出现了跨越山东、四川、浙江、陕西地域而存在的情况。

　　综上，结论如下：在供研究的 15 份"荆轲刺秦王"画像中，具备这种"图像叙述模式"的画像材料主要出现在东汉时期，或以东汉晚期历史阶段更为突出，并在地域背景上出现"区域性密集呈现"的现象，同时亦存在"跨区域呈现"的情况。这也意味着上述画像在艺术表现上亦存在着"区域性密集呈现"和"跨区域呈现"现象。显然，上述现象的存在，一方面排除了画像"个案"性质的可能性，另一方面也排除了单纯意义上的画像艺术表现技巧或艺术表现手段的可能性，从而有理由将这种现象视为图像叙述意义上的规律性现象。如此，则能够进一步得出如下认识：具备上述"图像叙述模式"的"荆轲刺秦王"画像在东汉尤其东汉晚期获得了"区域性"和"跨区域性"存在和流行。

六　结论与思考：历史与文学叙事的巧妙结合

"荆轲刺秦王"画像图像叙述所呈现的上述两个方面的情况，似乎呈现出不同的性质或层面，前者涉及历史认知的问题，画像以图像叙述的形式再现了与传世文献所载同名历史故事截然不同的情节内容；而后者则关涉到在历史人物之形象与行为的图像叙述中的文学性表现问题，画像在图像叙述中借用了诸如夸张、拟人、象征、类比等文学表现手法，又融入了构成文学生命价值的情感情绪和道德判断。不可否认，上述两个方面并非孤立地存在，而是水乳交融般融合在画像图像叙述中，构成了"荆轲刺秦王"画像叙事学意义上的图像叙述模式。探究上述情况形成的原因，或将触及"荆轲刺秦王"历史故事的图像叙述与历史和文学叙述的关系问题。

第一，"荆轲刺秦王"画像凭借图像的形式描绘历史故事的方式，已经属于叙事学意义上的图像叙述性质。从这个意义上说，以图像的形式表现历史故事的图像叙述，在汉代已经成为人们所熟知的叙述形式和叙述方法，人们已经不满足于以传统的历史或文学叙述形式再现"荆轲刺秦王"历史故事，并且已经寻找到了更为精彩的叙述形式和更具形象表现的叙述方法以满足自己的精神需求，"荆轲刺秦王"画像"区域性密集呈现"和"跨区域呈现"现象的存在即是证明。然而，这种情况并不能否定或抹杀上述叙述形式之间存在着联系和影响的事实，单就汉画像历史故事画像而论，图像叙述并不能摆脱历史或文学叙述而独立完成或独立存在。从这个意义上说，与"荆轲刺秦王"画像构成叙事意义关联的两种情况也就进一步明晰起来：①这种"图像叙述模式"之"区域性密集呈现"和"跨区域呈现"，揭示了与之相应的历史或文学叙述形式的"区域性密集呈现"和"跨区域呈现"的事实，而上述情况并不存在于以往的认知经验之中。②基于上述认识，一方面能够促使我们明确，从叙事学意义上审视"荆轲刺秦王"画像，它的存在证明"荆轲刺秦王"历史故事在汉代至少存在着历史、文学、图像三种不同的叙述形式；另一方面还能看到在汉代存在和流行的"荆轲刺秦王"历史和文学叙述中，尚存在着不同内容的版本形式，而上述情况虽然存在于以往的认知经验之中，但却没有受到足够的关注和重视。

第二，与历史叙述相比较，"荆轲刺秦王"图像叙述更接近于文学叙述，表现在叙述本身的情绪化的情况或机会更为突出、多样和复杂。正是在这个意义上，我们能够从"荆轲刺秦王"图像叙述中发现在已知历史或文学叙述中没有出现或无法表现的某些情感，从而进一步补充和加深对已知历史或文学叙述的认识和理解。[①] 从"荆轲刺秦王"图像叙述看，"荆轲"形象体现出狂暴和凶悍的特征，与《史记》所言"然其为人沉深好书"判若两人。不可否认，"荆轲"形象的后一种展现，或为"荆轲"匿于市井间的伪装之象，然而不论如何，图像叙述所展示的"荆轲"形象，才是汉代民间所心仪和钦佩的形象，缘于此，"匕首贯柱"的惊天动地行为，才有了力量和气势的源泉。两相结合，"荆轲刺秦王"图像叙述中的"荆轲"形象与已知历史或文学叙述中的"荆轲"形象截然不同，后者描绘了一位失败的英雄人物，而前者则再现了一位成功的英雄形象，因为在狂暴而凶悍的"荆轲"面前，如果"秦王"作为"受体"，"匕首贯柱"的刻画早已说明问题了。

第三，"荆轲刺秦王"图像叙述在主要人物形象表现上遵从了"正面刻画"的原则，从"秦王"机警、迅捷、勇武的形象特征上，能够看出汉人对这一形象并没有矮化或丑化，而是缘于侥幸而躲过一劫的惊诧和挺剑奋起的钦佩。上述情况或与汉代民间持续兴盛的崇尚节义、尚武复仇、思慕英雄的社会思潮息息相关。而这样的社会思潮又是与历史人物的偶像化演变联系在一起的。历史人物的偶像化过程，同时也是历史人物"被英雄"或"被神圣"的过

[①] 这些情感或情绪，有可能属于画像创作者或画像设计者个人的情感或情绪，也有可能属于某一家族或宗族，更有可能属于特定地域族群或人群团体的情感或情绪，总之，地域性是其最为突出的特点。

程。在这个过程中，一方面表现出历史叙述的故事化、传奇化，即文学化的发展和演变，另一方面则表现为历史人物从内（内涵）到外（形象）的英雄化和神圣化的再丰富和再创造。显然，"荆轲刺秦王"图像叙述为其提供了佐证。

后　记

　　这是我关于汉画像研究的第二部专著。第一部汉画像研究专著《汉墓神画研究：神话与神话艺术精神的考察与分析》完成于 12 年前，并得益于国家社科基金项目的资助。十几年来，本人虽然还有其他学术研究课题和繁重的教学任务，但是对汉画像和汉画像研究一直情有独钟，亦孜孜不倦而努力不辍，同时，也将汉画像研究引入文学和历史文献学博士和硕士研究生学位论文写作之中，已有 2 位博士和 3 位硕士学位研究生的文学和文献学学位论文以汉画像为研究对象或重要材料，并获得相应的学位。本人另一学术研究课题国家社科基金项目"考古新资料与秦汉文学研究新视野"中也涉及汉画像研究的内容。目前课题已经完成，课题成果有待出版以期诸位先进指正，这也是本人为汉画像研究做出的一点贡献。

　　从叙事学的角度研究汉画像还是一个鲜有人尝试的课题，这样的研究最初也得益于与江西社科院龙迪勇教授的一次晤谈，所获匪浅，在此感谢龙迪勇教授。本课题的研究还只是一个开始，问题和错误在所难免，恳请诸位先进予以批评，以期学术进步。本书部分内容曾以单篇论文的形式发表或在相关学术会议中宣读和讨论，但在本书撰写过程中，均围绕图像叙事的学术角度做了进一步研究，并有所补充、深入和发展，以期展示研究者图像叙事学研究的学术理念。

李　立

2016 年 5 月 6 日

于深圳大学文学院